KB019326

도쿄 큐레이션

도쿄 큐레이션 TOKYO Curation

에디터 관찰자 시점으로 전하는 6년의 기록

글·사진 이민경

진풍경

Tokyo

들어가 봐야

비로소 보이는 풍경이 있다

ㅇ 추천의 글

지구상 수많은 도시 중에서 도쿄만큼 우리에게 큰 영향을 준 곳이 있었던가. 적어도 나에게는 그렇다. 책장 한 장 한 장 넘길 때마다 '비행기를 타고 싶다. 도쿄 거리를 걷고 싶다. 그곳에 가고 싶다. 그 사람을 만나고 싶다' 이런 생각들이 머릿속에서 떠나지 않았다. 본질은 꿰뚫지 못한 채, 누구나 다 아는 곳만 찾아 다녔던 나의 수박 겉핥기 식 도쿄행과 달리, 저자가 풀어낸 도쿄 이야기는 형언할 수 없이 알차고 섬세하다. 읽는 내내 취향 좋은 친구가 곁에서 소곤소곤 이야기해 주는 것 같았다.

『도쿄 큐레이션』은 십여 년 차 에디터로서, 6년 차 도쿄 생활자로서 직접 경험한 도쿄의 라이프스타일 신(scene)의 미적 순간들을 고스란히 담고 있는 책이다. 콘텐츠를 기획하고 만드는 일, 새로운 공간과 브랜드를 제안하는 일을 하는 나를 비롯한, 브랜딩에 대해 고민하는 이들이라면 놓쳐서는 안 될 책이다. 이 책에 등장한 공간과 브랜드, 사람들을 만나러 지금 당장 도쿄행 티켓팅을 하고 싶어지는 건 나뿐만이 아닐 듯하다.

_김태경(어반북스 공동대표/편집장)

이 책에는 도쿄에 살며 부지런히 다녀야만 보이는 장소들이 있다. 저자는 곳곳에서 열심히 질문을 건넨다. 질문을 받은 일본인들은 특유의 마지메(まじめ, 성실)한 태도로 최선을 다해 대답하고, 그 문답의 뭉치들이 모여 근사한 책 한 권을 이룬다. 도쿄에 들어가 살아본 사람만의 감성이 살아있다. 저자 이민경이 찾은 멋지고 귀한 것들이 많은 사람들에게 닿길 바란다.

_박찬용(칼럼니스트)

이야기를 시작하며

대학교 졸업 전부터 일을 시작해 꼬박 11년을 잡지사 패션 에디터로 일했다. 그러다가 우물 안 개구리가 되지 않기 위해 현대카드의 마케팅 관련 부서로 이직해 일하던 어느 날, 남편의 발령을 따라 얼떨결에 일본에 뚝 떨어졌다.

별안간 낯선 도시의 노바디(Nobody)가 된 것이다. 누군가는 마음 편히 여행자처럼 살면 되지 않냐 했지만 실제로 영어가 통하지 않는 일본 생활은 내게 여행이 아니라 생존에 가까웠다. 일본에 대해 알면 알수록 모르는 것 투성이었다. 책을 통해 간접 경험했다고 해도 거리와 일본 사람들 사이에서는 종종 다른 현실과 맞닥뜨렸다. 언젠가부터 이 사회에 들어가 직접 부딪히고 깨지지 않고서는, 이곳에 대해 감히 안다고 말할 수 없겠다는 생각이 들었다. 이케바나 학교에 다닌 것도 단순히 꽃이 좋다거나 일본식 꽃꽂이를 배워보고 싶은 막연한 호기심 때문만이 아니라 이방인으로서 일본 사회의 한 단면을 가까이 관찰하고 공부할 수 있는 하나의 통로요, 나와 일본을 이어주는 매개체가 될 수 있겠다는 생각 때문이었다. 그것은 '노바디(Nobody)'가 아니라 '섬바디(Somebody)'가 되기 위한 일종의 몸부림이었다.

어쨌든 이 책의 시작은 이랬다. 도쿄와 일본의 좋은 것들만 최대한 채집하고 편집해서 보여줘야지, 하는 생각이었다. 하지만 사는 것과 여행하는 것은 엄연히 다르다. 때론 여행하듯이 살고 싶었으나 그건 순진한 바람이었을 뿐, 시간이 흐를수록 냉정한 현실 앞에서 도쿄와 조금씩 애증 관계가 쌓여갔음을 고백한다.

사는 건 대체로 잔인하다. 눈앞에 놓인 기막히게 아름다운 스시 뒤에 우아하지만 날카로운 장인의 칼에서 난도질당하는 생선의 비극적인 최후와 처절한 몸부림을 목격하는 일처럼. 일본 생활 초창기엔 때론 비아냥거림과 무시의 눈초리를 받기도 하고, 뉴스에서만 접하던 혐한을 몸소 겪기도 했다. 사실 도쿄에 산다는 것은 일상적으로 만나는 지진에 늘 마음 편히 잘 수 없다는 뜻이고, 때론 한낮의 쥐 죽은 듯 조용한 지하철 안에서 일본인들의 외로움과 자발적 소외, 서슬 퍼런 개인주의 현장을 목도하고는 덩달아 도시에 밴 무기력한 슬픔에 침잠하는 것이기도 했다.

외면하고 싶은 진실들과 마주하는 것. 하지만 언제부턴가 그것이야말로 도시의 진짜 민낯을 만나는 길이라는 생각이 들었다. 정연하고 치밀한 디테일의 아름다움, 투철한 장인 정신과 이보다 완벽할 수 없는 오모테나시, 그 뒤에 숨은 보수적인 획일주의와 변화를 두려워하고 체제에 순응하는 사회적 토양, 사무라이 문화 등 일본의 빛 못지않게 그림자 또한 제대로 볼 줄 아는 것이 이 시대의 도쿄, 나아가 일본을 바라보는 균형감 있는 시선이 아닐까 싶었다.

나만의 프리즘으로 바라본 도쿄에는 트렌드가 아닌 넓은 의미의 흐름과 공기가 있고, 유행보다는 취향이 있으며, 다채로운 라이프스타일과 이를 기꺼이 존중하는 시민들의 뿌리 깊은 선진 의식이 있다. 때때로 투명한 벽에 가로막혀 있는 듯한 폐쇄적인 시스템, 비판적인 의견을 겉으로 잘 드러내지 않는 비겁한 침묵도 여전히 존재한다.

이곳에 살면서 한 가지 배운 건 도쿄란 도시 또한 유기적인 생명체와 같다는 것. 그래서 관심을 갖고 자세히 바라보고 또 교감하다 보면 우리가 모든 걸 '이해'하기는 어렵지만, 최소한 '인정'할 수는 있겠다는 여유의 지혜였다. 마치 가족이나 가까운 친구가 그러하듯이. 또한 도쿄의 계절은 '빨리빨리'를 외치던 삶을 반추하며 기다림과 여백의 가치, 정직한 시간과 정성의 힘을 깨닫게 해주었다.

그러니까 이 책은 여행 가이드북이 아니다. 아마도 '도쿄의 공기를 읽는 방법'이라는 표현이 더 적확할 것이다. 먼저, 관광객의 시선이 아닌 거주민 에디터의 시선으로 본 도쿄 생활에 대해 말하고자 한다. 우리의 일상을 둘러싼 많은 것들—이를 테면 먹고 마시고 만나고 사용하는 것—에서 건져 올린 소소한 발견과 깨달음의 에피소드가 여기에 있다. 닮고 싶은 공간과 브랜드 이야기, 그리고 일본을 움직이는 크리에이터에 관한 생생한 인터뷰를 실었다는 점에서 도쿄 견문록이 될 수도 있겠다.

또한 자신의 영역에서 등 떠밀려나 새로운 사람들과 좌충우돌 부딪히며 조금씩 확장해온 소통의 기록이기도 하다. 그러므로 독자분들이 각자의 상황과 입장에 맞게 설정하고 읽어주었으면 한다. 다만 이 책을 읽는 모두에게 현재 도쿄를 가장 로컬답게, 아니 자신답게 여행할 수 있는 작은 길잡이가 되었으면 하는 바람은 있다. 특히 도쿄를 잘 안다고 생각하는 사람이나 일본에 관심이 많은 사람, 혹은 눈앞의 현실을 내려놓고 당장이라도 도망가고 싶은 사람에게 이 책이 오월의 기분 좋은 바람 같은 휴식이 되어준다면 더할 나위 없이 기쁘겠다.

결국 당신만의 도쿄, 아니 어디라도 떠날 수 있는 용기와 추진력에 보탬이 된다면 얼마나 좋을까, 나도 이 글을 쓰며 다른 꿈을 꿔본다.

도쿄에서,
이민경

하나. 형태

차례

둘. 빛

셋. 풍경

넷. 맛

다섯. 사람

스타일을 만든 크리에이터들과의 대화

BEYOND Tokyo

도쿄에서 떠난 여행

하나

형태 形형

도시 공간과 문화

취향이란 나를 둘러싼 환경의 부산물이다. 잘 보이지 않고 콕 짚어 설명할 수는 없지만 함께 지낸 가족이나 가까운 지인과의 추억과 이야기를 통해, 조금씩 우리 안에서 쌓이고 피어나는 미묘한 것들. 그리하여 소중하고 애틋한 자신만의 모습으로 존재하다가 어느샌가 세상 밖으로 다시금 표출되어 각자의 빛깔로 아름답게 빛나는 그 무엇.

어린 시절을 홍콩에서 보낸 덕에 다양한 동서양의 문화와 영국식 교육을 접할 수 있었다. 지금 돌이켜 생각해 보면 그곳에서 내가 진짜 배운 건 대단한 취향이 아니라, 세상에는 정답이 없다는 것. 자신이 진정 좋아하는 것을 발견하고, 그것을 아름답게 가꾸는 것이 가장 행복한 길이라는 어떤 자유로운 방식이었던 것 같다.

현대의 젠

일본의 많은 '남의 집(저택)'을 내 집 드나들듯 하며 특유의 정제되고 단정한 느낌을 받았다. 그것은 언제나 하굣길에 마주하는 일본 어린아이의 바짝 빗어올린 헤어스타일을 떠올리게 한다. 이러한 분위기에 가장 큰 역할을 한 것은 높은 천고도, 다다미방도 아닌 커다란 '쇼지'였다.

쇼지는 얇은 나무살에 일본의 전통 종이를 발라 만든 미닫이문으로, 가옥의 내외부 공간을 분리하는 역할을 한다. 주로 채광과 환기를 위해 바깥 쪽에 붙여 사용했다. 여름이 무척 더운 섬나라 일본엔 여름형 주택이 많고, 대부분 쇼지도 크고 그 수도 많다.

물론 우리의 한옥도 창호지 미닫이문을 사용했다. 그런데 한국과 일본의 실내 분위기는 전혀 다르다. 어째서일까. 찾아보니 종이를 붙이는 방식이 반대였기 때문이었다.

일본의 창호는 창살의 바깥에 창호지를 바르기 때문에 실내에서 그대로 나무살이 드러나 있다. 방안에서 마주하는 수평과 직선은 외부의

빛을 분산시키며 들어오게 한다. 그리하여 실내에는 기하학적인 그림자가 드리워진다. 그곳에는 빛과 어둠이 만들어내는 묘한 긴장감이 자리한다. 어딘지 섬약하고 차분하다.

반면 한국의 창호는 창살의 안쪽에 창호지를 바른다. 바깥에서는 창살의 선적인 면이 강조되어 보이지만 안쪽에서는 전혀 다른 뭉근한 풍경이 만들어진다. 갖가지 형태의 창살 문양들은 반투명한 창호지를 통해 그만의 조형성과 율동감을 은은하게 드러낸다. 그 모습은 날카롭지도, 투박하지도 않고 은근하며 소박하다. 어쩐지 조선의 달항아리의 품을 닮았다. 그러기에 창호지에 손가락으로 몰래 구멍을 뚫어 보고 싶은, 친근한 충동이 인다.

일본에서 실내에 창살이 위치하는 이유는 여러 설이 있다. 그중 하나는 습도가 높은 자연 환경의 영향. 습기로부터 가느다란 창살을 보호하기 위해서라는 것이다. 그리고 지진이 많은 지형적 특수성으로 인해 심플하고 간결한 창살을 만들 수밖에 없었다는 설도 있다.

그런데 일본의 전통 가옥을 거닐 때마다 신기하게도 묘하게 떠오르는 장소가 하나 있다.

The Gallery of Horyuji Treasures

해마다 봄이면 들르는 곳, 건축가 다니구치 요시오가 설계한 호류지 박물관이다.

언제 가도 좋은 곳이지만 벚꽃이 떨어지는 봄날의 끝에 발걸음을 옮기면 벅차고 시적인 풍경이 눈앞에 펼쳐진다. 대기 속에 흩날리는 벚꽃이 시간의 경계를 허무는 듯 아스라하고 철학적으로 다가온다.

개인적으로는 도쿄에서 일본 전통 건축의 특징적인 요소들을 가장 현대적으로 풀어낸 공간이 아닌가 싶다. 에둘러 돌아가게 만든 입구의 동선, 무채색의 조화, 쇼지를 연상케 하는 수평과 직선, 가는 기둥, 외벽 면적의 구성 대비가 주는 명료함은 단순한 미감이 얼마나 풍부한 깊이를 보여줄 수 있는지를 깨닫게 한다.

입구로 들어가기 전, 마주하는 물의 정원은 신사 입구에서 마주하는 물처럼 고결한 느낌을 선사한다. 전시실에서 작품을 구경하다 언제든 정면을 응시하면 보이는 잔잔한 물결은 마음을 평온하게 한다.

이 건물을 일본 전통 가옥이 현대판으로 환생했다고 생각할 수밖에 없던 이유를 곰곰이 생각해 보니, 앞에서 언급한 세세한 일본적 요소들이 만들어내는 특유의 공간감 때문이었다. 차분하고 정제된 정서가 빚어내는, 설명하기 어려운 정결함. 그것이 우리가 현대의 '젠'이라고 부르는 감성일까.

실제로 다니구치는 한 인터뷰에서 이렇게 말하기도 했다.

"비평가들은 내 건축이 지루하거나 보이지 않는다고, 사진 찍기에 적합하지 않다고 말할지도 모르죠. 하지만 저는 궁극적으로 공간, 분위기, 그리고 공기를 디자인합니다."

이 한마디야말로 일본 미니멀리즘 건축 대가의 철학을 대변하는 게 아닌가 싶었다.

오늘도 일본의 오래된 남의 집을 찬찬히 들여다보며 그의 말을 떠올린다.

"당신이 돈을 많이 주면 나는 근사한 건축물을 만들 수 있지요. 하지만 정말 많이 준다면 나는 그 건축물이 사라지게 할 수 있어요."

ADDRESS 13-9 Uenokoen, Taito-ku, Tokyo
MORE INFO tnm.jp

조용히 흐르는 풍경

도쿄라는 이 도시는 지루할 틈을 조금도 내어주지 않는다. 늘 어딘가에서 무언가가 열리고 있다. 우리나라를 외국 친구들에게 소개할 때 나는 '24시간 잠들지 않는 나라'라고 하는데 일본은 '축제의 나라'라 말하곤 한다. 조용하지만 조용하지 않은 나라. 도시를 구성하는 지역, 동네 곳곳에서 매일 크고 작은 그들만의 이야기를 만드는 곳.

특히 전시와 이벤트를 끊임없이 여는 모습이 그러하다. 전시의 주제 자체보다는 풀어내는 방식, 이야기의 전개와 확장의 관점에서 굉장히 흥미롭다. 그 독특한 접근법과 프레젠테이션의 디테일에 대한 호기심이 나를 전시장으로 이끈다.

도쿄 도내에 공개된 〈파빌리온 도쿄(2021 7.1~9.5)〉도 간만에 기대가 컸던 프로젝트였다. 잘 알려지지 않은 일본 문화를 세계에 알리자는 목표 아래 여섯 명의 건축가가 신국립경기장 주변의 장소에서 도쿄의 과거와 미래를 엮는 자신만의 파빌리온을 건설했다.

"굽이굽이 흐르는 물은
멀리서 보면 멈춰있는 것처럼 보입니다.
그런데 가까이서 보면 조용히 흐르고 있죠.
도쿄의 과거와 현재,
미래의 연결을 표현하고 있습니다."
_세지마 가즈요

도쿄의 숨겨진 매력을 알리자는 취지인만큼 장소 선정이 중요한 요소였을 거라고 짐작한다. 리스트를 보니, 과연 고심한 흔적이 역력하다.

그중 하마리큐 은사 정원은 해수를 끌어와 만든 연못과 옛 오리 사냥터가 자리한 에도시대 정원으로, 나무의 수형이 아름다운 곳이다. 여기에는 개인적으로 애정하는 건축사무소 사나(SANAA)의 '세지마 가즈요'가 제작한 작은 세계가 설치되어 있었다. 유려한 곡선의 수로가 주위 나무를 가로지르는 대신, 둘러 둘러 감싸듯 품는다.

전시 제목인 '수명(水明)'을 사전에서 찾아보니 맑은 물이 햇빛에 비쳐 뚜렷이 보인다는 뜻이다. 갑자기 비가 쏟아지는 바람에 흐르는 물이 주위 풍경을 비추며 반짝반짝 빛나는, 그 마법 같은 순간을 만나지는 못했지만 도리어 비가 내렸기에 볼 수 있는 것들이 있었다. 빗물이 선물한 물의 율동, 식물의 미세한 떨림, 한결 짙어진 나무들의 색과 향기……. 여름 공원의 호젓하고 푸른 풍정(風精)이었다.

여기에 지형을 거스르지 않고 흐르는 곡선의 움직임은 익히 알고 있는 '사나'의 주특기가 아닌가. 역시 이들의 건축은 우리의 산책을 즐겁게 한다. 사나를 편애하는 이유다.

MORE INFO paviliontokyo.jp

무라카미 하루키를 읽는 도서관

고대하던 무라카미 하루키 도서관을 다녀왔다. 심지어 '구마 겐고'의 리디자인이다. 일본에서 가장 좋아하는 두 사람의 조합인데, 이분들의 오타쿠인 내가 안 볼 수가 없지. 안 그래도 많은 분들이 인스타그램를 통해 리뷰를 요청했는데 나는 일찌감치 눈이 멀어버린 빅팬이다. 들어가자마자 이미 이성을 잃어버렸다. 전 세계에서 번역한 3000여 권의 하루키 책으로만 가득한 서재를 눈앞에 두고 제정신일 수 있는 팬이 몇이나 될까. 공간 구성과 인테리어에 비루한 지식과 까다로운 시선으로 아는 척 잣대를 들이대는 것이 무슨 의미인가. 하루키 도서관인데.

아름다운 표지의 책을 감상하다가 눈을 돌리니 낡은 의자가 보였다. 그의 팬들은 익히 알겠지만 하루키가 청년 시절 '피터 캣'이란 재즈 바를 운영할 당시 쓰던 30년 가까이 된 의자다. 아직 쿠션감이 살아있는 걸 보니 인기는 있었다고 했지만 아마도 수익이 아주 높지는 않았으리라 추측해 본다. 오른쪽 방은 그가 사랑한 재즈 음반이 진열된 오디오 룸. 실

음악을 사랑하는
무라카미 하루키의 문장
속에는 그 어떤 글보다
생생한 리듬이 살아있다.
내가 그를 동경하는 건
그의 음악적 글쓰기
때문인지도 모른다.

제 피터 캣에서 틀던 음반(깜찍한 도장이 찍혀있다), 그가 큐레이션한 곡이 턴테이블과 스피커에서 재생된다. 역시 그가 가장 좋아하는 뮤지션 중 한 명인 '스탠 게츠'도 놓여있구나, 보며 혼자 웃음 지었다.

계단을 내려가며 책을 볼 수 있는 아치형 스페이스에는 그의 책을 관통하는 주제들과 맥을 같이 하는 다른 작가들의 책도 함께 전시되어 있다. 가족, 동물, 일상과 비일상 등과 같은 카테고리 구성이 신선했다.

계단을 내려가면 학생들이 운영하는 '오렌지 캣 카페'가 있고, 그 옆에 작가의 자택 서재를 그대로 본떠 만든 방이 하나 있다. 가구 디테일까지 최대한 비슷하게 제작하거나 구했다고 하니 더 뚫어지게 봤다. 작가의 방을 잠시나마 몰래 염탐하는 기분이 들다가 아, 방을 이렇게 꾸미면 글도 막힘없이 술술 써지려나 하는 터무니없는 생각에 이른다.

이곳에는 그가 40여 년의 세월 동안 쓴 초안, 원고, 2만여 장의 음반 소장품이 곳곳에 숨어있다. 그는 이곳과 똑 닮은 곳에서 글을 쓰고 음악을 들을 것이다. 분명 어느 비 오는 오후엔 사랑하는 위스키와 하이볼도 홀짝홀짝 마실 테지. 언젠가 「브루투스(Brutus)」 잡지에서 그의 방을 봤던 터라 새롭지는 않았지만 며칠이 지나도 이 방의 잔상이 남아있는 걸 보면, 나무 톤의 담백하고 간결한 공간이 어떤 유명 디자이너의 유려한 가구로 꾸민 방보다 내겐 더 큰 울림과 여운을 준 것 같다. 사실 설명은 다 필요 없다. 창문 밖 녹색이 보이고, 햇볕이 잘 들어 따뜻하다. 그것으로 충분하다.

2층은 실험실과 갤러리, 전시 공간이 자리한다. 현재는 '건축 속의 문학'이라는 제목으로 박물관의 리디자인과 관련한 전 과정을 만나볼 수 있다. '곰 아저씨'(구마 겐고, 구마를 번역하면 '곰'이라서 나는 그를 '곰 아저씨'라는 별칭으로 부른다)의 흔적이다. 결과물이 나오기까지 어떤 시행착오와 과정을 거쳤는지, 재료는 어떤 것을 썼는지 등 발자취를 소상히 보여주는 자세에서 결과만큼 과정과 하우(How)의 시간을 중시하는 일본인의 유의미한 TMI 정신을 다시금 확인할 수 있다.

투어를 함께한 와세다 졸업생 친구들은 학교생활에 그닥 충실하지 않았던 하루키가 학교 안에 도서관을 열기로 결정한 것 자체가 의아했다고 했다. 그러면서 그는 대부분의 시간을 이 도서관 바로 옆 건물인 연극박물관에 틀어박혀 보냈다고. 나도 그의 선택이 의외였으나 생각해 보니 그는 자식이 없다. 그러니 그간의 여정과 기록을 어딘가에는 보존하고 후대에 남기고 싶었으리라 생각한다. 이곳의 정식 명칭은 국제 문학관(The Waseda International House of Literature). 그러니까 누구나 들어와 그의 문학을 연구하고, 자유로이 아이디어를 공유할 수 있다는 뜻이다. 그리하여 국제적인 문화 발신의 거점이 되었으면 하는 것이 하루키가 이 공간에 대해 가지는 바람이었다고.

분명한 것은 숨죽이며 조용히 책만 읽어야 하는 기존의 도서관은 아니란 것이다. 소설가의 작품을 읽고 커피를 마시며 음악을 듣다가 열띤 토론도 벌일 수 있는, 개방적이고 활기찬 소통의 장소. 어쩌면 갤러리 분위기가 나는 '북 라운지'라는 표현이 더 적확할 것 같다.

ADDRESS 1 chome-6 Nishiwaseda 4호관, Shinjuku-ku, Tokyo
MORE INFO waseda.jp

또 하나의 우주

코로나로 사회적 거리두기가 일상화된 주말, 최대한 인적이 드문 곳을 찾아 헤매다 발길이 닿은 곳은 도쿄도의 동쪽 끝, 에도가와구에 위치한 '슌카엔 본사이 뮤지엄'이다.

이곳은 세계적으로 유명한 분재 명장 '고바야시 구니오 관장'의 작업실이자, 보다 많은 사람들에게 분재의 아름다움을 알리기 위해 그가 사재를 털어 손수 연 미술관이기도 하다.

누군가의 집에 들어서듯 활짝 열린 대문을 통과하자마자 나를 반긴 건 정원 가득 빼곡히 들어선 분재였다. 겨우 몇십 년 된 나의 나이테를 가볍게 비웃듯 몇백 년은 족히 이 지구를 살아내고 견뎌낸 자태에는 뭐랄까, 어떤 말로도 감히 표현할 수 없는 신성한 정령이 깃들어 있는 것 같았다. 하늘을 향해 우뚝 솟은 그 장엄하고도 우아한 모습은 하나하나가 자신들만의 세계이자 우주 자체였다. 나는 그 어마어마한 장관이 뿜어내는 에너지에 압도되어 그만 말을 잃고 말았다.

"이것은 8백 년이 되었고, 저것은 이렇게 만들기가 쉽지가 않은 나무예요."

우리 일행 옆에서 한 할아버지가 다가와 설명을 해주셨다. 한참을 멍하니 들여다보던 내가 "그래서 이곳을 만드신 관장님은 어디에 계시나요?" 하고 묻자 그가 웃으며 오른쪽의 허름한 작업실을 가리켰다.

이곳에 들어오자마자 활짝 열린 작업실 안으로 시선이 향했는데, 아니나 다를까 그곳에서 한창 작업 중이던 분이 바로 현존하는 최고의 분재 작가, 고바야시 구니오 관장이었다. 벚꽃이 휘날리던 4월의 주말에도 그는 어제처럼 자신의 위치에서 작업을 해내고 있었다. 그렇게 같은 자리에서 일한 지 50년의 세월이 흘렀다.

그는 인적이 드문 이곳을 찾은 우리를 호기심 어린 눈빛으로 바라보았다.

"28살 때부터 이 일을 시작했지요. 이제 50년 정도가 된 것 같아요."

그는 분재의 가지를 정돈하며 자신의 이야기를 풀어냈다. 리드미컬하게, 아니 그보다는 자유롭고도 쉽게 움직인다는 편이 더 맞을 것 같은 그 스타카토 같은 몸짓을 바라보다가 나도 내 얘기를 꺼냈다.

"저도 이케바나를 배우고 있어요. 그런데 너무 어렵더라고요."

그는 흘러내리는 안경 밑으로 나를 힐끗 쳐다보며 대꾸했다.

"아 그런가요? 어떤 류를 공부하고 있죠? 여러 학파가 있잖아요."

"오하라 류요." 내가 대답했다.

"아 그렇구나. 분재는 이케바나랑 비슷해요. 결국 한 뿌리에서 나오는 거예요."

그 말의 의미가 무엇인지, 그가 구구절절 설명하지 않아도 적어도 마

음으로는 어렴풋이 알 것 같았다.

겨우 꽃 한두 송이의 모습을 고심하며 형태를 만들어나가는 이케바나는 비단 예쁘게 매만지는 꽃꽂이가 아니다. 자신의 심연으로 들어가는 영혼의 수련에 가깝다는 걸, 더디지만 배우고 있던 찰나였다.

"선생님은, 분재를 한마디로 정의한다면 무엇이라고 생각하시나요?"

불현듯 내가 물었다.

그는 자신의 몸짓처럼 대답에도 거침이 없다. 오랜 시간 얼마나 많이 생각하고 체득하며 깨달은 것인지, 차마 가늠할 길이 없다.

"생명이지요. 생명의 존엄성을 알고, 표현하지 못한다면 분재 작가가 아니겠지요? 허허."

옆에 있던 할아버지가 말을 거든다.

"독학하신 거예요. 모든 건 이 손에서 시작되고 꽃피운 거라오."

흙빛을 닮은 그의 낡고 허름한 손에서 완성된 영겁의 시간. 그가 다듬은 분재가 뿜어내는 깊이 있는 운치, 여백의 균형과 공간미, 단단한 생명감을 느끼며 전시실과 벚꽃이 휘날리는 정원을 한 바퀴 더 돌았다. 실로 아쉽고, 또 눈부시게 아름다운 4월의 봄날이었다.

어디선가 그가 다가와 차 한 잔하고 가라며 우리를 방으로 이끌었다. 그러더니 오미아게(기념품)라며 작은 화분 두 개를 선물로 내민다.

생명을 직접 가꾸고 느껴보라는 그의 애정 어린 초대 같아서 마음이 따뜻해졌다.

"식물을 가꿀 때는 세 가지만 기억해요. 햇빛, 물, 온도예요."

그가 말한 세 가지를 주문 외우듯 따라 말했다.

"햇빛, 물, 온도……."

"무려 반세기 동안 하나의 일을 쉬지 않고 반복한다는 것은 어떤 마음일까."

집으로 돌아가는 길, 허름한 작업복을 입고 분재 손질에 여념이 없던 그의 부지런한 거친 손을 떠올리며 남편과 이야기를 나눴다. 손과 다르게 그의 얼굴은 매우 부드럽고 온화했다. 깊게 패인 주름마저 노송의 나이테처럼 고왔다. 아마도, 그것이 내 질문에 대한 해답인 것 같았다.

ADDRESS 1 chome-29-16 Niihori, Edogawa-ku, Tokyo
MORE INFO kunio-kobayashi.com

내 영혼에 귀를 기울이는 시간

마음이 시끄러울 때면 이곳에 와서 잠시 눈을 감았다. 세월이 켜켜이 내려앉은 다다미방에 앉아 시원하게 열린 창문 너머로 졸졸졸 흐르는 물소리를 듣고, 바람에 흔들리는 나무를 바라본다.

그러다 보면 마음에 아스라한 평화 한줄기가 천천히 스며든다. 바람에 속삭이는 나무들의 이야기를 들으며 생각했다.

'이래서 이곳엔 혼자 살며시 오고 가는 사람이 대부분인가 보다'.

오늘날의 아사쿠라 조각 박물관은 일본의 조각가 아사쿠라 후미오(1883~1964년)의 스튜디오 겸 거주지였다. 그는 1907년 24세의 나이로 도쿄 미술대학을 졸업하고, 이곳 야나카에 거처를 옮긴다. 이 집은 그가 직접 설계한 구조인데, 미로 같은 공간과 지금 봐도 감각적인 디테일에 말을 잃는다. 초기에는 더 작은 공간이었으나 확장되었고, 구조적으로도 여러 번 변형되었다고 한다. 건물은 크게 일본식 주거 공간과 서양식 스튜디오 공간으로 나뉜다.

입장료를 내고 가장 먼저 발을 들이는 공간은 청동 조각품을 만나는, 웅장하고 위엄 있는 메인 룸. 천장이 매우 높기 때문에 몇 번을 와도 매번 '와' 하는 감탄사가 절로 나온다.

메인 룸을 돌아서면 눈부신 햇살이 하얀 커튼에 부서지는 신비로운 도서관으로 이어진다. 누군가의 손때 묻은 서재에 들어온 듯, 묘한 시간 여행을 하는 기분이다.

중앙에는 커다란 잉어가 사는 연못과 일본식 정원이 있다. 직접 들어갈 수는 없지만, 집 안의 중심을 둘러싸고 있기 때문에 언제 어디서든 이 아름다운 정원을 가슴 가득히 들여놓을 수 있다.

건물을 돌아 올라가면 아주 크고 우아하게 꾸며진 선라이즈 룸이 나온다. 바로 작가가 살았던 공간이다. 다른 방엔 일본 도자기와 서예, 고양이 상 등의 여러 유물이 전시되어 있는데 오직 이 방만은 비어있다.

이 빈 공간이 주는 채움을 좋아한다. 바라는 것 없는 마음에서 모든 것을 채울 수 있다는 믿음. 우리 생활에도 이런 빈 시간이 있어야 도저히 채워지지 않는 공허함이 '그래도 좋다'는 만족감으로 치환될 수 있지 않을까.

눈부신 햇살을 따라 계단을 올라가면 조각 작품이 우리를 반긴다. 창문을 통해 바라보거나 야외 지붕 위에서 만나는 그 진귀한 선물을 놓치지 말기를.

아사쿠라 후미오는 뛰어난 기술로 리얼리즘을 추구하며 훌륭한 걸작을 많이 남겼다. 1948년 문화훈장을 받은 최초의 조각가라고 한다. 무엇보다 이런 보석 같은 집을 후대 사람들이 볼 수 있도록 다이토구에 기증한 가족의 결정이 참으로 멋지고 훌륭하다는 생각이 든다.

대를 위하여 소를 희생하기 위해서는 얼마나 큰 그릇의 마음이 필요한 걸까. 집을 둘러보면 그 마음이 얼마나 어려운 결정이었을지 안다. 그래서 500엔의 입장료는 전혀 아깝지 않다. 우리가 받는 위안에 비하면.

ADDRESS 7 chome-18-10 Yanaka, Taito-ku, Tokyo
MORE INFO taitocity.net

작품 없는 미술관

작품이 없는 미술관은 상상해 본 적이 없다. 미술이 없는 미술관에 어떤 의미가 있단 말인가. 지금까지 경험한 적 없는 팬데믹 시대, 코로나로 모든 전시 계획이 어긋나버린 전 세계 많은 미술관이 고민이었을 것이다.

세타가야 미술관의 이번 전시가 더욱 획기적으로 다가왔던 것도 바로 이런 이유다. 이름하여 '작품 없는 미술관'. 이 프로젝트는 전시 계획 조정 중에 태어난 기획으로, '미술관의 잠재적 자산인 미술관 자체를 사람들에게 보여주면 어떨까' 하는 마음에서 탄생했다.

결론적으로 말하자면, 어떠한 유명 작가의 작품을 마주하는 것보다 더 잔잔한 감동과 여운이 있었다. 미술관엔 사람들의 발길이 끊이지 않았다. 미술관이라는 공간이 지역 사회 시민들에게 어떤 존재인지, 어떤 역할과 가치를 지니는지, 또한 어떤 모습이어야 하는지 처음으로 진지하게 들여다볼 수 있었다. 비워냈기에 가능한 일이었다.

작품을 모두 걷어낸 채 하얗게 텅 빈 공간으로서의 미술관을 오롯이 마주한다는 건 매우 기묘한 경험이다. 화장을 지운 연극배우의 얼굴처럼, 사람 하나 보이지 않는 평일의 도심처럼 생경했다. 그것을 허락하는 사람도, 보는 사람에게도 커다란 용기가 필요한 일이다. 하지만 방향을 완전히 틀어야 보이지 않던 것이 보이는 경우가 있다. 발상의 전환이 필요한 이유다.

자연스레 디자이너 하라 켄야가 말하는 'Emptiness'의 개념이 떠올랐다. 비우기 때문에 많은 것을 자유롭게 담을 수 있다는 것. 그것은 미술관의 역할을 관람객에게 작품을 '보여주는' 일방적 발신의 기능에 한정 짓는 것이 아니라, 빈 그릇을 꾸밈없이 내보이며 관람객에게 자유롭고 무수한 의미를 담아보라는 소통의 제안이다.

깨끗한 무의 세계, 비움이 때로 우리에게 질문을 던지고 새로운 출발점이 되기도 한다. 아무것도 없는 본래의 마음은 모든 것에 열려 있는 초심의 마음과도 닮았다. 스즈키 순류 선사가 말하는 선의 핵심을 이 미술관에서 찾은 것 같아 더욱 젠스럽고 동시에 대담하다고 여겨졌다.

미술관에 대한 생각은 곧 건축물 자체에 대한 인식으로 치환된다. 전시실 벽 곳곳에서 미술관을 설계한 우치이 쇼조의 철학을 읽으며 마치 오래전, 책 속에 숨겨놓은 친구의 쪽지를 우연히 발견한 듯 들뜬 기분이었다.

미술관은 미술을 전시하는 공간뿐 아니라
생활과의 관련성을 파악하고 보여주는
자리여야 한다고 생각한다.
나는 생활 공간화야말로 오늘날 공공 건축에
요구되는 점이라고 생각한다.

오늘날의 건축이 매력 없는 것은 건축에서
자연의 이미지가 사라져버렸기 때문이다.
역사적인 건물 등지를 방문할 때 우리는
마음에 평온을 느낀다.
모진 풍상을 견딘 건축물이 자연 속에서
풍화된 모습을 보면 건축이 자연의 일부가
되는 듯한 느낌을 받는다. 지나간 시간에 대한
로맨틱한 추억뿐만 아니라 그 건축이 자연의
질서에 깊이 관련 있는 상태로 우리의 마음을
움직이기 때문이다.

인간은 건축의 목적이나 기능으로 생활을
채운다. 하지만 건축과 사람과의 관계는
목적이나 기능만이 아니다. 사람들은 각
건축이 가진 독자적인 공간을 공유하며, 그
정신을 공감함으로써 떼려야 뗄 수 없는,
밀접한 상호 관계를 맺는다. 정신의 전달에
관한 말이다.

이 전시는 그동안 미술관의 역사와 활동을 되짚으며 그 본질을 찾아가는 여행이었다. 우리에게는 시간을 거슬러 미술관에서 쌓은 각자의 추억을 찾아보라는 질문이 되기도 했다.

전시의 시작을 알리는 서문의 내용은 마치 우리들에게 보내는 솔직한 편지 같다. 그 일부를 여기에 공개한다. 문장마다 진솔한 마음의 결이 느껴진다. 마무리는 정중하다.

우리는 지금까지 경험한 적 없는 대재앙의 시대를 맞이하고 있습니다. 온 세상의 미술관이 본연의 자세에 대한 질문을 던지며, 전시 등의 사업을 재검토 중입니다. 예정되어 있던 전시 준비에도 차질이 생겨 미래를 내다보기 어려운 상황입니다. 이런 상황에서 우리는 작품 없는 전시실을 사심 없이 바라보기로 했습니다.
세타가야 미술관은 사계절 다양한 표정이 있는 기누타 공원 안에 위치하고 있습니다. 공원은 봄에는 벚꽃이 피고, 여름에는 커다란 그늘이 시원한 바람을 부릅니다. 가을에는 다양한 나무들의 단풍을 즐기며 겨울에는 때로 멋진 설경에 휩싸이기도 합니다.
1986년 건축가 우치이 쇼조가 설계한 이 곳은 세 가지 콘셉트를 특징으로 합니다.
생활 공간, 오픈된 시스템, 공원 미술관으로서 미술관입니다. 이러한 콘셉트에 근거해 설계된 미술관에는 많은 창문이 있습니다. 주변 환경과 일체화하려는 매우 개방적인 건물입니다. 창문을 통해 공원의 울창한 풍경을 감상하시고, 가능하다면 마음속에 그동안 보신 많은 전시의 한 장면이라도 떠올리시면 감사하겠습니다.

에디터를 꿈꾸는 어시스트들에게 기사 작성을 가르칠 때 브랜드를 의인화해 보면 글의 시작이 훨씬 수월해진다고 조언해 주곤 했다.

'이런 브랜드를 입는 사람, 만드는 사람은 어떠한 취향과 스타일을 가진 사람일까'를 머릿속에 이미지로 떠올려보면 일단 원고의 부담이 30퍼센트 정도는 줄어든다. 거창한 개념의 진입 장벽을 걷어내면 그 안에 사람이 있기 때문이다.

미술관도 마찬가지다. 하나의 기관이기 전에 사람들이 모여 머리를 맞대 아이디어를 내고, 예술을 선보이는 곳이다. 결국 모든 것의 끝에는 사람이 있다. 전례 없는 혼란 속에서 그것을 다시 확인시켜준 세타가야 미술관의 친근한 행보들을 국내 크고 작은 미술관, 갤러리에서도 볼 수 있었으면 좋겠다.

ADDRESS 1-2 Kinutakoen, Setagaya-ku, Tokyo

MORE INFO setagayaartmuseum.or.jp

역사를 잇는 방법

일본은 호텔 업계에서 '외국계 호텔의 무덤'이라는 별칭으로 알려져 있다. 뉴오타니, 제국호텔, 오쿠라와 같은 도쿄를 대표하는 3대 호텔을 비롯해 각기 다른 콘텐츠와 개성, 섬세한 서비스로 중무장한 로컬 중소 호텔이 다양한 가격대의 스펙트럼으로 이미 시장에 탄탄한 존재감을 발휘하고 있기 때문이다.

각국 외빈과 국내외 주요 인사들이 오면 으레 위의 3대 호텔 중 하나에 묵는 것이 클래식 중의 클래식이다. 그중에서도 삼성의 고(故) 이병철 회장이 신라호텔의 모델로 삼은 곳이 바로 이 오쿠라 호텔이다.(신라호텔을 열었을 때 실제로 오쿠라가 위탁 경영을 맡기도 했다.)

오쿠라가 2015년 가을, 도쿄 올림픽을 맞아 재개장하기 위해 문을 닫는다고 발표했을 당시 해외에서는 난리가 났다. 일본을 사랑하는 「모노클」(영국의 월간 라이프스타일 매거진)은 'Save the Okura(오쿠라를 살리자)' 캠페인을 전개했다. 철거 소식을 듣자마자 보테가 베네타의 전 크리에이

티브 디렉터, 토마스 마이어는 곧장 도쿄로 날아왔다. 그에게 맡겨진 임무는 오쿠라 호텔을 구하고 일본 근대 건축의 보존을 홍보하는 것. 실제로 그는 한 인터뷰에서 1980년대 오쿠라와의 사랑에 빠져 일본 모더니즘에 눈을 뜬 자신의 경험을 회상하기도 했다.

1960년대 다니구치 요시로가 설계한 이 건물은 재오픈을 앞두고 도쿄의 디자인 추종자들과 업계 관계자들로부터 많은 반대에 부딪혔다고 한다. 무조건적인 파괴는 일본의 건축 역사를 위협한다는 이유에서였다. 그도 그럴 것이 오쿠라는 그냥 상업 호텔이 아니라 신칸센 열차, 도쿄타워와 함께 전후 일본을 대표하는 아이콘이었다. '일본 모더니즘'의 상징 그 자체였다.

결국 수많은 국내외 인사들의 반대에도 불구하고 오쿠라는 유리 건물 등의 증축과 개조를 거쳐 2020년 다시 문을 열었다. 프레스티지 타워 로비는 오쿠라를 설계한 다니구치 요시로의 아들이자 현재 일본을 대표하는 건축가 다니구치 요시오의 작품이다. 세계가 두 눈을 부릅뜨고 지켜보는 아버지의 유산을 그는 어떻게 새로 썼을까.

오쿠라는 여전히 오쿠라였다. 구 본관의 로비를 정교하게 옮겨온 모습은 마치 미술관에 걸린 그림을 치밀한 계산에 의해 복원하듯, 기존의 우아하고 클래식한 전통미를 그대로 계승했다. 오쿠라를 상징하는 육각형 조명부터 창문의 아사노하(삼잎) 패턴, 옻칠 테이블, 만개한 매화꽃을 본뜬 의자, 도미모토 겐기치의 벽면 작품까지 그대로였다.

'기사회생'이라는 표현이 딱 맞지 않을까. 60년대 사진을 보고 또 보며 비교해봤다. 무엇보다 그곳은 오쿠라 특유의 운치와 정서를 간직하고 있었다. 보이지 않는 것을 이어갈 수 있다는 것이 가장 놀라웠다. 하루에도 시간의 흐름에 따라 각기 빛과 그늘이 만들어졌다.

유산에 관한 조금 다른 방향의 인식과 보존이 시간을 어떻게 또 늘릴 수 있는지, 새로운 역사를 쓸 수 있는지, 결국은 전통도 해석과 구현 방법에 따라 바람직한 형태로 이어질 수 있다는 것을 깨닫게 됐다.

호텔은 사찰이나 성이 아니다. 동시대 사람들이 지속적으로 이용해야 가치와 의미가 있는 엄연한 상업 시설이다. 여기 토마스 마이어의 말이 우리의 한국 전쟁 이후 지어진 아파트와 건물에 많은 시사점을 전하는 이야기가 될 것 같다.

"교토와 같은 곳에 사찰과 성은 국보로 인정받아, 일본인은 그 보존에 많은 관심을 기울였습니다. 그런데 전쟁 후 지어진 것들은 당연한 것으로 여겨졌죠. 하지만 그것들은 앞으로 많은 것을 발전시키기 위해 존재하는 또 다른 가능성입니다."

다 때려부수는 것이 능사는 아닐 것이다. 레트로가 붐이라며 모든 옛것들이 그저 오래됐다는 이유로 추앙받는 것도 이상하다. 다만 전쟁 이후 급속도로 발전한 우리나라의 풍경 또한 어디에도 없는, 그 나름의 개성이라고 생각한다. 무미건조하다고, 몰개성하다고 취급받는 1980년대 아파트들도 해석하기와 진화 방식에 따라 자랑스러운 우리만의 유산으로 만들 수 있지 않을까. 작은 희망을 품어본다.

ADDRESS 2 chome-10-4 Toranomon, Minato-ku, Tokyo
MORE INFO theokuratokyo.jp

극강의 프렌치 토스트

오쿠라 호텔에는 '극강의 프렌치 토스트'가 있다. 입에 넣는 순간 표면은 바삭하게 부서지고 속은 스펀지처럼 사르르 녹아 없어진다.
예로부터 폭신폭신한(일본어로 후와후와 ふわふわ) 식감을 좋아하는 일본은 프랑스가 원산지인 '수플레(souffle: 머랭에 다양한 재료를 섞어 오븐에서 구워 만드는 가볍고 폭신폭신한 요리)'를 자신들만의 독자적인 형태로 발전시켜 왔는데 그중 하나가 바로 이곳의 프렌치 토스트다.

후와후와를 영어로 표현하면 'fluffy' 정도가 되겠지만 이마저도 부족하다. 몽글몽글, 보돌보돌, 폭신폭신, 둥실둥실 같은 세상 모든 귀엽고 사랑스러운 단어를 다 합쳐야 겨우 될까. 그러니 국제적으로 'huwahuwa'라고 표현해도 될 정도로 일본은 부드럽고 폭신폭신한 질감에 있어서는 가히 최고라고 인정하고 싶다.
여기, 코로나 기간 오쿠라 호텔이 공개한 그 궁극의 프렌치 토스트 레시피를 소개한다.

● 재료(2-3인분)

식빵 2장(각 약 4cm) 귀퉁이를 자른 4조각　계란 3개　우유 185ml
설탕 31g　바닐라 에센스　버터　식용유

● 만드는 법

1. 보울에 계란, 우유, 설탕, 바닐라 에센스를 잘 섞은 후 식빵 양면을 온종일 적신다. (각 한 면당 12시간, 총 24시간)
2. 다음 날 너무 뜨겁지 않은 팬에 버터와 식용유를 넣고, 적신 빵을 약불에서 팬의 뚜껑을 덮고 약 15분간 천천히 굽는다.
3. 취향에 따라 메이플 시럽 또는 잼을 곁들여 서브한다.

● 셰프의 팁

- 빵을 충분히 푹 담근다.
- 버터가 타지 않도록 약불로 유지한다.
- 천천히 시간을 끌면서 뚜껑을 덮고, 내용물을 볼록하게 부풀리도록 굽는다.

꼬박 하루가 지난 후 냉장고에서 꺼내 굽다 보면 분명 이런 생각이 들 것이다.
"아니, 뭐 이렇게까지 해야 해?"
"이건 간편히 해먹을 수 있는 프렌치 토스트의 의미에서 벗어난 것 아닌가."
나 역시 그랬다. 그렇지만 한입 먹는 순간 다시 생각했다.
'이렇게까지 하는 것'. 바로 여기에 일본의 정신이 있다고. 돌이켜보면 이렇게까지 해도 겨우 될까 말까, 한 것이 우리네 인생이다. 그렇게 치열하게 남다르게. 일본은 각 분야의 장인을 키워냈다.

귀향하지 못한 석탑

오쿠라에 방문한 진짜 이유는 오쿠라 집고관(大倉集古館)에 있는 한 유물 때문이었다. 석탑이다. 고려 초기의 이천향교, 서남향 산기슭에 세워진 '이천 오층석탑'으로, 일제강점기 당시 수탈된 수많은 우리나라 국보급 문화재 중 하나다. 한국인이라면 누구나 보는 순간 멈칫할 것이다. 원래 우리 것은 설명 하나 없어도 자기 자식 바라보듯 단번에 알아차리는 법이니까.

오쿠라 기하치로는 고리대금업, 토목, 무역업으로 큰 부자가 된 인물로 당시 엄청난 양의 문화재를 일본으로 빼돌렸다고 한다. 이 석탑은 1915년 한일병합 5년이 된 날을 기념하는 조선총독부 행사장 장식을 위해 경복궁으로 옮겨졌다. 그리고 그의 수중에 들어가 1918년 도쿄 오쿠라 미술관으로 무단 반출됐다. 조선총독부 신축공사와 경복궁 철거에 앞장섰던 인물이었기에 가능한 일이었다.

심지어 경복궁 자선당(세자와 세자빈이 거처한 곳) 건물도 통째로 뜯어가 설립한 게 지금의 오쿠라 슈코칸이다. 1923년 간토대지진으로 모두 소실되었는데, 그 안에는 무수히 많은 고려자기도 있었다고 한다. 선사 시대부터 조선 시대까지를 통틀어 그가 약탈한 문화재가 약 1천1백여 점에 달한다고. 지금은 대부분 이곳 수장고에 잠들어 있다.

누군가는 식민지 시대에 흔히 일어나는 일 아니냐 반문할 수 있다. 전 세계 유명 박물관과 미술관에 다른 나라의 문화재들도 수두룩하니까. 그런데 정부가 아닌 개인 소유로, 불법적인 방법이 동원됐다면 이야기는 달라진다. 게다가 여러 번에 걸친 해체와 복원으로 훼손이 심각해진 상태라면 어떨까.

실제로 이날 본 석탑 꼭대기에는 날개 모양의 장식이 있었는데, 그 부분의 색이 달라 동행한 언니도 나도 단번에 알아봤다. 우리의 의지와 관련 없이 마음대로 이루어진 변형이었다.

오쿠라 미술관 작은 뜰 끝에 엉뚱하고 외롭게 서 있는 탑의 모습을 보면 이 글을 굳이 쓰는 내 마음을 이해할 수 있을 것이다. 나는 더 많은 한국인들이 이 어이없는 석탑의 위치와 상태를 확인했으면 좋겠다. 한국 문화가 일본 젊은 세대 사이에서 유행처럼 인기인 지금도 이곳에서는 확연히 다른 온도 차를 느낄 수 있다. 여기서 나는 일본 속 여전한 한국의 위치를 절감한다.

2020년 불교계를 비롯한 지역 주민들과 시민단체의 바람을 담은 환수염원탑이 이천에 세워졌다. 일본에 우리의 진짜가 있고, 이천에 가짜

모형이 있는 셈이다.

오쿠라 재단은 반환을 거부하고 있다. 이 호텔을 그저 좋게만 볼 수 없는 이유다. 일본의 많은 것을 존중하고 좋아하지만, 똑바로 알아야 할 것은 알고 지속적으로 대응하는 것이 우리 세대의 몫이라고 생각한다.

석탑 하나에 무슨 의미가 있나. 탑이란 석조물은 나라와 백성의 안녕, 태평성대를 기원하는 대상물이다. 끊임없이 변화하는 세계와 달리 같은 장소에서 늘 같은 모습으로 존재하는 영속성을 지녔다. 무엇보다 우리 조상들이 돌에 혼을 불어넣으며 한 조각씩 쌓아 올리고, 누군가의 간절한 기도와 희망이 아름다운 형태로 굳혀진 생명체와도 같다.

나는 불편할 수도 있는 이야기 또한 앞으로도 다양한 매체를 통해 하려고 한다. 글에 힘이 있다고 한다면 나의 글이 작은 보탬이라도 되고 싶다.

ADDRESS 2 chome-10-3 Toranomon, Minato-ku, Tokyo
MORE INFO shukokan.org

과거보다 미래가 기대되는 아트

이곳에 살며 가장 크게 느낀 것 중 하나를 꼽으라면 세상을 바라보는 일본인의 시각이다. 일본인은 자기 앞의 생은 물론이고, 자신이 몸담고 있는 세상을 '망원경'이 아닌 '현미경'으로 들여다본다. 물체와 현상을 최대한 미세하고 정밀하게 관찰하고, 집요하게 파고든다. 얼핏 숲보다는 나무 한 그루에 집중한다고 볼 수 있지만, 세상에는 망원경이 있으면 현미경도 필요한 법.

각계 각층에서 다양한 현미경의 시각이 모이면 거대한 스토리텔링이 만들어진다. 스토리가 모이면 국가만의 독특한 이미지와 콘텐츠가 완성된다. 일본에 장인이 많은 것도, 가업을 이어가는 가게가 많은 것도 여기저기 기웃대기보다 자신에게 주어진 것을 숙명으로 받아들이는 마음, 그리고 집중하며 정진하는 국민적 의식 체계에 기인하는 것이 아닐까.

대나무를 활용한 아트는 일본인의 이런 성향을 극적으로 보여주는 형태라고 자부한다. 몇천 년에 걸쳐 이어진 대나무 아트는 현대에 이르

러 점점 비주류로 밀려나고 있다. 중국에서 넘어온 차 문화가 일본식으로 변화를 거치며 진화적 발전을 거듭함에 비해. 현재 일본에 대나무로 작업하는 전문 장인의 수가 50명도 채 남지 않았다는 소식은, 호미나 나전 칠기 같은 우리나라의 사라져 가는 소위 '찐' 명품을 떠올리게 한다.

도쿄 국립 근대미술관 공예관(2020년 가나자와시로 이전)에서 열린 'Japanese Bamboo Art From New York'는 2017년 뉴욕에서 선보인 금의환향 격의 전시였다. 과거의 작품이 현대에 시사하는 바를 발견하면서, 현대의 작품이 미래에 말 걸고자 하는 이야기에 귀기울일 수 있어 참 값진 시간이었다.

대나무 작품 하나하나가 세상을 바라보는 이들의 세계관처럼 느껴진 건, 적지 않은 이곳에서의 생활이 가져다준 깨달음 덕분이 아니었을까 싶다. 보이는 것과 달리 결코 쉽지 않았던, 부딪히고 깨지며 배운 시간이다.

특히 흥미로웠던 부분은 tide, flowing water, swirl of blue water처럼 바다와 관련한 제목이 대부분의 작품을 차지한다는 사실. 역시 섬나라 사람들의 마음속에는 바닷 바람이 분다. 그렇게 우리 일상의 면면은 결코 예술과 동떨어져 있지 않다.

자신을 aaa(always almost artist)로 소개하는 아티스트 최정화는 한 인터뷰에서 이렇게 말한 바 있다. "막상 유럽에 가보니 재미없더라고요. 거대한 미술관 안에 온통 과거만 갇혀있을 뿐. 현재와 미래가 빠진 거예요."

나는 이 부분을 읽으며 무릎을 쳤다. '동시대에도 끊임없이 창조적 에너지를 불어넣을 수 있는가' 하는 여부에 따라 예술의 무한한 생명력과 앞으로의 존재 가치가 결정되는 것이라면, 대나무 아트는 과거보다 현재, 현재보다 미래가 더욱 기대되는 장르다.

그렇다면 우리에겐 무엇이 이러한 미래성이 엿보이는 아트가 될까, 자못 궁금해진다. 조선 시대의 백자, 나전 칠기는 이미 그 우수성을 인정받은 세계적인 작품이므로, 나는 여기에 조심스레 조각보와 보자기를 올리고 싶다.

ADDRESS 3-1 Kitanomarukoen, Chiyoda-ku, Tokyo
MORE INFO momat.go.jp

본질을 꿰뚫는 전시

도쿄 스테이션 갤러리의 전시는 여타의 미술관이나 갤러리와는 확연히 다른 지향점을 갖고 있다. 전시 기획의 맥락, 스토리 구성, 표현 방식 등 모든 면에서 굉장히 지적으로 디테일을 파고든다. 대형 미술관과 비교하면 작은 규모임에도 알찬 내용으로 아티스트의 본질을 꿰뚫는데 집중하며, 명확한 메시지를 전달하는 데 중점을 둔다.

이곳에서 보여주는 전시는 매번 조용히 꾹꾹 눌러 쓴 기록 같아 진지한 여운을 남기는데, 그것이 내가 이 갤러리를 편애하며 가급적 혼자 방문하는 이유다. 구마 겐고 전도 그랬고, 이번 바우하우스 전도 역시 기대 이상이었다.

전시는 바우하우스를 이야기할 때 소위 대표적인 디자이너(마르셀 브로이어, 미스 반 데어 로에, 빌헬름 바겐펠트) 작품을 적당히 예쁘게 전시하고 설명하는 것에 머물지 않았다.

바우하우스 학교의 교육 방식도 이해하기 쉽게 관련 작품을 통해 전

開校100年 きたれ、バウハウス —造形教育の基礎—
2020年 7月17日(金)— 9月6日(日)
bauhaus
bauhaus
bauhaus
bauhaus
bauhaus
inter office
TOKYO STATION CITY

開校100年 きたれ、バウハウス —造形教育の基礎—
bauhaus

bauhaus
bauhaus

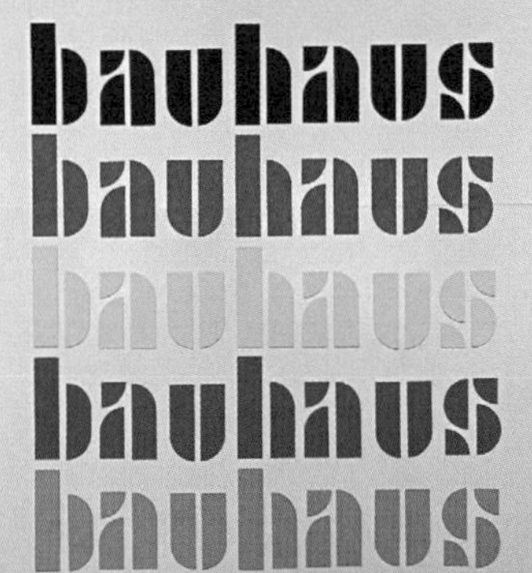
bauhaus
bauhaus
bauhaus
bauhaus
bauhaus

달하면서 이토록 짧은 역사를 가진 디자인 학교가 어떻게 현대 모더니즘에 위대한 유산을 남길 수 있었는지, 어떤 연유로 오늘날의 조형 예술 분야에 총체적인 길잡이 역할을 할 수 있었는지 파헤쳤다. 모두가 궁금해한 특별한 교육의 비밀을 디자인의 발자취를 따라 풀어내는 구성이다.

갤러리 위치는 도쿄의 자랑이자 문화유산인 도쿄역 안에 자리하니, 참으로 명민하고 계산적인 설정이 아닐 수 없다. 1945년 연합군 공습에 무너진 3층과 지붕은 복구하고, 2층까지는 옛 벽을 그대로 살려 올 때마다 역사의 흔적 안에 들어와 있는 묘한 기분이 든다.

갤러리를 나오면 역을 오가는 수많은 시민의 생활 소음이 갑자기 뒤섞이는데, 마치 우디 앨런 영화의 한 장면처럼 별안간 현재로 다시 돌아오는 듯하다.

내게 이 갤러리는 살아있는 도시 문화 공간의 힘을 증명하는 곳이자, 지금의 도쿄를 뽐내는 상징이다. 도쿄역에 다녀오면 유독 주눅이 드는 건 이 때문일까.

ADDRESS 1 chome-9-1 Marunouchi, Chiyoda-ku, Tokyo

도쿄에서 만난 '조선백자' 전

메구로 고마바 지역, 한적한 주택가 사이 골목에 정갈하고 고풍스러운 가옥인 일본민예관이 있다. 조선을 사랑한 일본인이자 일본 민예운동의 창시자인 야나기 무네요시가 세운 공간이다. 그간 도쿄에서 만난 디자이너들에게 가장 좋아하는 공간을 꼽으라 하면 대부분 이곳을 한 목소리로 언급하곤 했다. 나 또한 마찬가지.

사실 조선 미학을 바라보는 야나기 무네요시의 관점에 모두 동의하지는 않거니와 식민지 문화를 향한

그의 사상에 대한 논란은 계속되고 있지만 이를 해석하고 연구해 나가는 건 우리 후대의 몫이란 생각이 든다.

그래도 지난 '조선백자' 전은 일본에 살면서 가장 당당하고 뿌듯하게 관람한 전시로 기억에 남을 것 같다. 아름다운 기물에는 만든 사람의 이름이나 브랜드가 중요하지 않다는 걸, 만든 이의 정성과 혼, 그리고 그것을 알아보는 우리의 안목이 가장 중요하다는 걸 그는 오늘날 우리에게 다시금 일깨워준다. 눈과 마음으로 만나는 진짜 보석들이다.

수많은 세월이 흐른 후에야 바다를 건너, 내 눈 앞에서 펼쳐진 조선백자의 아름다움은 그저 놀랍고 고귀하고 동시에 고요했다. 보자마자 소리 없는 탄성이 흘러나오는 건 불가사의하고 어진 맛이 깃든 조선백자 특유의 오라 때문이리라.

ADDRESS 4 chome-3-33 Komaba, Meguro-Ku, Tokyo
MORE INFO mingeikan.or.jp

미래 디자인의 영감

일본민예관에서 '조선백자 전'이 끝날 무렵, 롯폰기의 2121 디자인 사이트에는 '민예, 또 다른 종류의 예술'이라는 이름의 전시가 열렸다. 전시의 크리에이티브 디렉터이자 관장인 '후쿠사와 나오토'는 전시회를 여는 서문에서 '아티스트도 아니고 수공예가도 아닌 사람의 손에서 창조된 물건에는 믿을 수 없는 매력이 있다'고 했다.

이어 피카소의 다음 명언을 언급하며 야나기 무네요시(1889~1961년)도 창조물에 마음을 바친 순수함에 경외를 표한 사람이라고 설명한다.

"When I was the age of these children, I could draw like Raphael, but it took me a lifetime to learn to draw like these children.(내가 아이들의 나이였을 때는 이미 라파엘처럼 그릴 수 있었지만, 이 아이들처럼 그리기 위해서는 평생이 걸렸다.)"

그러면서 '민예'란 카테고리에 속해지거나 어떤 방식이나 유형에 구속되기보다는 그저 사람들이 만든 각기 다른 방식의 자유로운 아트가 아니겠냐며 반문한다. 누가 만들었는지, 언제 혹은 어떻게 만들었는지에 대한 정보는 크게 중요하지 않다. 창조물을 보고 "와아, 이거 멋진 걸!"이라고 매력을 느끼면 그만이라는 것이다.

전시는 일본민예관이 소장하고 있는 아름다운 민예품 중 146점을 골라 보여주면서 후쿠사와 자신의 감상을 짧은 문장으로 전한다. 또한 자신의 개인 소장품, 새로운 형태의 민예를 해석한 오늘날의 사진 등도 함께 전시했다.

일본 전역에서 민예의 전통을 이어가는 다양한 세대의 장인들의 물건을 소개하는 영상을 보고는 쉽사리 자리를 뜨기 힘들었다. 그들이 만드는 물건에 진솔한 정성의 이야기가 담겨있었기 때문이다. 기후와 관습에 따라 달라지는 특성은 대대로 전해지면서 재료, 색상, 공정, 응용, 모양 등에서 독창성을 발전시켰음을 알 수 있었다.

인상 깊었던 작품에 적힌 문구를 소개하면 다음과 같다. 우리가 일상에서 매일 발견하는 아름다움의 존재들을 이리도 명쾌하고 진지하게 정리하다니, 작품과 문장을 번갈아 보며 감탄하고 또 즐거워했다.

- 일부러 만들어낸 아름다움과는 다른 대담함. 그리고 내가 상대가 되지 않는다는 것을 깨닫고는 이내 모자를 벗어 경외를 표하게 된다.
- 민예의 본질은 물질의 특성을 활용하는 방법이다.
- 인상이란 어떤 장면을 포착하고 싶은 욕구를 의심 없이 표현하는 것이다. 그건 분명히 순수한 사랑의 한 장면에서 영감을 받은 감정을 추적하는 것과 닮았다.

- 사람들은 기계가 제공할 수 없는 가치를 알고 있기에 인내를 통해 창조된 것들을 존중한다.
- 수집 행위란 무의식적으로 그것을 향해 손을 내밀게 하는 비정치적인 매력을 지니고 있다.
- 스스로 설명할 수 없는 발견은 자극적이다. 말로 표현할 수 없는 매력이다.

결국 이 전시를 두 번 찾았다. 처음엔 얼떨떨하게 만났으나, 이대로 보낼 수 없다는 이끌림과 여운으로 전시 마지막 날에 부랴부랴 다시 찾았다. 마음 깊숙한 곳에서 우러나오는 설명할 수 없는 묘하고 불편한 마음이 무엇이었는지 꽤 오랫동안 생각했다.

'민예라는 것이 일본의 것만이 아닌데…… 이걸 마치 일본의 것으로 멋지게 포장하다니 대단하다 대단해.'

'우리나라에도 중국에도 아시아 전역에 있던 개념일 텐데, 서양인들은 이걸 보고 무슨 생각을 할까.'

지금의 젊은이들에게 가장 사랑받는 미술관이 역사의 뒤안길에서 자칫 잊혀질 수 있는 민예품에 대한 새로운 시각을 일깨우려 한 취지와 기획은 참으로 근사하고 참신했다. 더불어 그 시각을 풀어나가는 스토리 메이킹, 프레젠테이션 방식이 무엇 하나 흠잡을 데 없이 훌륭했던 건 나만의 감상은 아닐 것이다.

하지만 내가 생각하는 이 전시의 가장 큰 미덕은 시선이 과거가 아닌 미래를 향해 있는 점이다. 지역의 고유한 특성이 희석되고 물건에 대한 애착 또한 줄어들고 있는 시대, 민예의 순진한 미학과 정신은 일상을 살아가는 모든 사람에게 영향을 미쳐 새로운 에너지를 창조하는 밑거름이

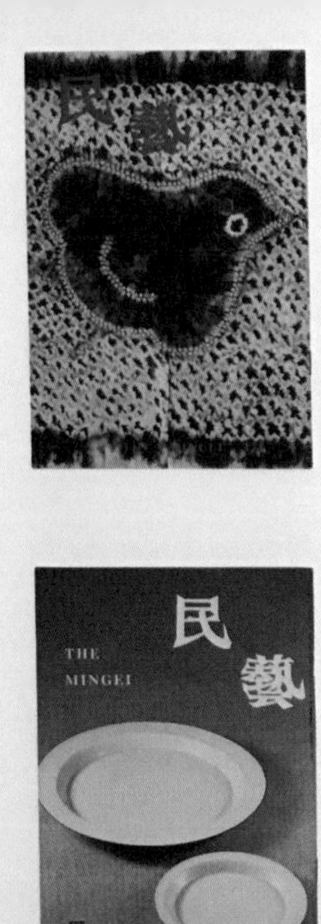
民
藝

民

民
藝

民
THE
MINGEI
藝
577
2001年 1月号

民
藝
THE MINGEI
528
十二月号

民
藝

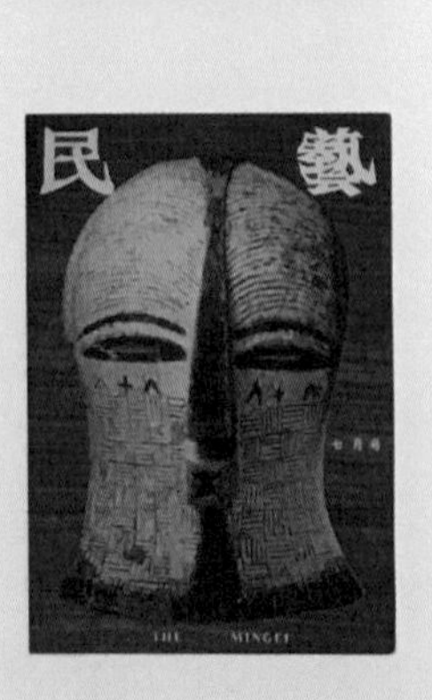
民
藝
七月号
THE MINGEI

民 藝
THE MINGEI
2004年7月号
619

民
藝
THE
MINGEI

民
藝
THE MINGEI

民
藝
572
THE MINGEI
2000年 8月号

될 거다. 전시의 역할을 과거의 훌륭한 작품만을 모아 보여주거나 과거의 이야기에 한정 짓지 않는 것. 미래 디자인의 영감을 과거와 오늘을 사는 현재에서 확인할 수 있을 것이라는, 한 차원 확장된 시각으로 전하는 것이다.

시간이 흐른 어느 날, 문득 깨달았다. 어쩌면 이 시대에 오리지널리티라는 건 생각보다 중요한 것이 아닐지도 모르겠다고. 누가 무엇을 먼저 시작했는지 따지는 것보다 중요한 건, 그것의 가치를 가장 '먼저' 알아보고 '지속적으로' 키우며 브랜딩하는 것이다.

가령 피케 셔츠를 처음 개발한 건 라코스테였음에도 불구하고 대중적으로 가장 먼저 떠올릴 브랜드는 폴로 랄프로렌일 가능성이 높은 것처럼. 일본이 정말 잘하는 것이 이 브랜딩이다. 무서운 힘이다.

ADDRESS Midtown Garden, Tokyo Midtown, 9 chome-7-6 Akasaka, Minato-ku, Tokyo
MORE INFO 2121designsight.jp

계절과 꿈의 거울, 꽃

하이이로 오오카미 & 니시벳푸 상점
Antiques Haiiro Ookami & Flowers Nishibeppu Sho-ten

일본은 꽃이 풍부한 나라다. 어디를 가도 꽃집이 카페만큼 많이 보인다. 그런데 흥미로운 점이 하나 있다. 아늑하고 세련된 공간에는 약속이나 한 듯 어김없이 드라이플라워가 장식되어 있다는 것. 공간에 일본적 감성을 더하는 조연 역할을 톡톡히 해낸다.

한 친구도 말했다. "일본은 유독 드라이플라워를 좋아하는 것 같아. 왜 그럴까."

꽃을 배우면서 더욱 알게 되었다. 이곳 사람들은 생화를 좋아하는 만큼이나 드라이플라워도 좋아하고, 프리저브드 플라워(특수 가공하여 반영구적으로 시들지 않는 꽃)도 똑같이 아낀다는 것을.

드라이플라워는 오랜 시간 보존이 가능하고 생화와는 조금 다른 느낌의 분위기를 즐길 수 있다는 장점이 있다. 공간에 품위 있고 차분한 색감, 앤티크한 매력을 더한다. 매일 손질할 필요도 없으며, 유한한 생명을 가진 꽃의 세계를 무한대로 확장시켜준다.

일본의 수많은 플로리스트가 각자 다양한 방식으로, 활발한 예술 활동을 꾸준히 펼치고 있다. 그중 나의 시선을 끈 사람은 니시벳푸 히사유키. 나카메구로의 한 편집숍에서 처음 전시를 접한 이후, 그의 활동을 유심히 눈여겨보고 있다.

흥미로운 앤티크 숍과 수준 높은 갤러리에서 유독 니시벳푸의 작품을 많이 접하면서 그의 세계가 일본의 예술가 그룹 사이에서 특별한 사랑과 지지를 받고 있다는 걸 알았다. 활동 무대는 오모테산도의 숨은 골목에 자리하는 '하이이로 오오카미 & 니시벳푸 상점'. 일본과 러시아의 앤티크를 취급하면서 생화를 파는 곳으로 '오래된 것'과 '생명'이 공존하는 은신처 같은 숍이다. 건축 설계를 하는 사토우 씨가 보물 같은 앤티크 도구를, 니시벳푸 히사유키 씨가 개성 있는 꽃과 식물을 담당한다.

잘 말린 씨앗과 잎, 꽃 등을 소재로 자신만의 독특한 세계관을 담은 니시벳푸 씨의 섬세한 작업들은 보는 순간 뭉근한 시선이 머문다. 잃은 생명에 새로운 숨결을 불어넣는 과정이다. 차근차근 아름다운 손길이 더해지면 이 세상에 단 하나의 고결하고 특별한 존재가 탄생한다. 가슴 속에서 뭉클한 파도가 일었다. 그가 만든 한 줌의 세계에는 사라지는 것의 애틋함, 빛바랜 기억들이 주는 처연함, 간직하고 싶은 순간의 추억이 있다.

문득 떨어진 꽃잎을 버리지 않고, 오목한 볼에 물을 담아 잠시 띄워두던 엄마가 떠올랐다. 어느새 나도 꽃이 떨어질 즈음에는 그렇게 하게 됐다. 저문 것을 알면서도 조금만 더 살아달라고 가슴깊이 바랄 때가 있다. 모든 작별에는 예의와 시간이 필요하다.

그는 자신의 작품을 통해 이런 마음을 이야기하고 싶지는 않았을까.

시간을 초월하는 영원을 보여주고 싶었던 게 아닐까. 흩어져가는 것을 모아 꿈을 만들 듯.

ADDRESS 3 chome-15-2 Minami Aoyama, Minato-ku, Tokyo
MORE INFO hairo-ookami.com

다른 공기를 선사하는 곳

도쿄 올림픽을 전후로 도심에 도시 개발 프로젝트가 가속화되면서 많은 새로운 건물이 생겨났다. 가장 기대를 모았던 곳이 2020년 8월 문을 연 미야시타 파크(Miyashita Park)였고, 개인적으로는 가장 실망스러운 곳이기도 했다.

시부야구의 미야시타 파크는 원래 구립 공원이었는데, 디자이너 브랜드, 잡화점, 레스토랑, 카페, 호텔로 이루어진 대형 쇼핑몰로 탈바꿈했다. 루프탑을 둬서 시부야 한복판에서 자연과 도시를 모두 감상할 수 있게 한 것이 소구 포인트였다.

그런데 이곳에 발을 들이자마자 '뭐지' 싶었다. 관광객을 겨냥한 걸까. 누구를 위한 공간일까. 무엇을 말하려는 공간인지 불명확했다. 시부야 특유의 개성도 매력도 모두 지워진 곳에는 그저 지금 인기 있는 몇 개의 브랜드, 맥락 없이 잡다한 상점들로 채워져 있을 뿐이었다.

역 앞에 다닥다닥 붙은, 허름하고 낡은 요코초(골목길)의 모습은 도쿄의 상징이다. 그런데 미야시타 파크 옆 깔끔해진 콘크리트 위에 만든 새로운 요코초는 억지로 카피 앤 페이스트를 거친 흉내 내기에 불과했다. 이곳을 그대로 떼어다가 서울 명동의 거리에 두어도 이질감이 없다면 무엇이 시부야를 시부야답게 만드는 것인지, 궁금했다.

반면 앞으로 도시의 복합문화 시설은 어떤 모습이어야 하는지, 마을과 어떤 조화를 이루며 성장해야 하는지 보여준 곳도 있다. 2020년 4월 다치가와시에 새로 생긴 '그린 스프링스(Green Springs)'다. 미야시타 파크처럼 카페, 음식점, 호텔과 같은 상업 시설이 즐비한 대규모 복합 시설인 것만은 동일하다.

그런데 접근법은 완전히 달랐다. 사방으로 오픈된 공간의 중심에는 중정과 같은 광장이 있고, 건물들이 그 광장을 에워싸도록 지어졌다. 광장 곳곳 계절을 느낄 수 있는 나무와 꽃이 풍성하게 심어져 있고 사이사이에 예술 작품이 전시된 형태다.

가드닝 관련 식물 상점, 카레집, 인테리어 숍, 그리고 피자집이 괴리감 없이 조화롭게 어울렸다. 가족 모두를 위한 공간임을 숍의 큐레이션 방향이 말해주고 있다.

도심에서 사랑받는 공공시설의 조건은 무엇일까. 모두가 그곳을 평등하게 누릴 수 있다는 점 아닐까. 그린 스프링스에는 아이들이 숨바꼭질을 하듯 행복하게 뛰어다니고 있었다. 노인들도 함께였다. 한강 시민공원의 풍광이 연상되듯이, 남녀노소 마치 건물 사이사이를 산책하고 있는 느낌이었다.

건물의 안팎이 막혀 있지 않고 뚫린 구조였기에 가능한 모습이었다. 사람들은 빌딩 어디에 있든 외부로 나오면 눈앞에 펼쳐지는 녹색의 풍경을 마음껏 즐길 수 있다. 어쩐지 목적을 위해 건물을 드나드는 것이 아니라 목적 없이 '배회'한다는 표현이 더 잘 어울린다. 이곳에는 반드시 무엇을 사지 않아도 편안하게 걷고 쉬며 시간을 보낼 수 있는 여백이 있다.

계단을 올라가니 다치가와시의 도시 풍경이, 다른 한편으로는 탁 트인 국영 쇼와 기념 공원이 한눈에 내려다보인다. 이것이 유현준 교수님이 말하는 '시퀀스(sequence)'일까. 가든, 광장, 이런저런 상점을 지나 꼭대기 지점에서 완성되는 서사는 단지 희열과 감동으로 설명하기엔 아쉬운 점이 있다.

흥분과 숨가쁨을 거쳐 맨 마지막에 힘을 실어주는 공간을 배치하는 것이 건축에서 중요한 포인트라면 그린 스프링스는 최근에 본 도쿄의 신생 시설 중에 가장 흥미로운 곳임에 틀림없다.

꼭대기 지점에 서서 주말을 보내는 사람들의 한가로운 모습을 카메라로 담고 있으니, 비로소 이 건물이 말하고자 하는 메시지가 또렷하게 보였다. 실제로 이곳은 '웰빙 타운'이라는 콘셉트로 하늘과 지구, 사람들을 연결하는 마을을 추구한다고 한다. 시끄러운 역 주변에 가까이 위치하지만 들어오는 순간 전혀 다른 공기를 선사하는 곳. 도시에서 이러한 건물은 언제나 대환영이다.

MORE INFO greensprings.jp

일본식의 '장 미셸 바스키아' 전

롯폰기 모리미술관에서 최대 규모의 바스키아 전이 열렸다. 제목은 '장 미셸 바스키아—메이드 인 재팬' 전. 여기서 일본인이 가장 잘하는 것이 나온다. 모든 것에 반드시 '일본화'를 거치는 것. 바스키아의 불꽃 같은 삶을 많은 작품으로 방대하게 풀어내면서 일본과의 관계성을 지극히 미시적인 관점으로 파고드는 것이 그 방증이다.

전체를 미세한 분자로 잘게 쪼개어 집중하고 싶은 부분을 마치 핀 조명처럼, 정확하고 자세하게 비추는 접근법은 늘상 일본이 얄밉도록 잘하는 것. 이 전시에서도 무엇이든 가져와서 자신만의 독창적인 것으로 만들어버리는 일본인 특유의 와(和)사상이 명확하게 드러났다.

특히 전시는 1980년대 중후반 일본의 버블 경제가 최고조에 이르던 시기, 물밀듯이 뉴욕에 들어온 일본 문화를 담아낸 바스키아의 작품에 주목했다. 생경한 동양 문화의 밀물을 바스키아는 어떻게 해석했을까. 미친 듯 자가 복제해 그려진 엔화 이미지, 빨간 혀를 쭉 내미는 기괴한

あり
ありか
DIZZY

모습이나 술을 마시고 필름이 끊긴 것 같은 일본인의 얼굴이 작품에 녹아들었다.

흡사 암호를 불규칙적으로 나열한 것 같아 보이는 어지러운 작품 속에서 그는 한마디만큼은 정확하게 완전한 글자로 표기한다. 'DIZZY'. 버블 경제기의 호황이 일본인 아저씨나 아주머니들에겐 향수의 대상이자 그리운 존재로 남아있다는 것을 생각하면, 매우 아이러니하면서도 흥미로운 해석이 아닐 수 없다. 모든 현상은 보는 관점과 대상, 놓인 상황에 따라 지극히 상대적일 수 있다는 걸 다시 확인시킨 셈이다.

평일에도 로컬들로 꽉 찬 전시장 안을 걸으며 바스키아를 향한 이들의 애정 어린 시선을 목격했다.

몇 년 전 뉴욕 소더비 경매에서 바스키아의 회화를 무려 1247억 원에 낙찰 받은 이도 일본 의류 쇼핑몰의 조조타운 대표 '마에자와 유사쿠'였다고 하니, 바스키아를 바라보는 일본인의 태도는 여러모로 각별한 것이 틀림없다.

어떤 전시든 일본식으로 풀어나가는 대형 미술관의 기획을 오랜 시간 지켜본 결과, 도쿄의 전시에는 볼거리가 크게 세 가지다. 내용 그 자체, 전시를 해석하는 방향과 탁월한 프레젠테이션 형식, 마지막은 전시를 감상하는 일본인들의 매우 진지하고도 열정적인 자세다. 매번 자국 문화에 대한 자부심과 긍지가 느껴져 '대단들 하다' 싶으면서도 부러운 마음이 앞섰지만, 이번에는 조금 달랐다.

사실 1980년대, 당시 정치·사회적으로 격변의 시기를 거치던 뉴욕의 상황이 더욱 크게 부각되어 보이는 일련의 풍자적인 작품에서조차 '메이

드 인 재팬'을 찾는 시도에서는 뭐랄까, 억지스럽고 편협한 자문화 중심주의가 느껴졌다고 할까. 나는 왜 이 전시에서 일제 강점기 우리 선조들이 강요받은 신사 참배나 창씨개명이 생각났는가. 왜 1980년대 버블 경제기의 호황을 그리워하는 일본인들의 혼네(진짜 마음)가 보였는가. 바스키아의 혼란스러운 머릿속을 들여다본 것 같은, 뜨겁고 위태로운 페인팅에 그저 마음을 대인 것뿐이었을까.

매우 대담하고 파격적인 작품들을 무더기로 본 후 집으로 돌아오는 길, 어떨떨한 기분 속에 얼마 전 거리에서 우연히 들은 한 문장이 떠올랐다. 초등학생쯤 되어 보이는 서양 아이가 자신의 동생에게 한 말이다.

"You have to embrace Japanese culture.(일본 문화를 포용해야지.)"

이는 비단 일본에 사는 외국인들만이 가져야 할 태도는 아닐 것이다. 문득 나는 여기에 한마디를 덧붙이고 싶어졌다. "And vice versa.(반대로도 마찬가지여야지.)"

누가 됐든 어디에 살든 자국의 문화가 우수하다고 생각하는 만큼 상대 나라의 것도 인정할 줄 아는 지혜야말로 글로벌 시대를 사는 데 필요한 성숙한 태도가 아닐까. 그런 면에서 나는 이번 전시의 제목은 'made in Japan'이 아니라 'made in New York'으로 명명했어야 한다고 말하고 싶었다. 당시 뉴욕의 문화적 상징이나 아이콘과도 다름없던 바스키아의 작업과 고뇌를 진심으로 'embrace(수용하다)' 하고 'appreciate(인정하다)' 한다면 말이다.

ADDRESS Roppongi Hills Mori Tower, 6-10-1 Roppongi, Minato-ku, Tokyo
MORE INFO mori.art.museum

다른 결의 일본 건축가들

일본의 건축가 중에서 특히 안도 다다오와 구마 겐고를 존경한다. 이 두 분은 매우 다른 성향을 가진 건축가다. 예술 작품이 작가의 성향을 반영하듯 건축에서도 설계한 사람의 정서가 읽혀지는데, 실제로 만난다면 두 분은 정말 다른 결을 가진 사람일 것이다.

노출 콘크리트를 중심으로 작업하는 안도 다다오는 건물 그 자체가 주변 환경에서 독보적으로 돋보이게 하는 것을 잘한다. 안도 다다오 이후 세대인 구마 겐고는 반대로 최대한 눈에 띄지 않는 건축을 추구한다. 환경에 녹아들어 마치 환경의 일부가 되기를 희망하는 건축이다.

건축학도 못지 않게 일본 방방곡곡 건축가들의 작품을 쫓아다니며 발견한 것은 구마 겐고의 건축물에는 그가 없다는 사실이었다. 마치 미즈신겐 모찌(물방울떡)로 입안을 깨끗이 헹궈내듯 그는 건축에서 자신을 과감히 지워버린다.

대신 그 자리에 풍요롭게 반짝이는 햇살과 나무, 시간의 변화와 계절의

메이지진구 미술관, 구마 겐고

감각을 가득 들이고는 우리들에게 목재 루버에 어른거리는 빛과 그늘의 상호 작용을 지긋이 바라보라고 안내한다. 특히 그가 설계한 메이지진구 미술관 안에 들어오면 건축이 아니라 세상이 보이는데, 그것이 바로 그가 말하는 '사라지는 건축'이 아닌가 한다. 그건 어쩌면 내 안으로 돌아오는, 사색하는 건축인지도 모른다. 그 기분이 때론 웅장한 건축물이 주는 화려한 감동보다 더 깊고 그윽하다는 걸 깨닫기까지 실은 조금 오랜 시간이 걸렸다.

반면 안도 다다오는 세계적인 건축가로 알려져 있지만, 사실 일본 내에서는 호불호가 명확히 나뉜다고 한다. 건축 애호가들 사이에는 안도 다다오의 건축을 주제로 불꽃 튀는 토론이 벌어지기도 한다고.

나의 경우는 롯폰기 국립신미술관에서 했던 회고 전시는 물론이고 한국, 도쿄, 나오시마, 아와지섬 등지에서 안도 다다오의 건축물을 찾아다니며 그를 더욱 좋아하게 됐다. 특히 건축이란 낙후된 지역 사회를 살리고, 자연과 공존할 가능성을 높이며 사람들의 삶의 두께를 두텁게 만들어야 한다는 그의 철학에 깊이 감동했다.

여기서 그의 팬이라면 반드시 봐야할 작품이 하나 더 있다. 보고 또 본 다큐멘터리 〈안도 다다오〉다.

미즈노 시게노리 감독은 이 노장의 건축과 건축 인생을 절대 영웅화하거나 신격화하지 않는다. 세계적으로 주목받는 그의 대표작을 소개하기보다는 잘 알려지지 않은 실패담, 작품에 숨겨진 비하인드 스토리에 중점을 맞춘다. 이 예기치 않는 구성이 다큐의 특별히 눈부신 부분이라고 생각했다.

그가 툭툭 던지는 말들은 하나같이 매우 오사카 사람다워서 보는 내내 웃음이 나왔다. 예를 들면 이런 식이다. "잘될 리가 없네. 잘될 리가 없으니까 재밌는 거지." "실패한다고 죽지는 않으니까. 인생 한 번인데 안 되면 사과하지 뭐." 호탕하고 솔직한 사람이다.

PT에 지면서 느낀 소회나 벚꽃나무를 심는 이유에 대해 말하는 부분은 건축가 이전에 그가 어떤 사람인지를 보여준다. 상해 오페라 하우스

완공식에서 중국 총감독에게 공을 돌리는 그의 태도에서는 닮고 싶은 롤 모델의 면모를 보았다. 그간 내가 마주한 그의 건물들에서 호기로운 독창성과 강단 있는 고집이 느껴졌던 이유도 아마 그러한 내면이 담겼기 때문일지도.

안도 다다오는 건축가이기 전에 자신의 한계를 넘어선 사람 자체가 아닐까 싶다. 그의 말 한마디 한마디가 진한 여운으로 남는 이유다.

"하려는 마음이 있으면 어느 정도 길은 열립니다."

영상 후반부 그의 말이 내게는 엄청난 힘이 됐다. 수많은 우여곡절을 뛰어넘은 담대한 여정이 가슴 벅찬 울림과 경쾌한 용기를 전한다. 그 결과물이 도시의 풍경을 그리는 아름다운 건축물이라니, 이보다 더 큰 긍정의 기운도 없다.

그런 그도 아직 '빛의 교회'에 포기 못한 부분이 있다고 고백했다. 십자형 창문에 있는 유리(고객의 요구대로 붙임)를 언젠가 떼어내고 싶다는 것. 노장의 고집이 느껴져 또 한 번 웃음이 나왔다.

우리나라에 제일 잘 알려진 건축가는 아마도 이 두 분 정도겠지만 사실 일본의 국민 건축가는 단게 겐조였다. 그는 일본의 국가 성장에 기틀을 마련한 건축가로 현재 우리가 알고 있는 도쿄의 도시 골격을 만들었다고 해도 과언이 아니다. 원폭이 투하되어 폐허가 된 히로시마에 평화기념공원을 만들어 지역의 재건에 앞장서기도 했다. 그간 건축물의 순수한 팬으로서 단게 겐조의 많은 건물들(도쿄 도청사, 요요기 경기장, 성 마리아 대성당, 가가와현 청사, 쿠웨이트 대사관 등)을 답사했지만 그럼에도 영 정이 가지는 않는다. '불편했다'라고 말하는 편이 더 맞을 것이다.

일본의 전통을 서양의 첨단 기술과 융합한 모더니즘을 표방했다고 하지만 어쩐지 내게 그의 작품은 서양적인 건축 언어로 다가온다. 유현준 교수님이 얘기했듯 자연을 바라보는 프레임의 건축이 동양적인 건축이라면, 그의 건축은 건축 자체가 주인공이 되는 다분히 서양적 관점이 짙게 배어있다. 그도 그럴것이 르 코르뷔지에의 수제자였던 마에가와 구니오의 건축사무소에서 일한 만큼 르 코르뷔지에의 건축에 지대한 영향을 받은 것은 자명하다.

여기에 제2차 세계대전 이후, 일본의 재건과 세계에 위상을 떨칠 상징적인 건물이 필요했던 시대 상황과 맞물렸기 때문일까. 그가 디자인한 육중하고 위엄 있는 건물에서 나는 가미카제의 진격을 떠올린다. 날카롭고 극단적인 사무라이 정신과 버블 경제 시대의 욕망, 그리고 아시아를 넘어서고자 하는 일본의 야망이 뒤섞인 모습을 본다.

무엇보다 그의 건물에 들어서면 사람도 자연도 보이지 않는다. 장소를 점유한 건물의 덩어리는 탄성이 나올 만큼 기막히게 멋질 뿐이다. 흠잡을 것 없이 완벽하고 또 대담하지만 어쩐지 한 치의 오차도 없이 포마드를 발라 넘긴 그의 헤어스타일과 똑 닮은 건물이라는 생각이 든다.

아와지섬의 유메부타이(꿈의 무대), 안도 다다오

성 마리아 대성당, 단게 겐조

공공의 장소가 가지는 의미

단정하지만 아늑하고, 열려있지만 질서가 있다. 무사시노 플레이스를 처음 방문했을 때의 느낌이다. 이곳은 도서관처럼 보이지만 교육 기관과 기업 등과 제휴해 진행하는 청소년 활동, 평생 학습, 시민 행사를 위한 공간 등을 제공하는 복합 문화시설이다. 공공도서관이라는 기존의 유형에 사로잡히지 않고 시민끼리 누구나 부담 없이 교류할 수 있는 문화적 교류의 거점을 표방한다. 특히 음악이나 춤, 공예 등 청소년 활동을 위한 촘촘한 스튜디오 구성이 공간의 외연을 확장시키며 새로운 가능성을 보여준다. 삼삼오오 모여 토론하거나 또래의 공부를 도와주고, 춤을 추던 아이들의 모습이 어색하게 느껴졌던 건 독서실이나 학원에 매여있는 것이 일상인 우리 아이들의 상황과 지극히 대비되는 풍경이었기 때문일까.

흔히 공공시설을 보면 사회가 시민을 어떻게 포용하는지 지켜볼 수 있다고 한다. 이곳에서 활발하게 이루어지는 시니어를 위한 강좌와 강연

a
江戸時代
藩史大事典

회, 장애인을 위한 교양 콘텐츠 등은 자칫 사회에서 소외될 수 있는 시민들을 폭넓게 품어내는 적극적인 의지로 읽혀졌다. 행색이 초라했던 동네 노인도, 평범한 주부도, 책에 도통 관심이 없어 보이는 장난꾸러기 아이도 이곳에서는 모두 평등하게 대우받는 것이다.

공공 건축은 반대로 시민 사회의 성숙도를 가늠하는 지표가 되기도 한다. 관리는 직원뿐만 아니라 지역 시민들 공통의 몫이기도 하니까. 2011년 오픈 후 10년이 훌쩍 흘렀건만 도서는 물론이고 테이블, 계단, 카페, 화장실까지 비현실적일만큼 깔끔하게 유지되는 것은 이곳을 공공의 자산으로 소중히 보듬는 시민들의 노력 없이는 불가능한 일이었을 것이다.

무사시노 플레이스가 시민들에게 오랜 사랑을 받을 수 있는 비결에는 물론 친근한 디자인도 빼놓을 수 없다. 타원형의 둥글고 사랑스러운 넓은 창은 내부 곳곳의 디자인과도 연결되어 건물 자체가 하나의 유기체처럼 움직이는 듯한 느낌을 준다. 어떤 곳에서 봐도 사방에 풍부한 빛이 통과하며 사람들이 앉아있는 내부 공간은 마치 어디든 뚫려있어 외부와 연결되어 있는 것 같은 개방감을 느끼게 한다. 세대와 성별을 넘나들며 이들이 공간을 자유롭게 즐기고 있는 모습은 소박하고 편안하면서도 아름다워 보였다. 신문을 읽다가 창밖에 펼쳐진 공원을 바라보고, 가열차게 공부하다가 다른 룸으로 옮겨가기도 하고, 책의 세계에 빠져있다가 쏟아지는 햇살에 꾸벅꾸벅 졸 수 있는 곳.

공공시설이 개인의 삶에 어떠한 실질적인 영향을 미칠 수 있는지 나는 잘 알지 못한다. 그러나 심혈을 기울여 잘 만든 시설은 동네의 자랑이

되고, 외부인을 끌어모으는 매력이나 문화 수준을 판별하는 기준이 되기도 한다. 나아가 나라의 자부심으로 이어질 수 있다면 그것이 지니는 가치는 정량적으로 환산할 수 없을 만큼 크지 않을까. 거창한 얘기 말고 누군가의 일의 힌트가 된다면 그것만으로도 충분하다.

문득 올 여름 다녀온 건축가 구마 겐고의 전시가 생각났다. 전시에서 그는 새로운 공공성을 구축하기 위한 다섯 가지 디자인 원칙으로 '구멍, 입자, 경사, 부드러움, 그리고 시간'을 제안했는데, 그 이론이 무사시노 플레이스에 모두 녹여져 있는 것 같아 놀라웠다. 특히 건물이 시간에 의해 자연스럽게 노쇠하도록 진행시켜야 한다는 그의 주장은 공공의 장소를 즐겁고 인간적으로 만들 수 있으며, 앞으로의 건축은 미래와 과거를 유연하게 공존할 수 있는 장소로 나아가야 한다는 것을 시사했다.

코로나 시대 사람들이 밀집하는 공공 장소의 디자인이 중요한 화두로 떠오른 지금, 이곳의 존재는 이러한 논의를 더욱 다층적으로 발전시킬 수 있는 좋은 예가 아닐까 싶다.

ADDRESS 2 chome-3-18 Kyonancho, Musashino, Tokyo
HOMEPAGE musashino.or.jp

둘 빛色색

브랜드와 숍

누구나 '나만의 도쿄'를 가지고 있다. 핫한 숍을 가봤다는 식의 여행을 말하는 것이 아니다.
일본의 크고 작은 가게에서 배우는 것이 의외로 많다. 제한된 공간의 효율적 쓰임과 놓여진 소품들, 공간을 유영하는 음악, 그리고 점원 혹은 주인과의 소소한 대화 속에서 일과 휴식의 영감, 에너지를 얻는다.

마음을 다해 선보일 이 공간들이 잊혀지지 않는 노을의 한 장면처럼 당신만의 소소한 장소가 될 수 있으면 좋겠다.

문화를 창조하는 일

아는 사람만 아는 숍을 특히나 애정한다. 남편이 내게 늘상 얘기하는 마니아적 성향, 비주류의 오타쿠적 취향이 있어서인지, 자신들이 가진 분위기를 일관적으로 밀고 나가는 숍을 편애하는 편이다. 예를 들면 지콘카도 그러한 부류에 속한다.

지콘카는 의식주를 통해 지금 소중히 여기고 싶은 아름다운 삶과 라이프스타일을 제안한다. 내일이 아닌 지금, 무엇을 해야 하는지 자신에게 묻는 자세가 담긴 이곳은 작가의 그릇부터 천연 소재 옷, 식재료 등 우리 생활 전반의 것들을 종합적으로 소개한다.

1998년 도예가인 아내 '요내다 쿄코'가 남편과 주변 친구들 작품을 모아 미에현의 마츠자카시에 문을 연 것이 이곳의 시작이었다. 점차 인지도를 얻어 2000년, 도쿄에 매장을 열었다.

따뜻하고 고요한 색채, 소박한 질감에 진지한 품위가 서려 있는 매장은 옛 대사관 주택을 개조한 것으로 둘러보는 것만으로도 좋은 영감이 된다. 가죽 슬리퍼를 신고 빈티지 타일을 밟아가며 남의 집 기웃거리듯 한 층씩 올라가 구경하다 보면, 문득 이런 생각에 다다르게 된다. 단지 좋은 입지에서 세련된 상품을 타이밍 좋게 소개하는 것만이 능사가 아니라는 것.

상품 자체를 초월한 어떤 사상과 철학이 이곳에는 있다. 선택한다는 것, 그리고 물건을 판매하는 이상의 문화를 창조하는 일에 대한 생각으로 마음이 이끌려간다. 지역 발전을 위해 꾸준히 무언가를 만들어내는 갤러리의 활동 방향은 이러한 생각을 더욱 굳히게 한다. 계절에 맞게 다과회나 이케바나 수업을 한다든지, 유기농 관련 워크숍을 기획하는 일은 지금은 마치 하나의 트렌드가 되었지만, 사실 지콘카가 매장을 운영한 초기부터 진행해 온 것들.

매장을 들여다보던 어느날 문득 보이지 않던 것, 아니 그간 눈치채지 못했던 것이 보였다. 원래 그 자리에 있었을 텐데, 이제야 나의 눈이 떠진 것일까. 다다미방 안에 놓인 우윳빛 백자 항아리, 거실에 걸려 있던 모시 보자기의 모양과 오라가 어쩐지 우리나라의 것일까 싶어 물었다. 그간 민예관과 갤러리, 앤티크 마켓 등지에서 본 한국의 도자기와 그림, 민예품들이 스쳤다. 떠올려보면 한국의 것은 이곳에서 늘 가장 좋은 자리에 놓여져 있거나 값비싼 가격에 팔리고 있었다. 때론 우리보다 이들이 한국의 것이 얼마나 뛰어난지 더 잘 알고 있다고 느낄 정도로. 우리보다 우리 것을 더 애지중지 모시는 이들의 태도를 볼 때마다 부끄러워진다. 지콘카를 보면 그런 생각이 더욱 짙어진다.

어느 날 아침에는 이곳에서 무라카미 '다카시'를 만난 추억도 있다. 그날은 빈티지와 앤티크 컬렉터들이 마켓을 연 조금 특별한 일요일 오전이었다.

컬렉터 리스트를 먼저 살펴보니 일본인 지인도 판매자로 참가했고, 코로나로 거의 모든 행사가 중단된 도쿄에서 흔치 않은 기회여서 아침부터 부리나케 서둘렀다. 입구부터 길게 늘어선 줄에 '역시나, 아는 사람은 다 알아서 부지런히 모이는구나' 싶었다. 그 틈에 나도 유일한 한국인으로 껴 있다는 게 내심 뿌듯했다.

그렇게 한참 줄을 서고 있는데, 벤에서 바로 그가 내렸다. 독특한 패치워크 장식의 누빔 의상과 넉넉한 풍채, 푸석해 보이는 수염만으로 한눈에 알아봤다. 우연히 눈이 마주치자 대뜸 내게 "줄 서는 거야?"라고 반말로 물었다.

"네! 서야 해요" 하니까 갑자기 영어로 욕을 한참 하더니 안으로 들어갔다.

그리고 다시 마주쳤다. 지콘카 주인과 함께였다.

반가운 마음에 아는 척 인사라도 해볼까,

사진이라도 남겨볼까 했지만 상상 속의 그답게 쇼핑에 정신없이 심취했길래 조용히 지나쳤다. 바닥에 놓인 테이블 밑으로 들어가 열성적으로 보고 또 보는 모습. 1분 1초가 아깝다는 듯 재빠르게 "이거 이거!" 하며 원하는 제품을 손으로 찜하는 거침없는 몸짓. 그런 모습에 한 분야의 대가는 뭐든 치열하고 대범하구나 싶었다. 나중에 알게 된 사실이지만 그 또한 지방에서 숍을 운영한다고 한다. 저기, 그런데 저는 무라카미 '하루키'를 만나고 싶었다고요.

ADDRESS 7 chome-15-6 Fukasawa, Setagaya-ku, Tokyo
MORE INFO jikonka.com / @jikonka_gallery

골동품 같은 선인장

어디선가 우연히 한 사진을 보고 무작정 찾아간 곳이 있다. 온통 흰 공간 위로 선인장들이 우뚝 서 있었다. 식물원의 온실 한쪽에 보이지 않는 조연처럼 자리하고 있던 선인장들. 어설프고 무심한 주인과는 무관하게 우리집에서 묵묵히 잘 자라주었던 바로 그 선인장이 그곳에서는 화려하고 당당한 주인공이었다. 그 모습에 적잖이 놀랐다.

세타가야구의 서쪽 다이타 지역, 조용한 주택가에 자리잡은 쿠사무라의 대표 '오다 코헤이'도 나와 비슷한 경험을 했던 것 같다. 히로시마 출신인 그는 꽃집의 아들이었다. 20대에 일찍이 꽃과 식물의 아름다움에 눈을 떠 본가의 일을 이어나갔지만, 흥미는 시들어버리는 생화에서 식물로 점점 옮겨갔다.

그러다 어느 날 선인장 업계의 선구자인 하카네 나오유키 씨가 미술관에 선인장 전시를 한 것을 보고는 충격을 받았다고 한다. 나처럼 '미술관에 선인장이 전시되다니', 이런 생각을 했을 것이다. 그 후 히로시마에

ADDRESS 4 chome 3-12 Daita, Setagaya-ku, Tokyo
MORE INFO qusamura.com / @qusamura_official

본점을 내고 2019년 세타가야에 도쿄점을 오픈했다.

인적 드문 한가로운 주택가 안쪽 끝에 쿠사무라가 있다. 다양한 식물과 선인장이 정원에서 밝게 춤추고 있는 곳. 들어간 순간 LA에 있는 누군가의 집에 초대된 듯한 기분이 들었다.

"이 동네에 선인장 미술관이라니, 특별한 이유라도 있나요?" 아는 친구가 찾아온 듯 나를 반갑게 맞이하는 점원에게 물었다.

"물론 오모테산도 같은 유동인구가 많은 곳에 낼 수도 있었겠죠. 하지만 식물, 선인장이라는 것을 천천히, 느긋하게 감상하기에는 여기가 더 적합한 것 같아요. 일부러 찾아오는 건데, 번화가에서 조금 떨어진 공간에서 여유있게 관찰하고 느끼는 게 좋잖아요."

점원의 눈이 빛나는 초록의 정원을 향했다.

주택을 개조한 하얀 공간은 일상적이지도, 비일상적이지도 않은 경계의 세계에 있다. 선인장들이 각기 다른 미술 작품처럼 말을 걸어왔다. 오너가 일본 전역을 여행하며 모은 개성 넘치는 식물들은 그 개체의 특징을 끌어낸 화분과 함께 담겨있다.

훗날 잡지사 취재차 인터뷰하게 된 오너 '오다 코헤이'는 선인장의 프레젠테이션 방식에 대해 일부러 식물의 수를 최대한 줄여 하나하나 마주볼 수 있는 환경을 만든 것이라 했다.

자세히 살펴보니 모두가 독특한 얼굴이다. 쉽게 보지 못한 희귀한 형태감에 아름다운 조형미가 살아있다. 접목이나 부분 절단을 통해 씩씩하게 성장한, 세상에 단 하나뿐인 식물. 원예계에서 터부로 여겨지는 나무처럼 단단해진 선인장도 이곳에서는 오랜 시간을 거쳐 도달한, 자연의 영위로 여겨지는 것 같다.

식물이 쌓아온 시간 또한 아름다움의 일부라는 이야기일 것이다. 그동안 단 한 번도 궁금해한 적이 없었지만 선인장에게도 고유의 이름이 있다는 것도 알게 되었다.

"선인장은 종류에 따라 다르지만 한 부분을 절단해도 생명력이 강해서 다른 모양을 내며 자라기도 해요. 그 점이 신기하죠. 그래서 각기 개성 있는 모습들을 만들어내는 거예요."

직원의 목소리에 흡사 자식을 키우는 부모의 뿌듯함 같은 것이 묻어난다.

그리고 이곳에서 특별 제작한 선인장용 조명을 자랑하듯 보여주었다. 선인장만을 위해 최적화된 조도와 빛의 양을 연구한 결과물이라고 했다.

그러더니 지하의 숨은 공간으로 안내했다. 주로 전시할 때만 공개하는 곳인데 나를 위해 문을 열어준 것. 계단을 내려가자 어두컴컴하고 습한 기운이 스미는 독특한 갤러리가 눈앞에 나타났다.

정중앙에 무대 위의 주인공처럼 오로지 자신만의 조명을 받은 선인장들이 조용한 존재감을 뿜어내고 있다. 처음 보는 생경한 모습에 나도 모르게 순간 멈칫했다. 긴자 한복판 쇼케이스에 놓인 주얼리를 마주한 듯 눈부시고, 신비로운 광경이었다. 어쩐지 주얼리보다 더 경이롭게 느껴졌던 건 선인장은 시작과 끝이 있는, 숨 쉬는 생명체이기 때문이다.

어떻게 관리하고 애정을 쏟느냐에 따라 얼마든지 그 모습이 달라질 수 있는 존재들. 한 그루 한 그루에서 느껴지는, 요란하지 않은 묵직함이 마음을 울렸다. 자기 앞의 생을 자신만의 속도로 최선을 다해 살아내는 이들이 내게 이렇게 질문을 던지는 것만 같았다. "당신이 생각하는 아름다움이란 무엇인가요?"

오너의 태도는 어떤 식으로든 숍에 영향을 미친다고 생각한다. 인터뷰 과정에서 평소 라이프스타일 등의 가치관에 대해 물었더니, 그가 이런 주옥같은 대답을 내놨다.

"식물의 과거와 현재와 미래를 빌려 말할 수 있을 것 같아요. 과거는 지금까지 식물이 자라온 시간입니다. 선인장과 다육은 생장이 느리기 때문에 오랜 세월에 걸쳐 작은 몸에 시간이 쌓입니다. 마치 골동품처럼 한적하게 살아가지요. 최근엔 개인적으로 골동품을 수집하면서 배우고 있어요. 골동품이 선인장의 매력과 통하는 것 같아 매우 재미있거든요.

현재는 식물의 디자인이라고 생각해요. 진화 과정에서 얻은 정교한 조형은 정말 매력적입니다. 저는 인테리어 디자이너나 아티스트와의 유대 관계도 소중히 하고 있어요. 사람이 만드는 디자인이나 식물이 창조해내는 조형을 비교하면서 의미를 찾기도 합니다.

미래는 식물의 생장이에요. 새로운 가지와 잎이 생기거나 색다른 꽃을 피우기도 하죠. 예측할 수 없는 생장은 날마다 발견과 감동을 주죠. 저도 식물 관련 일을 하면서 머리가 딱딱해지지 않도록 식물에 별 관심이 없는 아마추어나 아이들의 의견을 귀담아 들으려고 해요. 감수성을 경작하는 것도 중요하다고 보거든요."

코로나 이전과 이후 숍의 역할에 대해서는 달라진 게 없다고 했다. 손님들이 천천히, 조용히 식물을 즐기면 그것으로 충분하다고. 식물의 진정한 장점은 '살아있다'는 리얼함이기에 손에 꼭 들어봐 줬으면 한다는 당부의 말과 함께.

자신만의 빛깔로 빛나는 숍

길을 지나다 우연한 발견의 재미를 느낄 수 있는 곳이 도쿄에는 넘친다. 코마바 지역의 한 버스 정류장 앞에 '인 어 스테이션'도 내게는 그랬다.

"역은 사람이 모이는 장소를 의미하죠. 다양한 물건과 사람, 정보가 모이는 갤러리 숍이 되었으면 해요." 점주 '아츠타 사토시'가 숍의 의미에 대해 설명해 줬다.

"게다가 개인적으로 좋아하는 그룹 '더 밴드'가 1968년 발표한 곡《인 어 스테이션》을 의미하기도 하고요."

이 곡은 실제로 밴드 멤버들이 뉴욕 교외인 우드스톡 지역에 있던 '빅 핑크' 스튜디오에서 공동생활을 하면서 제작했다고 한다. 인 어 스테이션도 이들 밴드처럼 여러 명이 운영하고 있다. 개성이 각기 다른 멤버끼리 만나면 그 안에서 좋은 공기가 만들어지지 않을까, 생각했다고.

인 어 스테이션이 흥미로웠던 건 가구 숍이라 단정 지을 수 없는 이곳만의 묘한 분위기가 있어서였다. 출발은 가구지만 도착지는 재즈 LP 음반일 수도, 그림이나 특별한 사진집일 수도 있다.

방문한 날에는 공간을 메우는 음악이 참 좋아서 한참을 머물렀다. 통창 안으로 들어오는 가을 햇살이 가구 곳곳을 어른거리며 비추는 모습이 따뜻해서 맛 좋은 커피를 마시듯 공간을 음미했다.

갤러리와 쇼룸, 숍을 겸비한 공간은 경계를 구분 짓지 않는 플랫폼을 지향한다.

"단순히 가구를 디자인하고 제작해 공간에 두는 것으로 좋은 공간을 만들 수 있다고 생각하지 않아요. 음악이나 예술을 가구 못지않게 중요한 상품으로 취급하고 있습니다."

그제서야 이해가 되었다. 인 어 스테이션 뒤에 'and furniture'라는 명칭이 붙은 건 '여러 가지가 있지만 가구도 있어요!'라는 뉘앙스라는 걸. 달리 말하면 평소 라이프스타일이나 취미, 감수성이 있어야 그 연장선상에서 좋은 가구도 제공할 수 있다고 믿는 것이다.

그는 요즘 도쿄 트렌드에 대해 '인테리어 숍에도 특정한 스타일과 어떤 풍과 같이 일정한 취향에 특화된 매장이 많은 것 같다'고 했다. 서로 다른 취향이나 스타일을 자연스럽게 섞어가며 새로운 공기감을 낼 수 있지 않을까 한다고.

그의 말마따나 이곳에는 일본 스타일 혹은 미드 센추리 모던처럼 명백한 몇 가지 특징이나 톤 앤 매너로 규정할 수 없는 독특한 색이 있다. 국적 불문하고 새로운 것과 낡은 것이 이곳만의 감각대로 혼합되어 독자적인 형태로 배치되어 있기 때문이다.

예를 들어, 후안 호세 칼라타유드(Juan José Calatayud)의 보사노바 재

Guest Artist : Shuntaro Takeuchi
Date : Sept. 10 020 ~

즈 음반에 매끈한 오크우드 다이닝 테이블, 풍성한 모로칸 러그, 그리고 라탄으로 유명한 네덜란드 출신의 디자이너 더크 반 슬리에드레트(Dirk Van Sliedregt) 의자가 함께 제안되는 식이다. 얼핏 보면 맥락 없어 보이지만 누군가 애정으로 꾸민 집처럼 교묘하게 조화롭다.

문득 도쿄 거리를 걷다가 '몇 년 사이 참 많이 변했구나'라고 생각했던 날이 떠올랐다. 거리가 아니라 사람들의 변화였다. 예전에는 아시아인의 국적을 분간하는 것이 '답정너'처럼 쉬웠다. 저 멀리 사람의 형체만 봐도 한국, 일본, 중국 사람을 정확히 구분할 수 있었는데, 요즘은 스타일과 화장법이 비슷비슷해져 국적 분간이 쉽지 않다.

예컨대 일본 여자들은 몇 년 전까지만 해도 야구 모자를 잘 쓰지 않았다. 심지어 조리만 신어도 해변에 가냐고 묻거나 나의 발을 유심히 쳐다보는 이도 있어서 어쩐지 발가벗은 기분이 들기도 했다.

모두 인터넷과 SNS의 발달, 아니 폭발로 인한 현상이라고 생각한다. 그런데 지구촌이 하나가 된다는 것은 언제나 바람직한 일일까.

뭐든지 쉽게 구할 수 있고 소비할 수 있는 시대는 우리에게 편리와 실용을 가져다주었다. 덴마크 사람과 메시지 하나로 바로 연결되어 친구처럼 지낼 수 있다는 것은, 달리 말하면 고유성이 없는 세계를 말하는 건지도 모른다. 하나의 유행이 전 세계를 휩쓸고 지나가는 와중에 나만의 것, 나의 개성을 지키고 가꿔가는 것이 그만큼 어려워졌다는 의미다.

그 속에서 자신만의 빛깔로 빛나는 숍이란 어떤 것일까, 인 어 스테이션을 보며 생각한다. 유행에 휩쓸리지 않고 자신의 스타일을 온전하지만 온화하게 드러내는 것. 파도에 흔들리지 않는 나만의 신념을 강건하되 유연하게 가져가는 것.

비단 숍 이야기만은 아니다. 정보가 난무해 오히려 SNS를 켜고 싶지 않을 때도 생겼다. 다 비슷비슷해 재미가 없다기보다는 정보의 바다가 때론 무자비하게 느껴져서다.

ADDRESS 1 chome-23-6 Komaba, Meguro-ku, Tokyo
MORE INFO in-a-station.com / @in_a_station

내가 납득하는 물건

나이가 든다고 해서 자신을 더 잘 알게 되는 것은 아닌 것 같다. 좋은 점은 일이 능숙해진다는 정도? 수많은 선택지 앞에서 나는 여전히 매 순간 어렵다. 그래서 많은 풍파를 겪고 자신만의 철학과 신념을 갖게 된 우아한 밀라 논나 같은 할머니가 더욱 근사해 보이는 것 아닐까.

취향 또한 그러하다. 내가 무엇을 좋아하는지 기본적으로는 알지만, 추구하는 스타일이 언제나 동일한 경우는 드물다. 트렌드라는 요란스러운 폭풍우의 영향을 전혀 받지 않는다고 자신 있게 말하지 못한다. 한편으로는 유행이란 변덕스러운 친구를 온전히 나의 의지대로 고무줄처럼 끌고 당기며 즐기고 싶은 마음도 있다.

그래서 내게 '아트 앤 사이언스'는 조금 더 특별하다. 그곳은 자신의 취향을 분명하게 아는 똑 부러진 언니가 내보이는 옷장처럼 느껴진다. 오랜 시간 쇼핑의 성공과 실패를 다 겪고 도가 튼 언니가 추천하는 아이템이랄까. 브랜드를 관통하는 일관된 흐름과 안목이 보인다. 그곳에 놓

인 모든 물건이 꼭 내 스타일이 아닐지라도 믿을 만한 내공, 품질에 대한 고집, 그리고 그것들이 어우러져 만들어내는 자신만의 스타일에 고개가 끄덕여진다.

인스타그램에 누군가의 피드가 뜨면 일단 '좋아요'를 누르고 읽기 시작하는 사람이 있는가. 혹은 책의 모서리를 접어두고 생각날 때 언제든 다시 찾아 읽는 구절이 있는가. 아트 앤 사이언스는 내게 친애하는 사람이 전하는 이유 있는 이야기 같아 귀를 열고 경청하게 되는 브랜드다. 도쿄를 방문하는 에디터나 스타일리스트, 디자이너가 시장 조사나 개인적인 쇼핑의 시작점으로 삼는 곳이기도.

"좋아하는 것을 모아두고 가게를 열겠습니다." 이 한마디로 시작한 오너 겸 크리에이티브 디렉터 '소니아 박'은 2003년 아트 앤 사이언스를 연 이후 현재 8개, 교토에 4개의 숍을 전개하고 있다.(참고로 그녀는 서울에서 태어나 하와이에서 어린 시절을 보낸 후, 오랜 시간 일본에 살고 있다.)

좋은 것을 누군가에게 보이기 위해서가 아니라 자신이 몸에 지니고 사용하면서 만족할 수 있는 것을 나눈다는 모토에서 알 수 있듯, 매장에는 질 좋은 소재와 마감의 코트와 넉넉한 실루엣의 원피스, 정교한 테일러드 팬츠 등, 심플하고 정제된 디자인의 핸드메이드 아이템(가죽 가방, 지갑, 신발) 등으로 채워져 있다.

소니아 박은 평소에 본인이 납득하는 물건, 직접 써보고 촉감, 착용감, 편리성의 느낌이 정말 좋은 상품만 진열하는 것을 엄격한 철칙으로 삼는다고 한다.

참고로 '납득'이라는 말이 나와서 말인데, 일본에는 유독 이 '낫토쿠(납득)'이라는 단어가 일상적으로 많이 쓰인다. 국어 사전에 따르면 '다른 사람의 말이나 행동, 형편 따위를 잘 알아서 긍정하고 이해한다'는 뜻이다. 스스로 수긍할 만큼 동의한다는 것이다.

예전에 야후 재팬의 설문에 기생충의 아카데미 작품상 수상과 관련해 '납득할 수 있나'라는 질문이 나온 적도 있다. 이 말을 어디서든 흔하게 접하면서 우리와는 조금 다른 방향으로 자의식이 강한, 일본인의 논리와 사고 체계를 조금 더 이해하게 되었다.

그녀의 까다로운 납득 관문을 통과한 물건으로 가득 찬 아트 앤 사이언스는 '물건이 차고 넘치는 요즘 같은 시대에 좋은 소비란 과연 무엇인가'라는 질문에 대한 정의가 될 것이다. 그녀가 소개하는 제품들은 확실히 트렌드에 크게 휘둘리거나 유행에 민감하지 않기 때문에 쓸수록 빈티지한 멋이 살아나며 오래도록 만족감이 높다. 나의 경우는 몇 년 전에 구입한 남색 스웨이드 가방이 그랬다. 충분히 납득이 간다.

2018년 연 다이칸야마 매장은 집에서 풍요로운 시간을 보내기 위한 홈 컬렉션, 시그니처 아이템의 생활용품이 자리한다. 에비스의 서점 '포스트'가 고른 아트북과 사진집 코너도 있다.

반면, 2019년 아오야마의 새로운 장소로 이전해 운영 중인 매장은 흡사 파리에 있는 어느 아틀리에 같은 분위기가 느껴진다. 개인적으로는 기념품 상점인 '오버 더 카운터' 지점보다는 다이칸야마와 아오야마의 다른 숍에서 이들만의 확고한 감성을 느껴보라고 권하고 싶다.

매장을 자주 가보면 알겠지만 소니아 박은 남의 납득이 아닌 자기 자신의 납득이 더 중요한 사람처럼 보인다. 그것이 세상 누구와도 다른 브랜드를 만든 진짜 이유라고, 나는 생각한다.

Aoyama
ADDRESS 4 chome-23-11 Minami Aoyama, Minato-ku, Tokyo
MORE INFO arts-science.com

& Shop Aoyama
ADDRESS Palace Aoyama Building 105, 6 chome-1-6 Minami Aoyama, Minato-ku, Tokyo

Daikanyama
ADDRESS 14-1 Hachiyamacho, Shibuya-ku, Tokyo

Over the counter by Arts & Science(기념품 & 액세서리 숍)
ADDRESS Palace Aoyama Building 109, 6 chome-1-6 Minami Aoyama, Minato-ku, Tokyo

퇴색하지 않는 아름다움

코로나가 터진 이후, 일적으로나 개인적으로도 사람들을 만날 때마다 유난히 늘어난 대화의 주제가 있다. 각자의 소소한 일상 이야기를 많이 나누게 되었다는 것. 아침 몇 시에 일어나고, 어떤 식물을 돌보고, 무슨 원두의 커피를 주로 마시며, 어떤 음식을 요리해 먹는지. 이런 이야기들이 시사하는 점은 크게 두 가지 정도가 될 것이다. 하나는 재택 근무로 시간적 여유가 늘었다는 것. 또 하나는 남이 아닌 나와 나의 보금자리인 집에 관심이 많아졌다는 것.

"집에 있는 시간이 늘었잖아요. 그래서 그런지 이런 물건이 들어오면 금새 나가요."

오랜만에 페지트에 들르니 점원이 식물을 놓아두는 나무 스탠드를 가리키며 말했다. 그도 그럴 것이 페지트의 진가가 요즘처럼 발하는 때가 또 있을까 싶다. 이곳은 근처 오피스텔에 거주하는 사람이 아니고서야 사람의 발길이 닿지 않는 깊숙한 오모테산도 안쪽 골목에 있는 가구

Aoyama

와 소품, 의류 편집숍이다. 내게는 한적한 오후 시간, 오모테산도를 걷다가 살짝 사라지는 기분으로 쓰윽 시간 탐험을 하러 들어가는 곳이다.

이곳의 가구는 대부분 다이쇼(1912년 7월 30일~1926년 12월 25일) 시대와 쇼와(1926년 12월 25일~1989년 1월 7일) 초기 시대의 1백 년 이상 된 가구를 재가공해 판매한다. 그리고 장인들이 만든 그릇, 질 좋은 소재에 고집이 묻어나는 디자이너 의상, 작은 목소리를 내는 주얼리가 조용한 빛을 낸다. 대량 생산이 아닌 한 땀 한 땀 정성스러운 노력이 만들어 낸, 의미 있는 수고가 느껴지는 제품들이다. 무엇보다 가격대가 합리적이라 갈 때마다 쇼핑의 즐거움을 안겨주는 곳이랄까.

페지트는 도쿄가 아닌 마시코가 본점이다. 마시코는 도쿄에서 차로 두 시간 거리에 있지만 개성 있는 숍과 카페가 화제가 되어, 도쿄도

Mashiko

내의 감도 좋은 사람들을 불러 모으고 있다. 니헤이 고가구점(인근에 있는 작은 숍, 일본 각지에서 찾은 희귀한 가구와 잡화를 모아 놓았다)을 운영하기도 하는 '니헤이 토오루' 씨가 지은 지 60년 이상 된 쌀 창고를 개조해 2014년 오픈했다. 오밀조밀한 도쿄점에 비해 훨씬 높은 층고와 넓은 규모 때문에 시원시원한 개방감이 느껴진다.

그중에서도 쇼케이스나 그릇장, 서랍장처럼 덩치가 큰 가구류 사이사이 의류와 액세서리를 진열한 방식, 중앙에 놓인 이케바나 장식과 함께 유려하게 흐르는 동선을 눈여겨보았으면 좋겠다. 물건의 수가 결코 적지 않으면서도 제품만 빽빽이 구성해 놓지 않은, 특유의 느슨한 공간감이 좋다.

낡은 공간을 활용해 멋스럽게 되살린 인테리어 디테일도 감탄을 자아낸다. 비 오는 어느 여름의 주말, 마시코에서 나와 도쿄로 향하는 평화로운 시골길을 달리며 생각했다. 모든 것이 과잉인 시대, 수고스러운 세척, 수리, 재생을 통해 물건에 새로운 삶을 부여하는 일이야말로 지구를 아끼고 환경의 지속가능성을 실천하는 가장 현실적인 방법이 아닐까.

페지트도 코로나 영향으로 온라인 구매가 늘었다고 했다.

한 인터뷰에서 오너 니헤이 씨가 했던 말처럼 그는 하고 싶은 것을 하고 있다. 오프라인 점포를 유지하는 것이다. 직원과 소통하며 누군가의 컬렉션이 놓여진 그 공간의 느낌과 공기를 함께 공유하는 것, 그렇게 공간을 체감하는 과정 또한 우리가 실제 매장을 경험하며 기대할 수 있는 것이 아닐까. 마음의 환기. 나는 그 순간을 그렇게 부르고 싶다. 어디에서나 손쉽게 물건을 살 수 있는 시대라 해도 우리가 꼭 무언가를 손에 넣기 위해 사는 것만은 아니니까.

아, 그런데 이곳이 내게 정말 특별한 이유를 곰곰이 떠올려보니 또 있다. 점원 누구 하나 보채지 않고 눈치 주지 않고 고객이 물건을 눈에 차분히 담을 수 있도록 내버려 두는 것. 때로 말을 걸어오지 않아서 느낄 수 있는 공간의 여유도 있다.

그러다가 문득 진열된 CD 재킷의 음악이 궁금해 물어보면 매장의 배경음악으로 슬며시 바꿔주기도 한다. '나에게 충분히 좋은' 물건의 가치를 발견하는 기쁨을 주는 이런 곳이 내 주변에 몇 개쯤 있다는 건, 진정한 행복이다. 이런 곳에서 마주한 물건은 시간이 지나도 퇴색하지 않은 아름다움을 말해줄 것이다. 시간의 가치를 배우기에 이만한 숍도 참 드물다.

Aoyama

ADDRESS South Aoyama Mansion 102, 5 chome-6-9 Minami Aoyama, Minato-ku, Tokyo
MORE INFO pejite-mashiko.com / @ pejite_aoyama

Mashiko

ADDRESS 973-6 Mashiko, Haga District, Tochigi
MORE INFO @pejite_mashiko

도쿄 편집숍의 중추

언젠가 시보네에 처음 발을 디뎠을 때를 똑똑히 기억한다. 감도 좋은 물건이 옷부터 가구, 조명, 패브릭, 부엌 용품, 문구까지 한곳에 모여 있는 공간은 내가 보고 싶었던 현대 편집숍의 완결판과도 같았다. 물건들의 감각뿐만 아니라 그 너머의 철학과 안목, 감성이 느껴지는 곳.

시보네가 그리는 풍경을 보면 에디터 시절, 중국 베이징에서 인터뷰했던 캘빈클라인의 당시 크리에이티브 디렉터 '프란시스코 코스타'의 이야기가 자연스럽게 떠오른다.

"결국엔 시간 개념이 존재하지 않는 반영구적인 옷이 살아남을 것입니다. 옷장으로 들어가는 것이 아니라, 사람에게 속하게 되는 그런 옷 말입니다. 패션인 것 같으면서도 패션이 아닌, 미니멀하고 심플한 그런 옷 말입니다."

그러면서 그는 안티 패션(Anti Fashion)이란 용어를 처음 사용했다. 그 단어를 들으며 격하게 공감했다. 패션을 패션의 영역에 국한시켜 바라보

는 시각은 지극히 편협하다는 나의 오랜 믿음 때문이었다. 패션은 사람의 이야기 중 일부분이므로 한 사람의 커다란 세계, 즉 라이프스타일 안에서 존재해야 한다고 생각한다. 매일 먹고 마시고 보고 대화하는 경험들 안에서 말이다. 패션이 우리 일상 안에 하나의 흐름으로 존재한다면, 편집숍도 그런 우리 모습을 구현해 놓는 곳이어야 하지 않을까.

시보네가 일본 관계자로부터 오모테산도로 이사를 준비하고 있다고 들었을 때는 기존 가이엔마에 숍의 위치가 아깝지 않을까 싶었다. 햇빛이 쏟아지는 통창 또한 가구와 물건의 아름다움을 빛내주는 중요한 요소가 아니던가.

그런데 자이레 지하 1층에 새로운 둥지를 튼 시보네를 보고는 나의 우려가 기우였음을 깨달았다. 함께 자리한 헤이 매장과 경계를 구분하지 않고 근사한 나무들 사이로 자연스레 이어지는 공간적 감도에서부터 이들의 감각은 빛이 난다. 한번 들어가면 헤어나올 수 없을 듯 미로 같은 동선은 쇼핑을 보물찾기처럼 즐기도록 한 시보네의 재치요 위트다.

특히 넓은 공간을 활용해 세계적으로 주목받는 아티스트의 작품들을 미니 전시처럼 놓은 사이사이로, 일본 장인들의 리빙 소품과 기물들을 교묘하게 배치한 명민함은 일본 대표 라이프스타일 숍다운 디테일.

최근 의상 매출에 재미를 본 덕에 그 비중을 늘린다고 했다. 인기의 주역이던 감도 높은 의상 컬렉션은 별도의 룸 안에 꾸며 놓았는데, 남녀를 구분짓지 않은 컬러별 구성이 돋보였다. 중간중간 신진 디자이너들의 재기발랄한 제품 소개는 보다 개성 강한 취향의 고객을 흡수하려는 의지로 읽혀진다. 매장 한바퀴를 돌고 나니 기분 좋은 자극과 함께, 어딘가 주눅이 드는 건 시보네의 남다른 수준에 압도되었기 때문일까. 마치 축소된 메종 & 오브제(파리의 실내 디자인 및 생활용품 관련 박람회)를 만난 기분이다.

시보네가 오픈한 지 올해(2021년)로 20년이 되었다. 2000년대 초반 지유가오카의 인테리어 숍에서 시작해 가이엔마에와 긴자 식스(Ginza Six)의 숍, 그리고 지금의 위치까지. 도쿄 로컬들의 인테리어 트렌드뿐만 아니라 라이프 트렌드를 선두하는 힘은 바로 오랜 시간 사용할 모든 것의 클래식을 표방하기 때문이다.

여전히 도쿄 최전선의 유행을 이끌어가는 오모테산도, 아오야마 지역을 둘러보는 첫 시작점은 시보네다. 매장에 구성한 전시에서 그들이 현재 무엇에 관심을 두고 있는지 돌아보기를. 브랜드의 구성과 진열 방식, 매장에 놓인 책과 꽃만 봐도 트렌드의 맥을 짚을 수 있고, 각자의 스타일을 정돈해 나가는 데 일종의 지침서가 돼줄 것이다.

크고 작은 다양한 브랜드의 스토리를 세련되고 명징하게 꿰되 하나의 목소리로 말하는 것. 예나 지금이나 시보네가 제일 잘하는 것이다.

ADDRESS Gyre B1F, 5 chome 10-1, Jingumae Shibuya-ku, Tokyo
MORE INFO cibone.com

낡은 것들의 새로운 가치

올해 도쿄의 장마는 거의 두 달간 지속되었다. 가장 좋아하는 7월이 잔뜩 찌푸린 여름 하늘 속으로 영영 떠난다고 생각하니 마음이 급해져 어디든 나가야 한다는 생각뿐이었다. 그런 날엔 차분한 마음으로 나홀로 향하기 좋은 곳이 있다. 지유가오카에서 한 정거장, 사람들의 발걸음이 뜸한 구혼부스역에 위치한 디앤디파트먼트다.

1층에는 다이닝 카페와 식재료를 판매하는 슈퍼, 디앤디파트먼트가 고른 서적이 있었으나, 지금은 2층에서만 이곳이 지향하는 '롱 라이프 디자인'의 제품을 만날 수 있다. 일본 전역에서 생산된 좋은 디자인 제품을 소개하고, 오래 쓸 만한 가치가 있는 빈티지 가구를 선별, 판매한다.

내가 이곳에서 가장 애정하는 곳은 리사이클링된 아이템을 파는 섹션. 한때 흐름을 주도했을지도 모르나 이제는 사람들의 주목을 끌지 않는 빛바랜 접시와 물컵, 위스키 잔, 그리고 작은 가구가 있다.

지나간 물건이라도 자신들만의 디자인 관점을 불어넣어 이 시대의 생활용품으로 부활시킬 줄 아는 감각이야말로 디자이너가 디자인을 바라보는 바람직한 태도이자 갖추어야 할 선진적인 자세가 아닐까' 하고 디앤디파트먼트를 방문할 때마다 생각한다. 언젠가 세상의 감각을 대표했던 버려진 아이템들이 그들의 눈을 통해 새롭게 리디자인돼 펼쳐지는 '구제'의 과정은 언제나 진한 감동을 준다.

무언가 야심 차게 시작한 일이 수렁에 빠졌을 때, 혹은 매너리즘의 터널에서 허우적거릴 때 이 책을 '환기'의 마음으로 다시 펴들곤 했다. 바로 디앤디마트먼트의 수장 디자이너 나가오카 겐메이의 책 『디자인 하지 않는 디자이너』다. 이 책은 저자가 디자인에 리사이클링을 접목한 사업인 디앤디파트먼트를 시작하며 기록한 8년간의 경영 일기장 같은 것이다. 솔깃한 노하우나 비즈니스 모델 아이디어를 제시하기보다는 그만의 일하는 방식을 솔직담백하게 서술했다.

읽을 때마다 새롭게 다가오는 건 책의 순기능이다. 특히 어떤 자기계발서나 경영서보다 와닿는 이유는 사업을 구상하고 발전시켜 나가는 일련의 과정 속에서 가지고 있어야 할 중심적인 태도나 자세를 배울 수 있기 때문이다. 꼭 사업을 하지 않더라도 생의 한가운데에서 읽어도 상기시키는 바가 많다. 자신만의 신념에서 만들어진 것은 단단하고 속이 꽉 찬 법이니까.

창고 같은 1965년생의 이 낡은 건물을 갈고닦아 쓴다는 그의 이야기를 떠올리며 디앤디파트먼트를 나왔다.

손에는 1층 슈퍼에서 산 유기농 레몬 사이다가 들려있다. 한 모금 두 모금, 역으로 돌아갈 때까지 홀딱 마셨다. 처음 보는 디자인에 처음 맛보

는 맛이었다. 이 한 캔에도 보이지 않지만, 훤히 보이는 디앤디파트먼트의 노력이 숨어있다. 누구보다 까다롭게 선별했을 또 하나의 브랜드였을 테다. 묘하게 끌리는 건강한 맛이 과연 디앤디파먼트답다.

ADDRESS 8 chome-3-2 Okusawa, Setagaya-ku, Tokyo
MORE INFO d-department.com

긴장과 완화가 만든 라이프스타일

하쿠지츠는 밖에서 보면 간판이 없다. 접근성 면에서 볼 때 조금 콧대 높은 곳이라고도 할 수 있을까. 계절마다 한 번씩은 혼자 조용히 들렀던 곳인데 이런 장치는 들어올 사람만 들어오라는 무언의 신호다. 애써 말로 표현하지 않는 곳.

홍콩에서는 예전부터 출입구를 미로처럼 만들어 재미로 활용했고(열쇠를 찾거나, 암호를 대고 들어가야 하는 바들이 있다) 한국에서는 이런 요소를 트렌드처럼 즐겼다. 반면에 일본인이 만드는 것들에는 저마다 분명한 논리와 이유가 있다. 그들이 세우는 보이지 않는 벽이 이런 작은 디테일에도 느껴진다. 심지어 건물은 한산한 골목길 안의 낡은 빌딩 2층에 자리한다.

육중한 문을 열고 들어가면 현관에 놓여진 슬리퍼로 갈아신고 가파른 2층 계단을 올라가야 한다. 오너 '니시자카 고이치'는 평소 압도적인 건물에 매력을 느껴 그런 건물을 후세에 물려주고 싶은 사명감으로, 일부러 오래된 건물에 가게를 낸 것이라고 한다.

하쿠지츠(우리말로 '백일')는 '숨어있는 것을 공개한다(白日の元に晒す)'라는 의미를 가진 일본어 표현에서 가져왔다. 자신만의 비밀이나 누구에게도 알려지고 싶지 않은, 지극히 사적인 취향을 말하는 것이리라. 그렇게 자신만의 심미안으로 심혈을 기울여 고른 것이니 손님들도 그것을 충분히 즐기고 존중해 주었으면 하는 오너의 생각이 느껴진다.

삐걱삐걱 소리 나는 반질한 나무 바닥 위로 시간의 흔적이 잠든 방 곳곳을 거닐다 보면, 오래된 것과 새것이 울타리 없이 하나의 커다란 정물화 작품처럼 다가온다. 현대 작가 작품 사이사이 자연스럽게 놓인 세월을 알 수 없는 골동품들은, 오랜 건물이 주는 편안한 안정감과 낮은 조도 때문인지 하나하나 집중하게 만드는 매력을 자아낸다.

그는 매장에서 긴장과 완화 사이의 차이를 느껴보라고 제안했다. 젊은 사람들이 자신만의 눈으로 그릇을 고르면서 새로운 세계를 만났으면 좋겠다고. 그것은 단지 관심 있는 작가의 정보를 알아가는 일이 아니라 물건을 보는 안목, 세상을 바라보는 미감을 쌓아가는 경험이다.

코로나 이전과 이후 특별한 변화는 없지만 집을 '즐기는' 사람들의 수가 현격히 늘어난 느낌이라고 했다.

실제로 몇 년간 도쿄의 숍은 옷 가게, 음식점, 꽃집 등 다양한 업종 사람들이 고도구와 현대 작가의 작품을 함께 다루고 있다. 옛 소품도 정기적으로 열리는 빈티지 시장에서만 만날 수 있는 것이 아니다. 한국에도 이러한 현상이 많이 보이고 있다. 일상 생활에 소소한 아름다움을 추구하는 양상은 세분화될수록 반갑다. 하루를 소중히 다루는 다양한 시선이 존중되고 또 전방위로 확장되는 기분이 든다.

"제 자신이 모아온 것은 저의 몸과도 같은 것입니다. 모아놓은 걸 보여준다는 건 사람들 앞에서 발가벗는 느낌과도 같지요."

그는 오랜 경험에서 기른 빛나는 감각으로 채집해 온 자신의 컬렉션에 대해 이렇게 소개했다. 나는 이 한마디에서 자신감을 읽는다. 발가벗어도 부끄럽지 않으려면 자신을 얼마나 채찍질하고 훈련하는 걸까.

"오래된 걸 어떻게 새롭게 보여줄 수 있을까 항상 생각해요. 평범한 길을 걸을 때도 그래요. 늘상 생각하고 있어요. 그게 제 라이프스타일이 아닐까 합니다."

라이프스타일이란 단어 자체가 지나치게 소비되는 요즘, 그의 말은 단어의 참된 의미에 대해 돌아보게 한다. 단지 무엇을 추구하고 좋아하는지에 관한 표면적 멋이 아닌, 정신적 근간을 만드는 일에 대해서. 자신의 루틴과 룰을 정하는 것. 라이프스타일의 출발은 바로 거기에서 시작하는지도 모른다.

ADDRESS 1 chome-24-1 Yanagibashi, Taito-ku, Tokyo
MORE INFO @hakujitu_

편집숍의 미래

신키바역에서 내리자 황량한 공장 지대 한복판에 서 있는 기분이었다. 주변엔 거대한 트럭들만 쌩쌩 지나다닐 뿐이어서 순간 구글 지도를 의심했다.

결론적으로 이 편집숍에 처음 들어올 때부터 나갈 때까지 내가 생각한 유일한 단어는 야바이(깜짝 놀랐을 때 주로 쓰는 말, '대박' 혹은 '말도 안 돼'의 의미)다. 숍과 갤러리, 카페, 아틀리에, 촬영 스튜디오를 아우르는 멀티 공간, 카시카 얘기다. 이곳을 특정 이름이나 성격으로 분류하는 것은 사실 큰 의미가 없다. 상상할 수 있는 모든 것이 다 있고, 없는 것 빼곤 다 있다. 말장난처럼 들리지만 실제로 그렇다.

일단 전혀 다른 주제의 책들을 하나의 색으로 모으는 탁월하고도 예리한 실력에 감탄했다. 식물 줄기 화보집부터 오리엔탈리즘, 핸드 크래프트 모던에 관한 책까지 마구 섞여 있는데 어쩐지 한 사람의 서재를 살펴보는 느낌이랄까. 빈티지한 소품과 가구도 보면 볼수록 예쁜 보물이다.

쇼와, 메이지, 다이쇼 등 일본의 옛 시대 기물과 도구와 가구가 모로코, 스페인, 파리의 것과 함께 놓여있는데 이상하리만치 한 곳, 한 시대, 한 사람의 집에서 가져다 놓은 것처럼 묘한 오라를 풍긴다.

아름다운 물건만 모아놓았다고 편집숍이 아니다. 아트 디렉터의 철학과 그것을 풀어내는 형식이 중요한 이유는 결국 그것이 공간의 유니크하고도 절대적인 취향과 분위기를 만드는 핵심 요소가 되는 까닭이다.

"이곳을 만든 크리에이티브 디렉터 '스즈키 요시오' 씨는 누군가 살았던 시간과 공간을 가시화하고 싶었다고 해요. 우리가 사는 일상도 자세히 살펴보면 다 각자의 스토리가 모여있는 물건으로 가득 차 있잖아요."

꼼꼼히 둘러보던 내게 직원이 와서 말을 건넨다. 그는 다양한 시대와 지역, 사람들이 지니고 살았던 가구와 물건, 현대적 미술과 새로운 디자인을 한 공간 안에서 내는 신선한 목소리와 분위기로 재현해보고 싶었던 것이다.

"왜 도심이 아니라 이렇게 먼 곳에 매장을 낸 건가요?" 내가 물었다.

"원래 여기는 목재를 보관하는 창고였어요. 이 동네를 보면 아시겠지만 바다와 가까워서 그런지 예전부터 목재와 관련한 회사와 공장, 창고가 많았던 장소거든요. 아무래도 도심은 복잡하고 비싸고, 이 정도 규모의 공간이 나오는 곳도 드무니까요."

실제로 신키바의 키바(木場)는 '나무의 장소'라는 뜻으로, 에도 시대(1603~1867)부터 쇼와 시대에 걸쳐 재목을 공급한 지역으로 번성했던 지역이다. 1970년대를 기점으로 목재 관련 업자들은 현재의 신키바 지역로 이전했다. 훗날 매거진 취재로 인터뷰하게 된 스즈키 씨는 도쿄 중심지를 벗어나 색이 칠해지지 않은 지역에서 이야기를 시작하고 싶었다는 뒷이야기를 전해주었다.

숍을 운영하는 방식도 흥미롭다. 안쪽의 작은 공간에는 전시나 플로리스트의 팝업이 진행되기도 한다. 중앙에는 오래된 소품과 가구, 현대의 디자인 제품들이 조화롭게 놓여있다. 물건과 공간의 짜임새가 탄탄하게 엮여 있는데, 마치 각개 전투를 하는 것처럼 보이지만 한 목표를 향해 나아가는 조직력 좋은 축구팀처럼 보인달까.

“오래된 것들은 창고에서 양도받거나 전국의 경매 시장에서 구입한 것을 수선해요. 현대의 것은 작가님의 개인전에 가서 실제로 사용해 보고 좋았던 제품을 선별해 선보입니다.”

독특한 점은 그러한 물건에 별다른 설명이 붙여져 있지 않다는 사실이다. 몇 번이고 매장을 방문할 때마다 그랬다. 물건 아래 깨알 같은 글씨로 설명을 달아놓은 일본 대부분의 숍들과는 확연히 다른 행보다.

“브랜드나 브랜드가 아닌 것으로 처음부터 필터를 끼고 물건을 보지 않으면 좋겠다고 생각했어요. 손님들이 매장을 방문해 시대나 나라를 떠올리며 물건과의 관계를 만들어나가는 방향을 제안하고 싶었거든요. 다만 작가님의 물건에는 이름은 넣었습니다. 그 외의 정보는 굳이 꺼내지 않았어요.”

그것은 곧 물건과 처음 만나는 설렘, 상상하는 기쁨, 그리고 시간을 들여 찾아보는 계기를 소중히 여기고 있다는 뜻으로 읽혀진다.

“유니폼이 예뻐요.” 한참 쇼핑을 하던 나의 시선이 직원의 유니폼으로 옮겨갔다. 빛바랜 듯한 먹색 재킷이 마음에 들어 알려주기만 하면 나는 정말 살 요량이었다.

"아, 이건 약국에서 약사들이 입는 전문 가운인데요. 실제로 약국에 근무하는 약사가 만든 브랜드라고 알고 있어요."

카시카가 다른 일본의 매장들과 차별화를 이루는 것이 무엇이냐는 질문에 스즈키 씨는 이렇게 말했다. 의도적으로 차별화를 꾀하지는 않고, 다만 지금 유행하는 것과는 가급적 떨어지려고 생각한다고. 그러면서 그는 내게 이런 말을 덧붙였다.

"그건 단지 차별화를 위해서가 아니라 본질적인 것을 원하기 때문이에요. 물론 유행이란 것이 항상 본질이 아닌 것은 아니지만, 올림픽 같은 외부의 영향으로 아무래도 안에서 서로 휘둘리는 것이 있다고 생각하거든요. 거기서 벗어나고 싶다고 생각하는 것이죠."

직원의 유니폼부터 공간을 채우는 물건과 식물, 다루는 음식까지 카시카는 유행에서 어쩌면 한참 벗어나 있는 것이 맞다. 그런데 그 비주류가 주류의 방향보다 훨씬 더 자연스럽고 근사해 보인다.

갈 때마다 오래도록 머물게 된다. 대단하다는 생각을 떠나 이곳만의 감동적인 분위기에 쉽게 자리를 뜰 수가 없다. 온라인 시대, 오프라인 매장이 어떤 체험과 의미를 줄 수 있는지 묻는다면 나는 말없이 이곳을 추천하고 싶다. 물건은 따라 살 수 있어도, 공기는 흉내 낼 수 없는 법. 눈에 보이지 않는 감각과 메시지를 전달해 주는 이곳은 문턱이 낮아 누구에게나 열려있다. 센 척, 잘난 척하지 않아 지극히 편하고 아늑해서 오래 머물고 싶은 공간. 카시카가 있어서 도쿄가 더욱 매력적으로 보인다.

ADDRESS 1 chome-4-6 Shinkiba, Koto-ku, Tokyo
MORE INFO casica.tokyo / @casica.tokyo

보이지 않는 것을 보이게 하는 힘

'오라리'를 생각하면 아침으로 가는 하늘빛이 떠오른다. 엷은 하늘색과 미색, 민트 빛이 섞여 어느 한 색으로 규정할 수 없이 오묘한 색. 컬렉션에 그러한 색을 많이 선보이기도 하는데, 나중에 알게 됐지만 실제로 브랜드 이름이 '햇살이 비추는 곳'이란 뜻이라고.

이제는 명실상부 일본의 패션을 대표하고 있지만 2019년 파리 컬렉션에 갓 데뷔한 차세대 디자이너 브랜드다. 몇 년 사이 국내외 두터운 팬층을 거느리게 됐으니 실로 놀라운 성장을 하고 있다.

오라리의 시작은 조금 독특하다. 여러 브랜드에서 패턴 메이커를 거친 디자이너 '이와이 료타'가 원단 도매 사업에 뛰어들면서 만들어졌다는 건 패션 업계 사람들에게 이미 잘 알려진 사실.

그래서인지 여타 브랜드와의 분명한 차별점이 눈에 띈다. 컬렉션의 출발이 주제나 콘셉트가 아닌 원단이기 때문이다. 패턴 메이커로 오랜 시간 근무하며 옷의 구조와 소재를 깊이 알게 된 그는 촉감이나 질, 색을

AURALEE

차례로 결정해 나가며 오리지널 원단을 제작한다. 그리고 옷의 소재가 가장 돋보일 실루엣과 디테일을 정리해 나가는 식이다.

그렇게 탄생한 디자인은 대부분 미니멀하면서도 부드럽고 심플하다. 어느 곳 하나 튀지 않지만 분위기와 공기가 남다르다. 탄탄하고 견고한 소재와 섬세한 톤, 미묘한 디테일이 뒷받침하기 때문이다.

매 시즌마다 대단히 새롭다거나 눈에 확 들어오는 드라마틱한 차이는 없지만 바로 그 지점에 오라리의 매력이 있다고 생각한다. 뭐라 말할 수 없는 어떤 경계선에 있는 옷. 그러나 입어보면 옷장에서 계속 선택하게 되는 그런 옷이다.

그도 한 인터뷰에서 이런 말을 했다. "그 옷이 너무 예뻤다 혹은 옷이 먼저 보인다기보다는 아까 지나간 그 사람의 분위기가 뭔가 좋았다는 느낌을 받을 수 있는 그런 옷을 만들고 싶어요."

무엇보다 소재가 보장하는 뛰어난 착용감과 촉감이 우리가 매일 입고 싶은 옷을 결정하는 매우 중요한 요소가 된다는 걸, 오라리를 입으면서 다시금 깨닫게 됐다.

얼마 전 다녀온 일본의 포장 테크닉에 관한 전시가 떠올랐다. 일본의 역사와 함께한 지역별·소재별 포장을 한눈에 볼 수 있었던 이곳에서 내가 정작 놀란 것은 현란한 포장 기술이 아니었다. 좋은 것은 대대로 계승하는 장인 정신과 물건을 소중히 다루는 마음. 주는 사람과 받는 사람을 동시에 향한 순수한 사랑의 표현, 그리고 세상 모든 것엔 생명이 깃들어 있다는 자연관이었다.

오라리의 옷에도 일본인 특유의 가치관이 보인다. 원료 생산에 대한 이해를 위해 여유가 있을 때마다 몽골, 뉴질랜드, 페루 등지를 방문한다는 디자이너의 진심과 노력이 옷에 어떤 실질적인 영향을 미칠지 그의 옷을 입는 우리는 알 길이 없다.

다만 그러한 수고스러움이 일하는 자세로, 직원들의 책임감으로, 그리고 진정성 있는 옷으로 우리에게 자연스레 이어지는 것이 아닐까 생각해 본다. 가까이서 보고 손으로 느껴야 알 수 있는 것들에 기꺼이 최선을 다하는 정성. 보이지 않는 것을 보이게 하는 힘. 그런 것들이 오라리에게는 있다.

ADDRESS 6 chome-3-2 Minami Aoyama, Minato-ku, Tokyo
MORE INFO auralee.jp / @auralee_tokyo

보다 잘 살기 위한 힌트

우리나라에도 이런 가게가 있나 잠시 생각해 봤다. 일본의 인기 요리 연구가 와타나베 유코가 2017년 4월, '내가 부엌에서 사용하고 싶은 것'을 모토로 오픈한 '푸드 포 소트'는 자신의 요리 교실과 같은 이름을 쓰고 있는 가게다.

한국어로 번역하면 '깊이 생각할 거리'를 의미하는데, 와타나베 씨는 음식과 일상에 대입시켜 '보다 잘 살기 위한 힌트'로 해석했다. 즉, 이곳을 통해 삶을 풍요롭게 하고 즐길 수 있는 포인트를 찾아보라는 제안이다.

매장은 그녀가 추구하는 이상향을 바라보는 것 같다. 미니멀하고 모던한 공간은 인테리어 디자이너인 원더월이 담당했다. 정제된 회색빛의 메인 카운터에 그녀의 심미안으로 고른 실용성과 아름다움을 겸비한 오리지널 상품, 국내외 작가 그릇, 커트러리, 목공 제품, 유럽의 브로칸트 접시가 액자 속의 그림처럼 고요히 놓여있다. 심플한 형태에 소재와 질감의 물성을 강조한 제품들이 소재의 맛을 살린 요리로 정평이 난 그녀의 스타일을 빼닮았다. 계절에 따라 다르지만 수제 잼과 초콜릿 등을 판매하기도 한다.

하지만 일상이 그림 같다는 것은 양면성을 갖고 있다. 잘 차린 한국 음식에 큐티폴의 고아 커트러리를 놓고 만족스러운 SNS용 사진을 찍지만, 정작 먹을 때는 사용감이 불편해 한국 수저를 드는 우리의 현실처럼. 예쁜 그림은 일상과는 조금 빗나간, 보다 완벽한 구도와 이상을 추구한다. 그래서 실은 현실과 동떨어져 보이는, 그녀의 자로 잰 듯 정교하고 아름다운 삶을 우리는 더욱 동경하는지 모른다.

어쨌거나 생활을 풍부하고 아름답게 즐기고 싶은 모두에게 '푸드 포스트'는 매일 먹는 음식을 갤러리의 그림처럼, 그 이상의 문화로 격상시켜 놓는다. 그것이 와타나베 유코의 장기라면 장기다.

최근 와타나베 씨가 니시오기쿠보 근처에 새로운 숍을 냈다는 소식을 접했다. 길고 지루했던 장마의 끝, 홀가분한 마음으로 길을 나섰다.

그냥 서 있기만 해도 땀이 줄줄 흐르는 높은 습도 속, 아스팔트의 후끈한 열기를 온몸으로 맞으며 미로처럼 이어진 주택가 사이사이를 걸었다. 아차, 내가 일본의 여름을 얕잡아 봤지. 여름이면 열도가 용광로처럼 펄펄 끓는다는 것을 잠시 잊고 있었다. 그러자 나도 모르게 분한 마음이 스멀스멀 피어올랐다. '어디, 얼마나 예쁘게 만들었나 볼까.'

전방 50미터. 작은 교차로 모서리 끝에 오래된 화이트 빈티지 맨션이 한눈에 들어온다. 1층에 그녀의 숍이 나즈막히 보인다. 요요기 우에하라의 분위기와 크게 다르지는 않다.

이곳은 도쿄 유수의 훌륭한 공간 디렉팅을 맡은 바 있는 회사, '심플리

Uehara(사진)
ADDRESS 2 chome-33-4 Uehara, Shibuya-ku, Tokyo
MORE INFO foodforthoughttokyo.com

Nishiogikita
ADDRESS 2 chome-9-15 Nishiogikita, Suginami-ku, Tokyo

시티'의 작품이다. 동서양과 과거, 현재가 절묘하게 뒤섞인 그들만의 절제된 시그니처 스타일이 돋보인다.

카운터 주위에 부유하고 있는 듯한 3개의 원형 선반은 목공예가 '우치다 유'의 작품으로, 고요하고 차분한 공기에 예술적인 갤러리 느낌을 더한다. 들어서는 순간 마음이 조용해져, 나와 우리 가족에게 집중할 수 있는 풍요로운 생활이란 과연 무엇일까 생각하게 된다. 특유의 정밀한 분위기는 젠을 넘어서 약간 서늘하게도, 빈틈이 없게도 느껴지지만, 요즘의 도쿄식 미니멀리즘의 정수라고 불릴 만한 이 공기를 한번쯤은 느껴보기를 권한다.

최근에는(2022) 센다가야에 푸드 포 소트 랩(Food for Thought Lab)을 열었다.

내일의 그로서리 숍

노무라 유리(영화 <리틀 포레스트>의 총괄 푸드 디렉터)의 책과 요리에 관한 사상은 좋아하지만, 사실 그녀가 이끄는 레스토랑 '이트립'을 자주 가는 편은 아니다. 왜? 너무 건강한 것만 같아서.

하지만 언젠가부터 셰프를 교체했는지 전보다 훨씬 맛있어졌다. 기억에 남을 정도로 맛있게 느껴진 날도 있다. 음식이란 함께 나눈 좋은 이들과의 대화, 분위기, 셰프의 눈빛, 주방의 에너지, 직원의 말씨, 그리고 나의 감정과 느낌이 모두 뒤섞여 어느 날의 경험으로 저장되기 마련이니까. 그래도 언제가도 이곳의 오거닉, 바이오 와인만큼은 정말 훌륭하다.

'Farm to Table'이라는 콘셉트 아래 생산자와 직접 연결되어 그날그날 받는 오거닉한 제철 재료들로 요리한다는 그녀의 철학을 높이 사기에 나는 그녀가 '요리계의 개념 미술가' 같은 사람이라고 생각하곤 했다.

물론 요리가 미술과 다른 점은 완성작인 음식이 사람의 입에 들어가는 만큼 결국엔 '맛'에 그 승부가 달려있겠지만.

그런 점에서 2019년 가을, 오모테산도 자이레 빌딩 4층에 오픈한 그로서리 숍 '이트립 소일'은 그녀가 개념적으로 제일 잘할 수 있는 것을 공간으로 구현해낸 장소다. 이름 자체에도 스스로 자연이 만들어준 흙을 의식하며 살고자 하는 마음을 담았다. '정말로 원하는 것, 필요한 것은 무엇인가'라는 기준으로 엄선한 식재료와 주방 아이템이 전국 각지에서 집결했다. 소면, 사케, 와사비, 간장 등 식재료들과 그녀가 고른 요리 관련 책, 그리고 일본 작가의 도자 공예 전시가 한 공간에 물 흐르듯 이어진다.

그녀는 레스토랑의 전체 콘셉트도 함께 담당했다. '순환'이라는 테마로 프렌치 '에란', 올데이 다이닝 '보네란', 카페테리아 '우니'가 함께 자리한다.

이 층에서 가장 마음에 든 건 아프리카 우간다에서 본, 붉은 토양의 거친 생명력이 느껴진 공간 그 자체였다. 레스토랑 곳곳에 심어놓은 나무와 식물이 전해주는 편안하고 아늑한 분위기에 한몫을 더한 건 고급스러운 컬러 매치와 조명이다. 공간의 설계는 프랑스를 거점으로 활동하는 건축가 '타네 츠요시'의 솜씨라고.

앞으로 국내 요식업계에도 이러한 협업의 양상이 더욱 활발해질 것이다. 잘하는 친구들이 서로 질투, 경계하는 것이 아니라 합심해서 새로움을 만드는 일.

세상에 더 이상 새로울 것은 없다지만 서로 다른 영역에서 잘하는 사람들이 모여 재미있는 걸 도모한다면 또 다른 창조물을 만들어낼 수 있다고 믿는다. 그러한 움직임이 정체된 도시에 흥미로운 색을 입히고 활력을 불어넣게 된다면, 이보다 의미 있는 일상 속 예술이 또 있을까.

©Komatsubara Eisuke 제공

지난 「매거진 B」 인터뷰 당시, 코로나19 이전과 이후의 역할에 어떤 변화가 있었는지 묻는 나의 질문에 그녀는 이렇게 말했다.

"우리는 잠시 활동을 줄여야 하지만, 인간은 어떻게든 움직일 수밖에 없잖아요. 그럴 때 저희 같은 작은 텃밭이 있는 곳에서, 풍경이 있는 곳에서 잠시 시간을 즐길 수 있다면 위로가 되겠죠."

말투는 느리고 다소 천진한 편이었는데 중간중간 굉장히 날카로운 지점이 있었다.

"20년간 요리를 하고 레스토랑을 9년 정도 운영하면서 느낀 건 식자재가 없으면 아무것도 만들지 못한다는 것이죠. 제가 여기까지 올 수 있었던 건 생산자 덕분입니다. 그런데 생산자에게 물어보면 "자연이 만들어줬어요", "역시 씨앗이죠", "흙 때문이에요"라는 대답이 돌아오더군요. 결국 원점으로 돌아오는구나 싶었어요."

내가 잘나서가 아니라 자신을 도와주는 사람들의 힘과 보이지 않는 것들의 에너지를 잊지 않고 사는 것. 그러한 겸허한 눈으로 세상을 바라보는 자세가 자신이 꿈꾸는 모든 것들의 시작점이 아닐까.

ADDRESS Gyre 4F, 5 chome-10-1 Jingumae, Shibuya-ku, Tokyo
MORE INFO eatripsoil.com

고아한 아틀리에

이름만 대면 다 알만한 유명 건축가가 설계한 미술관이나 박물관도 물론 멋지지만 소규모 갤러리나 개인이 운영하는 가게에서 기획하는 전시를 보는 재미도 쏠쏠하다.

의외로 작은 공간에서 큰 발견의 즐거움을 느낄 수 있는 것이 도쿄만의 강점이다. 아티스트의 숨은 의도, 운영자의 감각이 빚어내는 조화를 더욱 가까이 보고 느끼며 들을 수 있어서다. 여행 일정이 맞아야 행운이 따르겠지만, 가능하다면 작은 이벤트가 주는 예상치 못한 영감, 일상의 기분 좋은 자극을 놓치지 말았으면 좋겠다.

미즈사이는 도쿄에서 제일 좋아하는 다이토구에 자리하는 갤러리 겸 숍이다. 2019년 오픈한 이후, 일본의 재능 있는 작가를 발굴하고 소개하는 곳간 같은 곳. 물론 보석 같은 작가의 작품을 선보이는 공간은 많지만 내가 생각하는 이곳이 특별한 이유는 진열 방식에 있다.

이곳은 공간을 작가의 작품이 놓이는 하나의 캔버스로 인식하고 있

다는 생각이 든다. 어디가 어떻게 보여지는지를 치밀하게 계산하고 선택하는 것에서 더 나아가, 공간 자체가 작가의 3차원적인 플레이그라운드가 된다. 그래서 작가의 예술 작품에 공간이 포함되게끔 마법을 부린다. 갤러리가 전시의 객체가 아닌 주체가 되는 것이다.

3월의 봄, 플라워 아티스트 '니시벳푸 히사유키'와 건축가인 '사토우 가츠야'가 전개하는 하이이로 오오카미의 플라워 전시가 열렸다. 하얀 린넨 커튼 위로 산에서 주운 나무 조각을 엮어 만든 오너먼트 시리즈가 나른한 오후의 바람에 살살 흔들렸다. 전시장 중앙에 마른 식물로 만든 작은 터널을 통과하면 내추럴하고 감각적인 플라워 작품이 등장한다.

마음에 드는 플라워 작품이 있다면 현장에서 도기와 함께 주문할 수 있게 한 센스도 참 좋았다. 작품과 작품 사이에 반드시 두는 여백, 작품을 돋보이게 진열하는 것은 미즈사이의 주특기다.

사물과 사물, 사물과 장소의 관계에 대한 질문을 던지며, 우리의 통념적인 시각에 느낌표나 물음표를 더하는 것. 미즈사이는 이러한 갤러리의 역할을 해내고 있는 몇 안 되는 공간이다. 곰곰이 생각해 보면, 돌과 철판 등 단순한 자연과 인공물을 그대로 드러내는 일본 모노하 운동의 개념과 일맥상통하는 부분이 있다. 그래서인지 이곳에서는 어떤 작품이나 그릇이 놓이든 간에 동양적이면서도 어딘가 전위적인 분위기가 느껴진다.

홈페이지에 미즈사이는 아름다운 것, 즐거운 것, 편안한 공간을 지향한다고 했지만 나는 여기에 하나를 덧붙이고 싶다.

'고아한' 공간. 요즘 같은 시대에는 분명 흔치 않은 느낌이다.

ADDRESS Kobayashi Building 3F, 1 chome-6-2, Misuji, Taito-ku, Tokyo
MORE INFO mizusai.jp / @mizusai_

설레는 물건의 집합소

2018년 3월 29일, 도쿄 미드타운 히비야가 첫 선을 보이며 긴자 식스에 이어 긴자·히비야 구역의 부흥을 이끌어갈 쇼핑몰로 큰 주목을 받았다. 이곳의 가장 큰 매력이자 핵심 공간은 그때도, 지금도 여전히 '히비야 센트럴 마켓'이다.

잡화점, 패션숍, 커피 스탠드, 안경점, 비스트로, 미용실, 갤러리. 히비야 마켓은 이처럼 일곱 가지의 각기 다른 숍이 하나의 공간에 모여 마켓을 이룬 공간이다. 매장 간의 경계를 과감히 허물었기 때문에 어디서 무엇이 튀어나올지 모르는, 도대체 감이 잡히지 않아 더욱 재미난 곳이다.

우리의 현재, 그리고 앞으로의 변화무쌍한 라이프스타일을 대변하고 있는 것 같아 더욱 흥미롭다. 예를 들면 옷을 쇼핑하다가 빈티지 가구를 만지작거리고, 미용실에서 머리를 다듬고는 주점 마당 같은 곳에서 내추럴 와인을 홀짝이며 좀 전에 본 옷에 대한 수다가 이어지는, 이 모든 것이 동일한 공간 안에서 이루어지는 거다.

이 동시대적이고도 미래적인 공간을 만든 인물은 1LDK의 디렉터를 거쳐 그래프페이퍼(Graphpaper), 프레쉬 서비스(Fresh Serive)를 성공적으로 만든 도쿄의 크리에이티브 디렉터 '미나미 다카유키'다. 그는 이 공간을 오픈하기 직전, 인터뷰에서 다음과 같이 밝힌 바 있다.

"약 240평형의 광대한 공간을 담당하게 됐을 때, 머릿속에 문득 시장 콘셉트가 떠올랐습니다. 사실 제일 하고 싶었던 건 미용실이었죠. 태국에 갔을 때 식품과 옷 가게가 이어지는 마켓의 중간에 돌연 미용실이 나타났어요. 이런 동남아의 잡다한 공간감을 표현할 수는 없을까 생각했고 그것을 서서히 형상화하게 된 것입니다."

그가 만난 신선한 시장과 길목, 뒷골목의 기억은 여기저기 흩어져 있었는데, 길을 걷다 그러한 장소를 한곳에서 발견한 것만 같은 반가움과 친근함을 디자인으로 재현한 것이다. 그런데 디자이너로서 그의 비범함은 공간을 만든 이후의 생각에서 더욱 빛을 발하는 것 같다.

"방문할 때마다 상품의 구성뿐만 아니라 점포의 레이아웃을 지속적으로 변화시키는 걸 중요한 계획으로 삼고 있어요. 내가 설레는 것을 만들지 않는 한, 손님도 즐거워하지 않는다는 것이 제 신념이기 때문에 '저기에 간다면 뭔가 재미있는 것이 있을지 몰라'라는 생각을 하게 만드는 것이 중요해요."

오늘날의 진정한 새로움은 규정 지어진 한계를 허들 넘듯 계속 뛰어넘는 데서 출발하는지 모른다. 모르는 지역의 시장을 우연히 방문할 때의 설렘은 여행이 주는, 계획되지 않은 기쁨이다. 히비야 센트럴 마켓을 찾을 때는 늘 여행하는 착각이 든다.

ADDRESS Tokyo Midtown Hibiya 3F, 1 chome-1-2, Yurakucho, Chiyoda-ku, Tokyo
MORE INFO hibiya-central-market.jp / @hibiya_central_market

취향에 대한 욕망

일본에서 보물처럼 좋은 가게, 나만 알고 싶은 가게는 대중들의 눈에 최대한 잘 띄지 않는 지역에 위치한다. 혹은 있는 둥 마는 둥 티 내지 않는 간판을 달고 있는 경우가 대부분. 도대체 '왜일까' 그 이유가 궁금했다. 최대한 많은 이윤을 남기기 위해서는 자본주의 시장의 속성에 맞게 역세권에 위치하거나 유동인구가 많은 지역에 매장을 내는 것이 당연한 논리일 것이다. 그 궁금증이 실타래 풀리듯 풀린 곳이 '아나토미카'다.

도쿄의 시타마치(도쿄의 옛 상업 지역. 스미다구, 다이토구 등지를 말한다)라고 불리는 동네 중 하나인 히가시 니혼바시 지역, 한적한 스미다강 주변을 따라가다 보면 거짓말처럼 나타나는 곳.

아나토미카의 출발은 1994년 파리였다. 프랑스의 디자이너 피에르 푸르니가 파리 4구에 첫 매장을 오픈한 것이 브랜드의 시작이다. '해부학'이라는 뜻의 아나토미(anatomy)에서 유추할 수 있듯 사람의 몸을 탐구해 오래 입을 수 있는 의류를 제작한다.

베스트까지 제대로 갖춰 입고 베레모를 쓴 멋진 차림의 점원들과 인사를 나누고 나면 흡사 프랑스의 옛 양복점에 들어선 듯하다. 매장 인테리어가 아니라 공간을 구성하고 있는 사람들 때문에 그런 마음이 든다는 건 신비로운 경험이다.

규모가 크지는 않지만 질 좋은 린넨 재킷과 트렌치코트, 셔츠, 바지, 니트류가 가지런히 놓여있는 매장을 둘러보다 보면 마음속에 세르주 갱스부르의 음악이 절로 흐를 것이다. 우아함과 클래식한 멋을 지니고 있으면서도 독특한 개성이 묻어나는 의상들을 실제로 입어보면 마치 내가 이러한 멋짐이 뚝뚝 흐르는 사람이 된 것만 같은 기분 좋은 착각에 빠진다.

아나토미카의 대표적인 아이템은 아무래도 618 오리지널 데님이다. 디자이너는 인간의 황금비율처럼 아름답고 우아한 실루엣을 지닌 청바지를 만들고 싶다는 생각에 일곱 번에 거친 샘플 제작과 수정을 반복해 청바지를 완성했고, 결국 이곳의 시그니처 아이템이 되었다.

밑위가 길고 다소 폭이 넓은 밑단은 프랑스 빈티지 의류에서 쉽게 볼 수 있는 실루엣을 닮았다. 과거의 래프트 핸드 트윌(Left Hand Twill) 방식을 이용한 직조이기 때문에 다른 데님과 달리 부드럽고, 입으면 입을수록 자연스러운 워싱이 살아난다.

프랑스 이외에는 전 세계에 딱 한 나라, 일본에만 매장을 두었다. 디자이너가 밝힌 그 이유는 명쾌하다.

“이 지역이 도쿄의 역사와 취향을 간직한 곳이기 때문이지요”.

에도 시대에 사람과 물건, 아이디어의 모든 거점은 니혼바시였다. 우키요에나 가부키 같은 일본의 문화 예술이 바로 이곳에서 성장하고 꽃

피웠다. 현재도 많은 종이 관련 사업체와 프린팅 회사가 이곳에 있다.

지금 막 떠오르는 핫한 동네가 아니라, 과거의 향수와 추억을 간직한 지역. 그곳에서 쌓아올린 시간과 역사를 충분히 존중하고 아끼는 아나토미카가 더욱 특별한 브랜드일 수밖에 없는 이유가 바로 여기에 있지 않을까. 내가 살아온 궤적을 드러내는 지표가 취향이라면, 아름다운 아나토미카의 취향을 내 것으로 하고 싶다.

ADDRESS S-Building, 2 chome 27-19, Higashinihonbashi, Chuo-ku, Tokyo
MORE INFO anatomica.jp

고요한 공간의 질서와 속도

한참을 헤맸다. 하필 공사 중인 건물의 1층이라 근처를 10분쯤 빙빙 돌았다. 내 전화를 받고 버선발로 달려 나온 사람은 10 Ten의 주인이었다.

문을 연지 5개월도 채 안 된 갤러리 숍이라 물건이 많지는 않았지만 하나하나 쓰임이 분명한, 특색 있는 작가들의 작품이 공간의 여백 사이를 채우고 있었다. 한 폭의 동양화를 연상시키는 접시와 찻잔, 차분한 색감의 다기, 시간을 들여 골랐을 것이 뻔한 핸드메이드 촛대와 인센스. 흰색과 그레이, 블랙, 베이지 톤으로 한정된 2층의 의상들이 빚어내는 고요함에는 일정한 나름의 질서가 있다.

매장에는 갓 칠한 하얀 페인트칠 냄새가 날 법한데 인센스와 함께 어우러진 히노키(편백나무) 나무 향이 숍의 높은 천고까지 은은하게 퍼져 있다.

“다른 곳에서는 못 본 물건들이 많네요. 일본은 장인이 참 많은 것 같아요. 왜 그런 것 같으세요?”

이 물건 저 물건 사이를 한참 배회하던 내가 대뜸 물었다. 숍에는 주인과 나뿐인지라 오늘은 그냥 의식의 흐름대로 말해보자 싶었다. 갑작스러운 질문에 좀 당황하겠다 싶었는데 그녀의 대답은 거침이 없다.

"일본은 장인이 정말 많죠. 으음…… 패스트 패션의 유행을 너무 빨리 접해서 이미 질린 게 아닌가 싶어요. 젊은 사람들도 더는 대기업에 속해서 기계 같은 물건을 만들고 싶어하지 않아요. 개인들이 자신의 구미에 맞는 물건을 소량이지만 자기 식대로 만들면 더 개성있고 흥미로운 작품이 완성되잖아요."

새로운 것을 유연하게 수용하기 힘든 대기업의 특성적 굴레는 일본도 매한가지인가보다.

나는 문득 궁금해졌다. 이러한 생각을 가진 사람이라면 도심에서 벗어난 시타마치에 굳이 가게를 낸 이유가 있을 것이다. 오후에는 인적도 드문 곳. 오늘처럼 세찬 비가 내리는 날에는 솔직히 누가 올까 싶기도 하다.

"스미다강을 좋아해요. 한적하고 편안하잖아요. 시내는 너무 혼잡하고 시끄럽기만 해요. 조금 떨어져 있는 것이 좋더라고요."

이제 갓 30대가 되었을까 싶은 여자의 말치고는 조금 의외였지만 그 대답이 멋지게 들린다. 그건 그러니까 올 사람은 분명히 찾아올 것이라는 확신이다. 누가 뭐래도 원하는 방향대로 살고자 하는 마음. 그건 다른 말로 하면 어디로 가야할지 나름의 소신이 있다는 뜻이다.

그녀의 손에서 탄생한 공간을 다시 둘러본다. 다관, 숙우, 개완 등 다기 사이에 놓인 이케바나가 예사롭지 않다. 이케바나를 따로 배운 것이

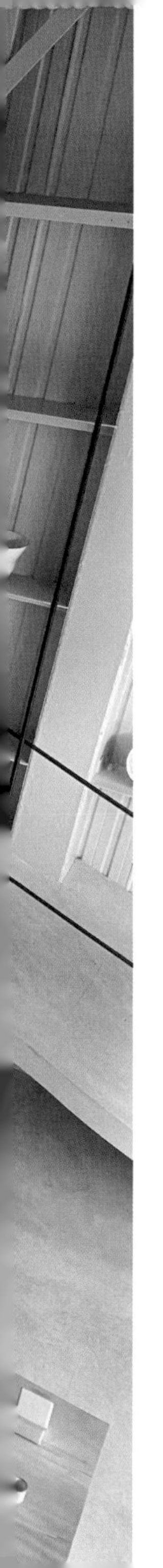

냐고 하자 자연스럽게 자신의 이야기를 풀어놓기 시작한다.

"다도를 5~6년째 배우고 있는데, 다도할 때 꽃을 꽂기도 하니까 조금씩 알게 된 것 같아요. 원래 저는 염색을 하는 사람이에요. 인테리어를 하는 파트너와 함께 이곳을 열면 어떨까 싶어서 시작하게 된 것이죠."

매장 한쪽엔 곱고 여린 색감의 천들은 모두 직접 만든 것이라 했다.

"그럼 여기 인테리어도 그 파트너분이 하신 거예요?"라고 물으니, 그녀가 웃으며 피팅 룸 안을 성큼 들어가더니 작은 덧문을 연다. 묵직한 돌로 제작한 카운터와 히노키 벽, 가공하지 않은 날 것의 심플한 목재 가구가 전부인 미니멀한 매장의 비밀은 피팅 룸 뒤에 숨어있었다. 인테리어 작업자의 낡고 리얼한 작업실이 그곳에 펼쳐져 있었다.

"와아, 재미있어요!"

어느새 내 손에는 후쿠오카 출신 디자이너가 만든 몽환적인 컬러의 초와 주석으로 만든 인센스 홀더가 들려있다. 그녀가 그것들을 정성스레 포장하더니 자신이 손수 만든 비둘기빛 염색 가방에 넣어 차 한 잔과 함께 내어준다. "대만에서 온 차예요. 잠시 휴대폰 충전을 할 동안 드세요."

휴대폰 충전이라는 그럴 듯한 핑계로 우리는 서로 도쿄에서 가장 좋아하는 숍에 대해 이야기를 나눴다.

창 밖에 내리는 높아지는 습도 덕분일까. 매장 안은 히노키 향이 점점 짙어졌다.

돌아서는 길, 그녀는 나의 뒤통수에 아쉬운 듯 말한다.

"또 천천히 놀러오세요."

일본의 "놀러오세요"는 우리나라의 "밥 한번 먹자"란 표현과 그 중량이 비슷하다. 가게의 주인들이 의례적으로 건네는 인사말의 일종이다. 하지만 그 문장을 주변의 공기를 섞어 천천히 반응하는 그녀만의 속도와 감도에서 그건 문자 그대로 놀러오길 바라는 마음이라는 걸 읽었다. 좀 전까지 숍에 가득했던 히노키 향이 어느 틈엔가 내 옷에까지 배어있는 것 같았다.

ADDRESS 2 chome-1-17 Saga, Koto-ku, Tokyo
MORE INFO 10-tokyo.com

용(用)의 미

유튜브를 보는데 어느 일본 브랜드의 채용 면접에서 이런 질문이 나왔다고 한다.

"감도가 좋은 사람은 어떤 사람인가?"

누구나 머릿속에 어렴풋이 떠오르는 이미지는 있어도 특정한 누군가를 선정하기란 여간 어려운 일이 아니다. 나에게 이런 질문을 던졌다면 이렇게 대답할 것 같다.

"자신이 좋아하는 것을 명확하게 알고 동시대적 감각으로 표현할 줄 아는 사람"이라고. 그러면서 '미나미 다카유키'를 떠올릴 것이다.

그는 1LDK, 그래프페이퍼, 히비야 센트럴 마켓 등을 성공적으로 만든 대표적인 크리에이티브 디렉터로, 자신만의 아이템을 담은 콘란(Conran) 숍을 팝업 형태로 기획했다가, 이듬해 지금의 프레시서비스 헤드쿼터스(이하 프레시서비스)로 확장했다.

파란 문의 현관을 열고 들어가 헨더 스킴(Hender Scheme)의 질 좋은 가죽 슬리퍼를 갈아 신고 나면, 감각 있는 친구의 집을 방문한 듯 드레스룸, 리빙 룸, 다이닝 룸이 차례로 나타난다. 가공의 운송 회사를 모티브로 실용적인 아름다움을 가진 일용품들을 주로 선보이는 곳이다. 기능적이고 심플한 의상, 액세서리, 라이프스타일 제품이 주류를 이룬다.

갤러리를 보는 것만 같은 고요한 그래프페이퍼보다는 좀 더 편안하고 자유로운 느낌이랄까. 그가 한 인터뷰에서 밝혔듯 '도구'와 같은 감각으로 제품을 다룬 시선이 느껴진다.

방 사이사이 가구와 식기류, 보관 용품, 커피 메이커, 오브제 등이 자연스럽게 진열되어 있는데, 한 사람의 집 안을 들여다 보는 것 같은 통일감이 느껴지는 건 미나미 씨의 명료한 취향 덕분이다.

여기서는 제품도 제품이지만, 한 사람의 일관된 감도가 3차원으로 구현된 작은 현장을 만날 수 있다. 트렌드나 흐름이 아닌 사람이 보인다. 명민한 마케팅 감각을 확인할 수 있다.

프레시서비스가 내게 더 특별하게 다가오는 이유는 '지속성'이라는 방향을 추구하기 때문이다. 마음에 드는 제품이 있으면 언제든 추후에 재구매를 할 수 있도록 이끄는 것. 그것은 좋은 것은 계속 쓰고 싶다는 우리의 마음을 대변하는 배려이자, '용의 미(用の美)'의 의미를 진정으로 알고 실천하는 태도라 나는 생각한다.

'용의 미'는 야나기 무네요시가 1926년 시작한 민예 운동에서 처음 나온 표현으로, 우리말로 번역하면 일용품의 아름다움 정도가 될 것이다. 그는 이 단어를 통해 관상용 미술품에는 없으나 사용하면 할수록 느껴지는 건강한 아름다움에 주목했다.

누군가가 우리의 매일 일상을 위해 보이지 않는 곳에서 무심하게 노력을 거듭했다면, 그 형태에는 나름의 건전한 아름다움이 깃든다는 '민예'의 발상에 미나미 씨도 깊게 감명받은 것은 아닐지.

출처를 알 수 없는 곳곳의 물품이 모여있는 리빙 룸은 이곳의 하이라이트. 얼핏 보면 평범하지만 찬찬히 들여다보면, 디자이너 작품과 장인의 물건이 섞여 있다. 가구의 경우, 빈티지 가구의 매입을 담당하는 '모토 빈티지(Moto Vintage)'와 협업해, 세계 각국의 빈티지 가구를 엄선하여 판매한다고. 물론 구입 후의 유지와 보수도 함께 담당한다.

나는 이곳에서 벽에 거는 1950년대의 독일 행거, 가볍고 얇은 쇼트즈위젤의 빈티지 맥주 잔 세트를 구입했다. 어디에서도 쉽게 보지 못한 디자인이었다. 그러면서 어디에나 곧잘 어울릴 담백하고 실용적인 모양이 좋았다. 업계의 상식이나 시스템에 현혹되지 않고, 우리의 평범한 오늘에 정말로 필요한 물건이 무엇인지 아는 사람의 제안에 저절로 맞장구를 치게 되는 곳. 이곳은 미나미 다카유키 씨의 진짜 힘을 확인할 수 있는 공간이다.

ADDRESS 2 chome-13-14 1F, Jingumae, Shibuya-ku, Tokyo
MORE INFO freshservice.jp / @freshservice_headquarters

손과 상상으로 쓰여진 시(詩)

미나 페르호넨은 1995년 미나가와 아키라가 설립한 패션 브랜드로 유행에 관계없이 착용하는 '특별한 일상복'을 콘셉트로 한다. 그 디자인은 자연에서 느낀 시정(詩情)에서 영감을 받아 도안을 그리고, 오리지널 천을 직접 만드는 것에서부터 시작한다. 옷에 들어가는 프린트, 자수 등의 텍스타일도 모두 그의 손을 거친다는 얘기다. 그밖에도 프리츠 한센과 가구를 제작하고, 그릇 등 생활 용품을 디자인하기도. 텍스타일 메이커로서 리버티(Liberty)에 디자인을 제공하기도 한다.

몇 년 전 다이칸야마의 숍에서 그의 옷을 처음 봤을 때는 북유럽 느낌에 스웨덴 브랜드인가 싶었는데, 일본 고유의 기술로 만든 브랜드임을 알고는 정말 놀랐다. 아니나 다를까 스칸디나비아 여행에서 아이디어를 얻어 라이프스타일과 문화에 공명하는 브랜드를 만든 것이라고. 참고로 아오모리 현립 미술관과 도쿄 스카이 트리 R의 유니폼도 그의 작품이다.

사실 내가 즐겨 입는 스타일과는 거리가 멀지만 그의 팬이 된 것은 브랜드 25주년 기념으로 열린 전시 덕분이었다. 제목의 '츠즈쿠(つづく)'는 '계속된다'는 의미도 있지만, '연결', '손과 손을 잇는다', '순환'의 의미도 있다. 사람과 물건의 상호 작용을 통해 발현되는 크리에이티브한 에너지를 떠올리게 한다.

그는 1995년 미나(2003년 미나 페르호넨으로 브랜드명을 바꿈)라는 이름의 브랜드를 시작하면서 최소 1백년 이상 계속되는 브랜드를 만드는 것이 꿈이였다고 한다. 10년, 아니 5년도 지속하기 어려운 것이 패션 사업이거늘 1백 년이라니. 전시를 보기 전까진 생각했다. '이 아저씨 꿈이 크네?'

시그니처 텍스타일의 개발 공정을 보여주며 시작한 전시는 텍스타일, 옷, 인테리어, 테이블웨어 전반의 다양한 제품을 나열하기보다는 작업실 뒷이야기에 집중한다. 작업실 안의 오리지널 디자인 드로잉, 일러스트레이션을 포함한 작업물과 자료들이 그것이다.

일반인들이 상상하기 어려운 이야기가 실타래를 풀어지듯 차근차근 펼쳐지자 전시장은 이내 감격과 흥분의 감탄사로 가득찼다. 작업지시서, 패턴을 만드는 과정, 벽면을 가득 채운 메모와 소장품, 그리고 옷이 탄생하기까지의 소중한 발자취를 따라가보는 체험을 선사했다. 그것은 단지 옷이 만들어지는 구구절절한 과정이 아니라 한 사람의 고집과 취향이 신념과 철학으로 승화되는 일련의 여정이었다.

특히 마지막 섹션은 미나 페르호넨의 옷을 추억하는 사람들의 생생한 이야기와 자신에게 잊을 수 없는 '그 옷'으로 채워져 있었다. 사람들 저마다의 애틋한 추억을 간직한 옷의 이야기를 읽으면서 눈물이 나올 뻔했다. 옷이 우리에게 의미하는 바를 이토록 아름답고 섬세하게 표현한 전시가 있었던가.

한 고객이 자신이 사랑하는 미나 페르호넨의 옷에 관해 전한 말은 많은 것을 떠올리게 한다.

"언젠가 이 옷은 결국 해지고 떨어지겠지만 그것 또한 시간의 아름다움이 아닐까 생각합니다."

옷은 사람을 위한 것. 우리의 몸과 기분을 기억하며, 그때의 시간을 간직한 것이다. 역시 미나가와 아키라는 옷을 입는 고객이 브랜드의 주인공임을 잘 알고 있는 사람이다.

유행이라는 흐름과는 무관하게 자신만의 스타일과 가치를 쌓아나가는 미나 페르호넨 같은 독자적인 패션 브랜드를 지속해 나가는 것이란 어림짐작할 수 없을 만큼 외로운 길일 거라고 생각한다. 무릇 사람이란 갈 길을 으레 가는 도중에도 과연 내가 가는 길이 맞는지 수도 없이 고민하고 뒤돌아보는 나약한 존재니까. 그런 면에서 독특한 세계관을 뚝심 있게 믿고 나가는 그와 그의 브랜드를 마음 깊이 존경한다. 또한 지고지순하게 믿고 지지하는 오랜 팬들도 그의 작품만큼이나 아름다운 존재들이 아닐까.

그는 패션, 홈데코와 테이블웨어, 일상의 모든 면면을 디자인하는 데서 더 나아가, 일본의 환대와 오모테나시에 바탕을 둔 여러 활동들을 해나가고 있다. 디렉팅을 맡은 가가와현 데시마의 작은 호텔 '우미도타(海とた)'도 그중 하나. 자연을 사랑하는 브랜드의 철학을 입체적으로 전하

면서 손님 각자의 리듬으로 풍요로운 시간을 즐길 수 있는 곳이다.

누구나 매일 선택을 하며 살아간다. 위태롭고 불안하기는 모두 매한가지. 그럴 때 미나 페르호넨이 그리는 순수하고 동화적인 풍경을 떠올려본다.

마음 깊숙한 곳의 속살을 건드리는 것만 같은 시 한편이 옷으로, 음식으로, 공간으로 내 앞에 나타난다. 그것은 헨리 데이빗 소로우의 『월든』처럼, 자연을 향한 자애롭고 선한 자기 고백에 더 가까운 모습이라고, 나는 생각한다. 무언가에 단순한 고집을 넘어 신념이 담겨있다면 세상 어딘가에서는 설득력을 얻을 것이다. 그런데 남을 동화시키려면 먼저 내가 나를 믿어야 한다.

Daikanyama
ADDRESS Hillside Terrace Buliding G 1F, 18-22 Sarugakucho, Shibuya-ku, Tokyo
MORE INFO mina-perhonen.jp

숲속의 동화나라

서서히 짧아지는 해가 11월에 들어서면 부쩍 빨리 잠에 들기 시작한다. 4시 반부터 어둑해지는 저녁을 가르고 바쿠로초로 향한다. 오늘의 목적지는 미나 페르호넨의 엘레바 1과 엘레바 2. 예로부터 직물 도매상으로 유명했던 이곳에 미나 페르호넨의 서브 매장이 자리하는 건 아무리 생각해도 너무나 찰떡같은 조합이다.

엘레바 1에는 요시다 지로 그리고 안도 마사노부의 식기류, 야채, 미소와 쇼유, 와인 등 매일의 식음료를 취급한다. 미나가와 아키라가 직접 디자인한 제품도 있다. 한쪽에는 때마다 달라지는 전시도 열린다.

오모테산도의 이트립 소일도 좋고, 니시오기쿠보의 364도 좋아하지만, 조금 다른 각도와 감성으로 큐레이션한 이들의 식료품은 특히 보는 재미가 있다. 무엇보다 이곳에 들어서면 스타넷에 처음 발을 디뎠던 나의 감동을 되새김질하며, 보고 싶었던 옛 친구를 만난 듯 더욱 설레는 것 같다.(원래는 스타넷 도쿄 매장이 있던 자리였다.)

손글씨로 써넣은 상품 소개를 보면, 제품 하나하나 열과 성의를 다해 선택했다는 인상을 준다. 특히 일본의 내추럴 와인도 괜찮고. 이날은 와인에 어울리는 안줏거리 몇 가지와 간장을 쇼핑했다.

단지 '이게 인기니까', '이게 예쁘니까'가 아니라 품질과 역사, 스토리, 디자인 모든 면에서 이들이 자부하는 물건을 선보이기란, 오랜 시간 생산자들과 쌓은 서로 간의 신뢰 없이는 불가능하다.

어쩌면 일본의 힘은 이렇게나 작지만 강력한 브랜드들이 서로 응원하고 연대하는, 관계의 에너지에서 나오는 것이 아닌가 생각한다. 결국엔 모두 사람이 하는 일이다.

이날 계산대 앞에서 나는 잠깐 멈칫했다. 어느 산 속에서 주운 것 같은 밤송이와 거리에 나뒹구는 낙엽을 흐트려 놓은 테이블 위에 시선이 머물렀다. 일본 어느 매장에서나 느낄 수 있는 계절감. 어디선가 가을 바람이 휘 하고 분 듯, 알싸하고 낭만적인 계절의 향이 났다.

근방에 위치한 엘레바 2는 미나 페르호넨의 작은 집을 떠올리게 한다. 미나 페르호넨의 의류, 큐레이션하거나 콜라보한 다른 브랜드의 가구, 소품을 볼 수 있는 곳이다. 알바 알토의 가구 시리즈를 포함한 스칸디나비아의 빈티지 가구, 세련된 오브제 사이사이에 일본 디자이너들의 가방, 스웨터, 신발이 자리한다.

그리고 한쪽에 미나 페르호넨의 옷들이 자작나무로 만든 행거에 작품처럼 걸려있다. 무엇 하나 모난 곳 없이 둥글고 다정한 느낌. 속으로 '휘바 휘바'(핀란드어로 좋다는 뜻)가 절로 나온다. '브랜딩이란 무엇인가'를

고심할 때 언제나 미나 페르호넨의 이름이 새까만 밤의 달처럼 휘영청 떠오르는 건 이들이 디자인하는 물건이 아닌, 어떠한 정서 때문일 것이다. 미나 페르호넨의 옷들을 입고 응대하는 점원들은 브랜드를 쏙 빼닮은 모습이다. 그들의 미소에는 인간적인 진심이 묻어난다.

내가 좋아하는 공간의 공통점을 굳이 꼽아보면 그곳엔 언제나 책이 자리했다. 주인이 집으로 돌아가 잠자기 전, 희미한 조명 아래서 읽을 법한 책들이 놓여진 구석은 브랜드에 숨겨진 뒷모습을 떠올리게 한다. 제품에 둘러 쌓여 지갑을 열어야 한다는 무언의 압박을 받고 있는 손님에게는 숨 쉴 빈틈을 주기도 하고. 대놓고 말하지는 않지만, 브랜드의 감성을 대변하는 아이템으로 조용히 놓여있는 책만한 것이 없다.

미나 페르호넨에도 한쪽 구석에 책이 있다. 멋들어지게 꽂혀있기보다는 우리의 어지러운 책장을 떠올리게 하듯 자연스레 펼쳐져 있는 모습이다. 모두 아오야마의 헤이든 북스가 고른 책으로 주류의 베스트셀러는 아니더라도 책의 주제를 살펴보면 브랜드의 결을 닮은 듯 하나같이 따뜻하고 소박하다.

전체의 공간을 하나로 묶는 것도 헤이든 북스의 오너가 고른 음악. 이날은 내가 편애하는 피터 브로데릭의 《Sideline》이 흘렀다. '아, 아름답다', 고요한 허공에 뻔한 나의 감탄사가 본능적으로 나왔다.

"오늘 식당 문 열었나요?" 직원에게 물었더니 "네! 카레가 맛있어요." 라는 대답이 돌아온다. "아 그래요? 지금 가볼게요!" 그렇게 바로 옆 푸쿠(puuku)에 발을 들인다.

대부분 가정식 식당에는 카레를 하기 때문에 결정 장애의 순간이 올 경우엔 카레를 시키는 것이 제일 안전하다. 일본에서 카레는 우리나라의 김치찌개 정도의 권위와 존재감이니까.

내추럴 와인 중에는 프랑스 론의 와인을 시켰다. 부드럽고 알맞게 응축된 포도 맛과 탄닌이 적절히 어우러진, 진한 루비색이다. 특출난 개성은 없지만 술술 편하게 넘어가는 와인. 무엇보다 카레와 어울리는 맛이다. 그날은 병아리콩과 어린잎 채소류, 비트에 절인 듯한 보라색 무를 곁들인 카레가 나왔다.

향긋하고 부드러운 한 끼를 즐기며 주위를 돌아본다. 천장에 앤티크한 황동 냄비들이 줄지어 걸린 풍경과 일본인 특유의 귀여운 필체로 타일에 쓰여진 메뉴들. 테이블 구역에는 세련된 키친 풍경과는 전혀 다른 아늑하고 따스한 공간이 펼쳐져 있다.

코로나로 인해 각 테이블마다 투명 가림막이 세워져 있어도 그곳에는 지극히 미나 페르호넨스러움이 묻어난다. 미나가와 씨가 화이트 펜으로 직접 그린 나무 일러스트를 바라보며 마음속에 나무를 그리는 상상도 해본다.

어쩐지 공원 벤치 그늘에 앉아 있는 기분이 들었다.

식당에 흐르는 음악 선곡이 바로 옆 엘레바 매장과 이어지는 서정적인 느낌이라 마치 비밀스러운 숲속에 들어와 있는 것 같다. 그날 흐르던 음악은 나카지마 노부유키의 《가을의 왈츠》.

계산하고 나설 때 점원에게 푸쿠의 뜻에 대해 물었다.

"핀란드어로 푸(puuu)는 나무, 쿠(ku)는 달을 의미해요. 그러니까 나무의 달을 말하지요.”

그날 나무의 달을 품고 집으로 갔다. 뱃속이 뜨듯했다.

Minä Perhonen elävä I
ADDRESS 1 chome-3-9 Higashikanda, Chiyoda-ku, Tokyo

Minä Perhonen elävä II / Puukuu Shokudo
ADDRESS 201/202 1 chome-2-11 Higashikanda, Chiyoda-ku, Tokyo

내가 사랑하는 서점

다독가는 아니지만 책을 좋아한다. 사실 영화보다 책을 선호하는 것은 영상보다 문자 속에서 나만의 해석과 상상의 여지가 더욱 풍부해서다. 책을 읽고 있으면 마치 작가가 노래를 부르는 것 같다. 의식의 흐름대로, 자연스럽게 이어지는 글을 읽고 있으면 노래를 듣는 것처럼, 나도 같이 문장의 파도를 탄다. 때로는 나만의 반론이나 흩날리는 생각을 문장으로 적어 내려가곤 한다. 오롯이 혼자 차지하는 디저트 타임 같다.

소유하는 기쁨을 주는 책도 좋다. 아름다운 레이아웃과 편집, 종이의 질감, 사진이나 그림 한 장이 마음을 사로잡기도 한다.

이곳에 살면서 정말 멋지고 근사한 서점들을 많이 만났다. 와세다 대학교 앞의 다 쓰러져가는(이런 게 진짜 멋이지!) 서점도 있고, 요요기 우에하라 근처에는 영화 <노팅힐>에 어울릴 법한 예쁜 간판의 서점도 있다. 물론 관광객에게도 잘 알려진 에비수의 포스트(Post)나 다카반의 북 앤 선(Book and Son)도 좋아한다.

하지만 결국 자주 찾는 곳은 좋은 책을 발견한 곳이었다. 좋은 책이란 남들 다 읽는 화제의 책, 베스트셀러, 유명인이 홍보해 준 책이 아니라 오로지 나만의 관점에서 발견한 책이다.

● **Totodo** 토토도

도쿄에서 가장 좋아하는 서점이 어디냐고 묻는다면 나는 스쿼트(Skwat) 2층과 이곳 토토도라고 하겠다. 재미있는 건 스쿼트의 대표님이 이곳을 소개해 주었다. 분명 좋아할 거라고 귀띔해 주면서.

토토도는 근현대의 미술, 사진, 디자인, 건축 관련 서적을 전문으로 취급하는 중고 서점이다. 유명한 작가나 히트한 책만 있는 것이 아니라 가려져 있던 좋은 보석을 발굴한 듯, 이들만의 농축된 큐레이션이 정말 마음에 든다. 책의 내용뿐 아니라 디자인과 질감, 만듦새가 훌륭한 책을 만날 수 있다. 책의 상태까지 좋으니 쭉 훑어보기만 해도 영감을 얻을 수 있다. 갈 때마다 더 사지 못해 안타까운 마음이 드는 책들이 수두룩하다.

데신(Dessin)은 가미메구로에 있는 토토도의 자매점으로 어린이와 어른을 위한 그림책과 작가들의 작품집을 보러 간다. 어느 날은 그저 표지만 봐도 즐겁다. 도심 한가운데에서 마음의 힐링이 필요할 때 조용히 숨을 만한 최적의 장소다. 책 속에 파묻힌다는 건, 생각만 해도 근사한 일.

ADDRESS 5-7 2nd villa Aoyama 1F, Uguisudanicho, Shibuya-ku, Tokyo
MORE INFO totodo.jp

● **GA Gallery Bookshop** GA 갤러리 북숍

GA 출판사 건물 안에 위치한 1층 서점. 스즈키 마코토가 설계를 맡은 이 노출 콘크리트 건물은 들어서자마자 넓은 창이 탁 트인 개방감을 준다. 이런 곳에서 책을 보고 있노라면 내 자신이 좀 멋진 사람이 된 것만 같다.

GA가 출간한 잡지와 서적, 건축과 관련한 해외 전문 서적이 많아서 건축학도에게는 필

수이며, 건축에 관심 있는 일반 사람들에게도 좋은 공부가 될 공간이다. 위층에는 건축 관련 전시가 열리는 갤러리가 자리한다.

무거운 책 한 권을 들고 나왔다면 근처 '시비 코너 스토어 기타산도(Cibi corner store kitasando)'에 들러 커피 한 잔과 즐겨도 좋다.

이곳과 더불어 갤러리 마(토토가 운영하는 건축 전문 갤러리)의 북숍 '토토'도 추천하고 싶다. 다른 곳에는 잘 찾아보기 힘든 건축, 디자인, 문화 관련 서적이 빼곡하다.

ADDRESS *3 chome-12-14 Sendagaya, Shibuya-ku, Tokyo*
MORE INFO *ga-ada.co.jp*

● **Kitazawa Bookstore** 기타자와 서점

진보초의 헌책방 거리 안의 기타자와 서점은 2층으로 올라가는 순간, 별 세상이 펼쳐진다. 먼저 해리포터 호그와트 도서관의 미니 사이즈를 보는 듯한 앤티크한 책장과 따라 하기도 힘들 인테리어에서 먼저 압도당한다. 일본어보다는 영문이나 기타 수입 원서 등이 많아 일본어를 몰라도 편하게 들춰볼 수 있다.

현재 쉽게 구할 수 없는 빈티지 원서의 초판이나 작가 사인본 등 희귀 서적이 많아 보는 것만으로도 눈이 즐거워진다. 문학, 역사, 여행, 아시아 연구, 가든, 철학, 문화, 사전, 일본 등 장르 또한 굉장히 세분화되어 있다.

이곳에서 한참 시간을 보낸 뒤 나와 다시 거리를 걷다 보면 시간이 갑자기 거꾸로 흐르는 느낌이 든다. 그런 비현실적이고 몽롱한 기분이 들면 근처 '간다 브라질(Kanda Brazil)' 킷사텐에서 쉬었다 가길. 더 몽롱해 지려나.

ADDRESS *Kitazawa Building 2F, 2 chome-5 Kanda Jinbocho, Chiyoda-ku, Tokyo*
MORE INFO *kitazawa.co.jp*

Lost time
Kyoji Takahashi
HADEN BOOKS

Favorite Souvenirs

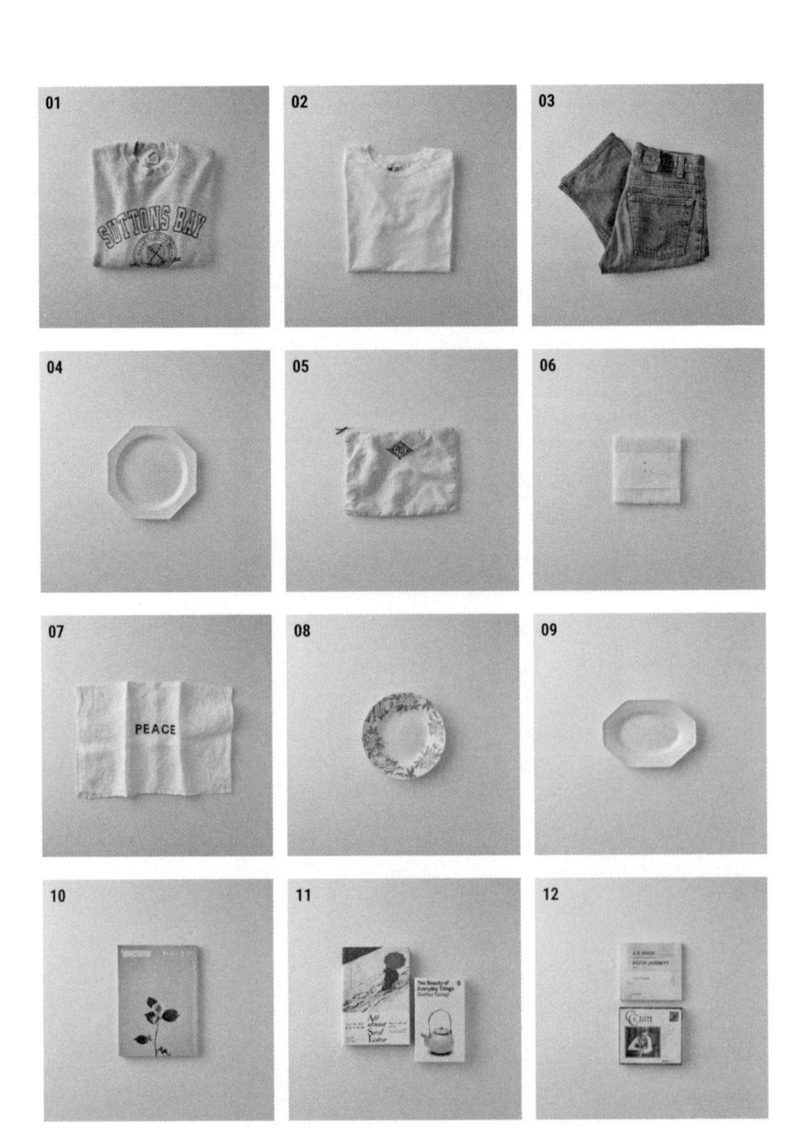

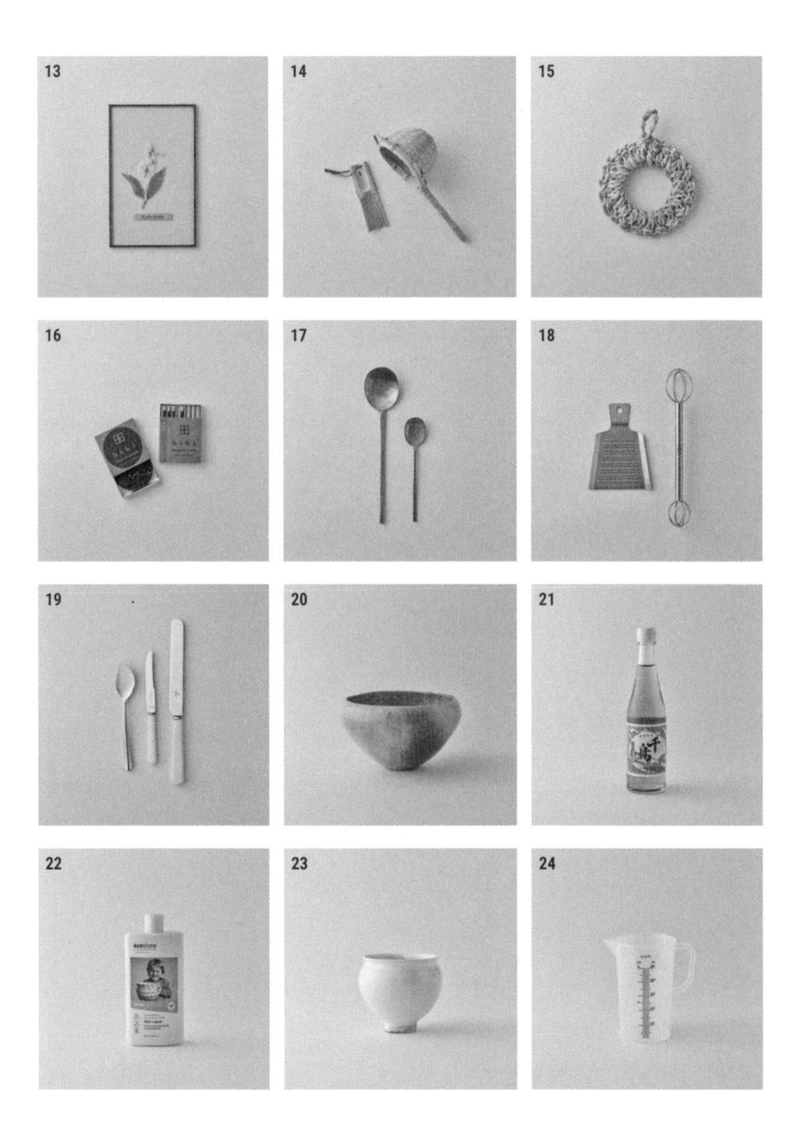
13
14
15
16
17
18
19
20
21
22
23
24

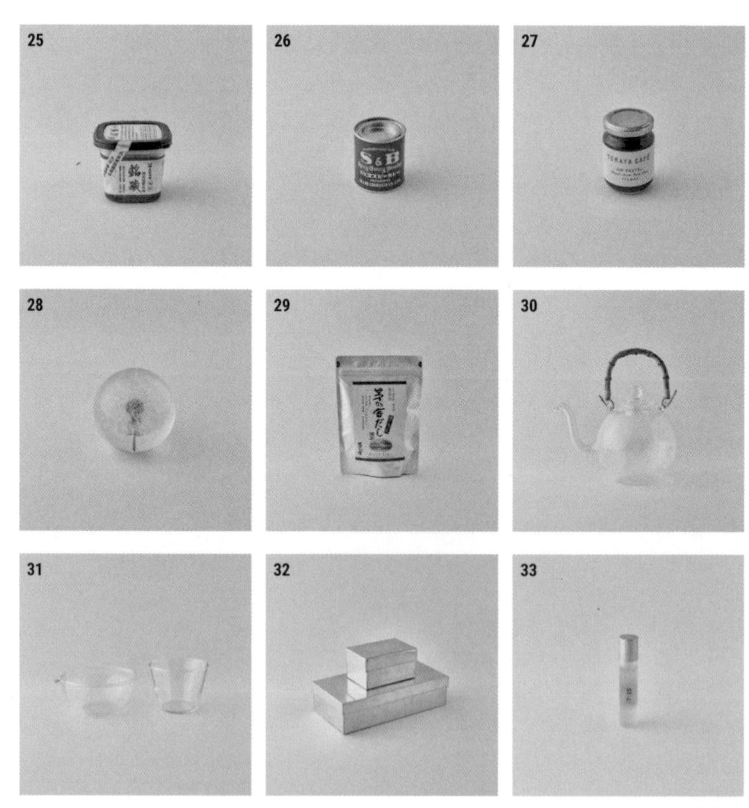

사진 촬영
©Ohara Shinsui

01 일본은 중고 의류와 빈티지의 천국. 특히 스웻트셔츠가 다양해 고르는 재미가 있다.

02 쇼핑의 시작은 헤인즈(Hanes)의 화이트 티셔츠부터. 1901년 미국 노스캐롤리나에서 시작된 브랜드인데, 일본에 법인이 있어 자체 제작과 다양한 콜라보 제품이 생산된다. 톡톡한 코튼의 질감이 우수하고 '재팬 핏(Japan fit)'이 특히 체형에 잘 맞아 즐겨 입는다.

03 사도 사도 질리지 않는 베이직, 리바이스 빈티지 데님.

04 1700년대 전반부터 도자기 제조를 하던 몬트로(Montereau) 사의 앤티크 팔각 플레이트. 1백 년도 더 된 접시다.

05 아트 앤 사이언스(Arts & Sciecnce)의 린넨 파우치. 여행 갈 때 화장품을 담는 용도로 쓴다.

06 가구라자카의 요코구모(Jokogumo)에서 구입한 마 소재 천. 1683년 창업한 오카이 아자부 상점에서 제작하는 제품으로 흡수성이 뛰어나고 튼튼하며 건조가 빨라 부엌에서 다용도로 사용한다.

07 R & D .M. Co의 린넨 매트는 식사 시간을 즐겁게 만들어주는 필수 아이템. 고급스러운 컬러와 질감에 하나하나 자수로 정성스럽게 새겨 넣은 글자가 아름다워 아껴 쓰는 제품이다.

08 샐러드나 파스타를 플레이팅할 때 잘 어울리는 프랑스 빈티지 접시.

09 오카다 나오코 작가의 팔각 접시. 맑고 따뜻한 우윳빛 색감의 그릇을 좋아한다.

10 하나의 주제를 심도 있게 파고드는 「스팩테이터(Spectator)」 잡지.

11 좋아하는 작가 사울 레이터 관련 책 『All about Saul Leiter』와 야나기 무네요시의 책 『The Beauty of Everyday Things』.

12 바흐의 음악을 해석한 키스 자렛과 글랜 굴드의 앨범.

13 니시벳푸 히사유키 작가의 드라이플라워 액자 작품.

14 키야의 대나무 솔과 투데이즈 스페셜(Today's Special)에서 구입한 대나무 차 거름망.

15 수공예의 온기가 느껴지는 냄비 받침대.

16 히비(hibi)의 10분 아로마 인센스. 여행용으로 즐겨 쓴다.

17 (왼쪽) 일본에서는 한국의 빈티지 숟가락이 인기라서 편집숍이나 빈티지 마켓에서 종종 보인다. 음식을 서브할 때 자주 쓴다. (오른쪽) 투데이즈 스페셜(Today's Special)에서 구입한 티스푼.

18 아이자와 공방의 오로시 솔은 매일 아침 따뜻한 레몬 생강물을 마실 때 생강을 곱게 가는 용도로 쓴다. 레이에(Leye)의 미소 머들러는 된장을 뜰 때 매우 유용하다. 냄비에 넣고 살짝 흔들어주면 깨끗하게 풀어진다.

19 좋아하는 커트러리. (왼쪽부터) 사루야마 오사무 디자이너의 버터 나이프, 앤티크 마켓에서 구입한 칼.

20 고미 겐지 작가의 오브제. 오묘한 컬러와 넉살 좋은 양감, 유약의 비정형적인 흐름이 정말 아름답다. 주로 이케바나 작업을 할 때 사용한다.

21 치도리 식초. 자연스럽고 고급스러운 풍미가 있는 치도리 식초는 요리 선생님에게 추천받은 후 계속해서 재구매해 쓰는 제품.

22 주방에서 제일 많이 사용하는 주방 세제. 친환경 제품이라 안심하고 쓸 수 있고, 거품이 잘 나지만 잔여감 없이 개운하게 헹궈진다.

23 스즈키 칸 작가의 보울. 입에 닿는 부위의 안정감이 좋고, 봉긋하게 부푼 몸통이 꽃봉오리 같기도, 까만 밤에 휘엉청 뜬 달 같기도. 혼자 차를 마시며 형태를 조용히 감상할 때도 있고, 친구들이 놀러올 때면 스프를 끓여 담아내기도 한다.

24 비트랩(Vitlab)의 플라스틱 계량컵. 계량컵은 유리, 플라스틱, 스틸 등 다양하게 있으면 그만큼 활용도가 높다. 채수(vegetable stock)를 만들어 냉동실에 둔 후 녹여 사용할 때 주로 쓴다.

25 나가노현 신슈 지방의 타케다 미소. 그간 여러 미소를 먹어봤지만 단맛과 감칠맛, 풍성한 향이 골고루 조화롭고 특히 다른 된장에 비해 산뜻하고 개운한 맛이 있어서 즐겨 먹는다.

26 카레를 만들 때 가람 마살라를 따로 추가하지 않을 때는 간편하게 S&B의 스파이시 커리 파우더를 조금 추가한다. 볶음밥 만들 때 넣어도 좋다.

27 식빵 한 장을 바삭하게 구운 뒤 마스카포네 치즈와 토라야의 앙 페이스트 한 숟갈을 얹어 발라 먹으면 이보다 맛있을 수 없다.

28 편집숍 플레이마운틴(Playmountain)에서 구입한 영국 하포드 그란지(Hafod Grange)의 민들레꽃 문진.

29 일본 생활의 필수품 중 빼놓을 수 없는 카야노야 다시팩. 우동, 소면, 미소국 등 각종 요리에 쓴다.

30 편집숍 야에카(Yaeca)에서 구입한 유리 주전자. 맑은 유리 소재, 대나무 손잡이, 넉넉한 사이즈가 마음에 쏙 드는 장인의 작품.

31 작은 유리 그릇을 좋아해서 즐겨 쓰는 편이다. 소스를 섞거나 담아낼 때 유용하다.

32 편집숍 슈로(Syuro)의 스틸 박스. 명함 같은 작은 종이류를 넣어둔다.

33 천연 원료를 사용한 우카(uka)의 네일 오일. 향이 좋은 아로마 오일 타입이라 귀나 목 뒤 등지에 발라주기도 한다. 작고 아담한 사이즈가 여행이나 선물용으로도 좋다.

셋

풍경景경

도쿄 일상

밀란 쿤데라의 저서 『참을 수 없는 존재의 가벼움』에는 외국에 사는 사람은 구명줄 없이 허공을 걷는 사람이라는 표현이 나온다. 도쿄에서의 어느 날 밤, 나는 이 부분을 읽다가 이곳에 오기 전 서울에서 만난 플로리스트 선생님이 해준 말을 떠올렸다.

"나이가 들어 타지에 산다는 건 땅 위에 발을 딛고 살지 못하는 거야. 난 분명 땅을 디디고 있다고 생각하는데, 발이 3센티미터나 공중에 떠 있는 거야. 그런 불안정함이야."

파리에서 오랫동안 유학을 한 선생님이 오래전 그곳의 거리 곳곳에서 느꼈을 한없이 작은 마음과 쪼글쪼글한 감정의 조각들을 나는 오늘 도쿄역의 위용함 앞에서, 비 오는 날의 아자부주반 도너츠 가게에서, 한 이탈리안 레스토랑에서 느낀다.
이제 선생님의 말을 그 누구보다 절절히 깨닫고 있다. 밀란 쿤데라의 이 구절을 완벽하게 이해할 수 있게 되었다.

그렇기에 외국에 살면서 특별히 아끼는, 나만의 편안한 풍경이 생긴다는 것은 기쁜 일이라기보다는 오히려 다행스러운 일이다.

나에게 클래식이란

어느 날 지인에게 "민경 씨는 다른 시대에 사는 사람 같아"라는 말을 들었다. 같은 도쿄에 있으면서 낡고 오래된 곳을 오타쿠처럼 찾아다니는 것 같은 내게 한 말이다. 물론 나도 새것을 좋아한다. 먼지 하나 없는 하얀 새 운동화, 미끄러지듯 굴러가는 새 펜, 황홀한 냄새를 풍기는 신상 호텔, 새로 산 바삭거리는 화이트 셔츠. 오늘의 감각에 맞추어진, 모던하고 깨끗한 것들 속에 있으면 박하 향이 나는 것 같아 좋다. 하지만 매일 박하 향을 맡는다면 어지럽다. 곤란하다.

오랜 시간 사람 때가 묻어 있는 공간에는 조금 퀴퀴한 냄새가 난다. 가구 모서리는 군데군데 상처가 나 있고, 햇빛과 공기에 장시간 노출된 물건은 대체로 색이 바래져 있다. 하지만 끊임없이 닦고 쓸며 시간을 함께 걷는다. 같이 늙어간다. 낡았다고 쉬이 싫증내거나 버리지 않는 마음이 때론 어떤 '정'보다 깊다고 생각한다. 할머니가 안방 아랫목에서 쭈글쭈글한 손으로 건네는 귤 하나에 위로받듯 그런 것들에 마음이 놓인다.

패션지 「바자」의 번역 원고 작업을 하다가 고개를 끄덕인 문장이 있었다. 뉴욕에서 소위 잘나가는 일러스트레이터 제니 월튼이 인터뷰 중 한 말이었다. 그녀는 패션계에서 빈티지를 애정하는 사람 중 한 명이기도 하다.

"역사를 가진 물건에는 뭔가 굉장한 것이 있어요. 저는 세월이 어떤 물건을 더욱 특별하게 만든다고 생각해요. 시간의 고비를 넘긴 것이니까요."

내가 하고 싶었던 말이다. 급변하는 세상 속에 수많은 브랜드는 수없이 뜨고 진다. 신박하고 기발한 아이디어는 계속해서 피어난다. 하지만 내게 뜬다는 것은 달리 말하면 언젠가는 잊혀질 수 있다는 경고처럼 들린다. 오랜 시간 패션 에디터로 살며 그 누구보다 브랜드와 탄생과 죽음, 환생의 기쁨과 슬픔을 가까이에서 목격한 증인이기 때문일까.

세월을 뛰어넘어 살아남는 것들에는 셀 수 없는 고민과 노력의 시간이 있었을 것이다. 그런 것에는 대체로 억지로 끼워 만든 것이 아닌 자연히 만들어진 이야기가 있다. 나는 신념을 지키며 키워온 것들이 지닐 수밖에 없는, 그 진득하고 꿋꿋한 지구력을 칭송하는 것이다.

이 세상에 영원한 것은 없다. 사람도, 물건도, 관계도, 일도, 취향도. 때론 그런 사실이 매우 슬프게 다가온다. 그러니까 영원한 것이 없는 세상에 변치 않는 것이 몇 개쯤 있어도 괜찮지 않을까. 오랜 시간이 흘러도 어떤 세대, 어떤 연령에도 그 가치를 고스란히 인정받을 수 있는 것이 있다면 대단한 일이 아닐까. 나에게 있어 변치 않는 무언가가 있다는 건 다행스러운 일이다. 그런 것들은 나의 삶을 격려한다. 나를 지지해준다.

클래식을 좋아하는 사람은 조금은 꼰대처럼 보일지언정 삶의 태도와 철학이 굳건히 서 있는 사람처럼 보인다. 쉽게 흔들리고 휩쓸리지 않는 나무 같다. 세상에 변하지 않는 것들이 많아졌으면 좋겠다. 그러한 나의 애틋한 바람과 소망이 깃들어 있는 무언가를 볼 때 열렬히 환호한다.

오늘도 나는 때론 애절하고 격렬하게 지켜온 것에 기꺼이 손을 들어 주고 싶다. 그런 것들을 나는, 클래식이라 부른다.

빈티지와 앤티크의 여전한 효용성

보물찾기를 하러 도쿄의 빈티지와 앤티크 마켓을 꽤나 쫓아다니면서 깨달은 것이 있다. 일본부터 중국, 저 멀리 영국, 파리, 독일 등 온갖 나라의 문화와 생활이 모인 테이블 위에도 일본 특유의 감성이 엿보인다는 것. 모은 물건들의 생김새부터 아기자기한 디스플레이와 구성, 그 안에 담긴 여백의 미학이 보인다. 도쿄의 앤티크 마켓은 일본인의 얼굴을 참 많이 닮았다.

마켓은 비단 낡은 물건만을 늘어놓은 장소가 아니다. 영감을 채집하고 주인들과 도란도란 물건에 얽힌 이야기를 나누며 흘러간 시간에 지긋이 눈을 맞추는 곳. 그러다 어쩐지 눈에 밟히는 물건이 있으면 다시 자리로 돌아와 만지작만지작 교감하며 고심하다가 마침내 손에 들고 함께 집으로 돌아간다. 이어달리기에서 다음 사람에게 바톤을 건네주는 것처럼 물건이 누군가의 손에서 또 다른 사람의 손으로 찾아가는 시간. 그렇게 물건이 자신의 생을 다시 찾아가는 여정이기에 빈티지 쇼핑은 나만의 인연을 찾듯 애틋하고 소중한 시간으로 다가오는 것이다. 그러니 물건이 말을 건넨다는 건 이곳에서만큼은 정말로 맞는 얘기다.

중고, 빈티지, 앤티크 물건들을 뒤지다가 문득 깨달은 사실은 연수가 중요한 것은 아니라는 것이다. 수많은 세월을 보낸 낡고 오래된 물건에 담긴 다른 이야기와 사연을 간과하지 않고 인정해 주며, 오히려 오래 살아남은 물건에 대한 진가를 알아보는 것. 그것 자체가 참으로 멋진 마음이라는 생각이 든다. 낡은 물건의 가치는 아이러니하게도 모든 게 빠르게 변화하며, 가짜가 진짜를 추월하는 이미지 메이킹의 시대에 정말 중요한 것이 무엇인지를 일깨워 준다. 남이 쓰던 물건에서도 여전한 효용의 가능성에 손을 들어주는 것 자체로도 귀한 인간성이 느껴지는 것이다.

시간을 머금은 물건에는 새것처럼 번지르르하고 한번에 눈을 사로잡는 매혹적인 빛은 아니지만 우아한 윤이 난다. 그것을 알아보는 이들의 눈은 얼마나 깊고도 넓은가. 유행에 현혹되지 않고, 경쟁에 얽매이는 것을 거부하며, 나만의 아름다운 보물을 발견할 줄 아는, 보다 확고한 고집과 자유로움이 동시에 느껴진다.

벚꽃이 만개했던 4월 초의 주말, 서둘러 오에도 앤티크 마켓을 찾았다. 쇼와 시대와 메이지 시대의 그릇 두 장을 각각 500엔과 400엔에 구입했다. 다른 곳을 둘러보다 중간에 남편과 헤어졌는데, 몇 분 뒤 다시 만난 그의 손에 앙증맞은 비닐 봉투가 들려있었다.

“작은 술잔이 예뻐서 사는데 하나에 200엔이래. 노부부가 이걸로 쌀까 저걸로 쌀까, 내 앞에서 사이좋게 고민하다가 글쎄, 이 디즈니랜드 봉투에 싸 주시는 거야. 비닐 봉투도 귀엽지 않아? 그러더니 비타민 C 사탕을 손에 쥐여주시는 거야. 난 고작 400엔을 쓴 건데……."

남편의 목소리에 울먹임과 안쓰러운 마음이 함께 묻어난다. 예상치 않은 감동과 인간미를 마주하는 것 또한, 앤티크 마켓이 주는 뜻밖의 재미다.

봄, 벚꽃

오랜만에 외출을 하니 거리에 벚꽃 잎이 후두둑 떨어져 있다. 바이러스가 세상을 장악한 탓에 벚꽃놀이 한번 제대로 못 즐긴 채 봄을 보내줘야 할 것만 같아 아쉽고 아쉬운 마음이 든다. 비단 나만의 생각만은 아닐 것이다.

일본은 유독 벚꽃에 열광한다. 벚꽃이 개화하는 3월 말부터 일본 전역은 하나미(벚꽃놀이)라는 이름의 축제로 들썩인다. 상점에는 벚꽃 에디션의 한정품들이 진열되고, 전통적인 벚꽃 명소에는 사람들이 치열한 눈치 싸움으로 자리 경쟁에 열을 올린다.

국화(國花)도 아닌데 왜 그럴까, 나는 늘 궁금했다. 실제로 일본을 대표하는 꽃은 공식적으로는 없다. 황실의 상징과 문양인 국화(菊花)를 일본의 나라 꽃이라 여긴다. 하지만 일본 사람들은 남녀노소 불문하고 벚꽃을 자국의 대표 꽃인 양 자랑스럽게 생각한다.

무수히 많은 영화에는 흩날리는 벚꽃이 단골 메타포로 등장하고, 영화의 시작과 끝맺음을 벚꽃비로 하기도 한다. 이와이 슌지 감독의 영화 〈4월 이야기〉에서 벚꽃은 주인공 우즈키(마츠 다카코 역)가 맞이하는 대학 캠퍼스의 설렘과 풋풋한 사랑을 의미한다. 〈앙: 단팥 인생 이야기〉의 도쿠에(키키 키린 역)가 단팥빵 가게에 등장할 때, 그리고 그가 세상을 떠나고 센타로(나가세 마사토시 역)가 다시 힘차게 자신의 인생을 발돋움할 때 하늘에서는 벚꽃이 날린다.

〈바닷마을 다이어리〉의 벚꽃은 어떤가. 주인공 스즈(히로세 스즈 역)는 자전거를 타고 벚꽃 터널을 지나며 그간의 슬픔을 흘려 보내고 희망과 회복, 성장의 길로 나아간다.

벚꽃은 봄, 시작을 의미하기도 하지만 재생과 유한함 같은 삶의 본성을 상징하는 꽃이기도 하다. 불과 2주 동안 짧은 시기에 화려하게 피었다가 한순간의 꿈처럼 사라지는 속성을 가진 까닭이다. 이 웅장하지만 짧은 수명은 우리의 인생 또한 결코 길지 않다는 진리를 일깨워준다. 그러니 이 인생에서 최대한 좋은 것을 보고 즐겨야 한다는 것, 우리도 우리 자신의 인생을 아름답게 가꾸어야 한다는 교훈을 가르쳐주는 것 같다.

자료를 찾아보면, 예부터 일본에서 떨어진 벚꽃 잎은 죽음을 두려워하지 않는 고귀한 인격, 황제를 위해 목숨을 바치다가 희생된 사무라이의 정신을 상징한다고 한다.

하지만 나는 그런 역사적인 배경의 사실 여부와 상관없이 이곳에서 여러 계절을 지내며 벚꽃이 일본인에게 특별한 의미를 지니는 이유를 서서히 깨닫게 되었다. 바로 이 꽃이 사람들의 일상에서 차지하는 몫 때

문이었다. 일본의 도심, 동네 골목, 우리 집 앞에도 벚꽃 나무는 흔하게 볼 수 있다. 사람들은 그런 벚꽃을 보며 자신의 달라질 일상을 준비한다. 벚꽃이 봉오리를 터트린다는 건 오랜 겨울을 끝내고 새로운 계절에 들어선다는 일종의 관문 같은 거다. 실제로 벚꽃이 만개하는 4월은 일본에서 회계연도가 끝나고, 한 학년이 끝나고 다음 학년으로 넘어가는 시기. 졸업식과 입학식이 맞물리는 인생의 가장 중요한 시점에 국민 누구나의 추억 한편에 벚꽃이 있었다. 이렇듯 벚꽃은 자신만의 잊지 못할 순간의 뒤편에서 소리 없는 배경음악처럼 자리하는 꽃인 것이다.

한편으로 어떤 기억이 마음에 뚜렷한 사진으로 남기 위해서는 감동이 필요하다. 마음이 동하는 것 말이다. 그건 일생일대의 사건보다는 소소한 일상 속에서 생성되는 것이라고 나는 생각한다. 만남과 헤어짐, 시작과 끝, 혹은 완성이라는 그런 거창한 단어에 있는 것이 아니라 그 순간에 내가 본 구름의 움직임이랄지, 새로운 인생을 꿈꾸며 들었던 음악, 혹은 안녕을 고하는 친구의 뒷모습에 비추던 햇살과 그림자에 있다.

내년 봄을 기약한다. 천년이 넘은 역사를 지닌 하나미 행사는 다시 찾아올 것이다. 사람들은 어느 때보다 즐거운 마음으로 산책을 하고, 피크닉을 열며 술을 마시고 또 바비큐를 즐길 것이다. 그 장면들 속에서 자신만의 찬란한 벚꽃을 발견할 것이다. 찰나에 사라져 버릴 것이 분명하지만, 다시 돌아오지 못할 순간임을, 이제 우리는 누구보다 잘 알게 되었으니 말이다.

종이 지도, 마음의 초대장

도쿄 생활이 부쩍 외롭고 힘에 부칠 때면 여행자가 된 것처럼 마음을 다잡고 한동안 묵혀놨던 낯선 길을 거닐었다. 이 도시의 그림자에 조금씩 물들어 가라앉을 때면, 그림자보다는 반짝이는 빛을 더 많이 보기 위해 쳐진 몸을 일으켜 밖으로 향했다.

호기심 가득한 여행자처럼 기웃기웃 탐험하던 그 시간에 유독 기억에 남는 순간이 있다. 가게 주인들이 따뜻한 손길로 건넨 한 장의 동네 지도를 받아 볼 때였다.

전 세계 모든 곳이 실시간 연결되고 소통 가능한 SNS 시대, 이렇게 편리하고 빠른 시대에 종이 지도라니. 시대를 너무 많이 역행하는 건 아닐까, 굳이 왜 종이로 만든 지도를 만들어 나눠주는 걸까. 아이폰을 열면 구글 지도가 최단 거리를 검색해 알려주는데, 설마 길을 잃을까 봐?

그런데 동네 자치회가 소상공인들과 합심하여 시간과 품을 들여 함께 만들었을 것이 분명한 이 지도에는 구글 지도가 말해주지 않는 것이 있다. 자신의 숍에 대한 자부심, 숍을 낸 터전인 마을에 대한 남다른 애착과 애정이다. 비단 자신의 매장뿐만 아니라 내 옆의 매장, 우리 마을이 함께 번영했으면 좋겠다는 공통된 소망의 반영이다.

제작비가 더 들겠다 싶지만 받아보면 안다. 만져보면 안다. 종이 냄새 가득한, 한 장의 얇은 지도일 뿐이지만 그저 단순한 지도가 아니다. 동네마다 지도의 형식도 디자인도 다 다르다. 따뜻하고 예쁜 그림이 담긴 디자인도 있고, 동네의 핵심 정보만 모아 소개한 다소 투박한 형태의 지도도 있다.

"여기 이 동네는 처음인데요, 혹시 추천해 주고 싶은 가게가 또 있나요?"라는 질문을 하면, 가게 주인들은 하나같이 조금의 망설임도 없이 동네 지도를 건네거나 메모지를 주섬주섬 찾아 자신만의 지도를 그려 내보이기도 했다. "여기는 뭐가 맛있고요, 여기는 뭐가 좋아요. 이런 스타일을 좋아하시면 이것도 분명 좋아하실 거예요"라는 조언과 함께.

이런 모습을 단순히 오지랖이라 치부할 수 있을까. 숍에 찾아온 손님에 대한 최선의 예우는 어쩌면 나무보다는 숲을 볼 줄 아는 지혜다. 자신이 하는 일에 대한 진심과 믿음, 자부심 없이는 내보일 수 없는 정성에 그만 코끝이 찌릿해져 고개를 애써 다른 곳으로 돌린 적이 한두 번이 아니다. 어떤 나라나 도시에서도 이러한 대우를 받아본 기억은 없다.

도쿄는 매번 그런 모습이었다. 모든 것을 쉬이 가볍게 넘기지 않는 모습이었다. 인연을 쌓는 데는 어쩌면 지구상의 어떤 곳보다 몇 곱절의 시간이 걸릴 수는 있지만, 한번 쌓은 인연은 소중히 여기며 의리를 매우 중요시한다. 살면서 이런 마음이 매 순간 느껴지는 곳이 일본이다.

도쿄의 지도들을 건네 받을 때면 가끔 르네 마그리트의 그림이 떠오른다. 르네 마그리트의 유명 작품 중에 '이미지의 반역(1929년)'이 있다. 파이프를 그려놓고는 밑에 '이것은 파이프가 아니다(Ceci n'est pas une pipe)' 문구를 적은 작품. 이 무슨 난센스인가. 그런데 조금만 달리 생각해 보면 이 물품이 '파이프'가 된 것은 사람들이 이건 '파이프'라고 정한 약속일 뿐, 나무나 피리가 되었을 수도 있다.

지도를 바라보면서 매번 나는 '이건 지도가 아니다'라는 생각을 한다. 진짜 이름은 다정한 초대장. 초대장 밑에는 '우리 마을에 오신 것을 환영합니다. 마음껏 재미있게 즐겨보세요'라는 보이지 않는 문구가 적혀있다. 그래서 더욱 함부로 버릴 수 없는 지도다.

자연을 닮은 의자

자연스러운 사람을 좋아한다. 웃을 때 잇몸이 활짝 보여도 감추려 하지 않고, 흥이 나면 몸을 기분 좋게 흔들 줄 알며, 자신의 작은 치부나 단점을 알리는 것에 민감하지 않은 사람이 내게는 더 매력적으로 다가온다. 인간적으로 느껴져서다.

가구도, 건물도 마찬가지다. 조지 나카시마의 가구는 있는 그대로의 자연을 닮았다.

옹이와 마디, 결, 그리고 선이 살아 숨 쉬듯 자연스럽다. 예를 들어 벌레가 나무를 먹었다 해서 그 부분을 잘라버리는 것이 아니라, 그대로 살려 세상에 하나밖에 없는 가구를 만들어내는 식이다. 한번에 눈길을 사로잡는 압도적인 디자인은 아니지만 담백하고 우아하다. 나무의 형태와 질감을 그대로 살리는 특징 때문이다.

특히 의자는 캔틸레버(cantilever, 한 쪽만 고정되고 다른 쪽은 받쳐지지 않은 구조)의 독특한 조형미를 갖추고 있어서 어떨까 싶었는데 막상 앉아보니

놀랍도록 편했다. 마치 의자가 뒤에서 나를 백허그하고 있는 기분이랄까. 이 부분이야말로 안토닌 레이몬드의 사무실에서 근무한 그의 건축가로서의 이력이 빛나는 지점이리라.

평소 흠모하던 아티스트들의 발자취를 따라 보낸 다카마츠에서의 시간을 떠올린다. 늦은 오후 조지 나카시마의 소박한 뮤지엄을 둘러보고, 다음 날 아침은 코노이드 의자에 앉아 리츠린 공원의 전경을 바라보며 하루를 시작했다.

마침내 도쿄에서 그의 의자를 어렵사리 구입하던 날, 어떻게 관리하면 좋을지 묻는 내게 매장 사장님은 이렇게 말했다.

"한 가지만 기억하면 돼요. 직사광선을 멀리하세요. 그렇다고 너무 건조하게 두지는 마세요. 1년에 한두 번 베이비오일을 조금만 묻혀 부드럽게 닦아주면 돼요. 그럼 평생 쓸 수 있어요."

"마치 사람 같네요." 내가 말하자 그가 웃으며 고개를 끄덕인다. "쓰다 보면 컬러가 조금씩 그윽하게 변할 거예요. 그 시간의 변화가 정말 멋져요."

나무도 쓰는 사람과 함께 나이 들어간다. 엄밀히 말하면 목공 장인이 만들어준 제2의 인생을 사는 것이다. 요즘 매일 저녁 흔들의자에 앉아 생각한다. 이 의자처럼 자연스럽게 나이들고 싶다고. 이렇게 편안하고 아름다운 의자에 걸맞는 사람이 되어야겠다고.

일상의 오모테나시

시간을 들여 고른 음식점에서 한 끼 식사를 만족스럽게 마치고 돌아가려는 순간, 셰프와 직원들이 매장 밖으로 나와 90도 각도로 깍듯한 인사를 건넨다.

저 먼발치에서 혹시나 하는 마음에 뒤돌아보면 그들은 여전히 손을 흔들고 고개를 숙여 정중히 인사하고 있다. '아 들어가셔도 되는데' 하는 생각이 들어도 어김없이 우리 일행이 시야에 보이지 않을 때까지 그렇게 한다. 일본에서의 감동은 이렇듯 사소하고 작은 순간에 있다.

나는 가끔 생각한다. 일본인만큼 섬세하고 신중한 민족이 있을까. 모르긴 몰라도 둘째가라면 굉장히 서러워할 것만은 분명하다.

일본인의 습성과 경향을 단적으로 느낄 수 있는 부분 중 하나가 바로 '오모테나시'다. 도쿄 올림픽을 앞두고 IOC 총회에 선 도쿄 올림픽 홍보대사 다키가와 크리스탈의 설명이 다시금 회자되기도 했다.

"우리는 여러분을 매우 특별하게 대접하겠습니다. 이를 일본어 한마디로 표현할 수 있습니다. '오모테나시.'"

오모테나시는 쉽게 말해 온 마음을 다해 손님을 대접하는 일본의 문화를 일컫는다. 그렇다고 '호시노야' 같은 고급 료칸에서 무릎을 꿇고 안내하는 호화로운 접객 서비스만을 지칭하는 것은 아니다.

일본인의 일상 곳곳에 녹여진 오모테나시 사상을 발견한다.

식당에 앉으면 전해주는 따뜻한 손수건, 매장에서 아름다운 트레이에 손님의 돈을 정성스레 받는 것, 레스토랑 화장실에 놓은 기름종이, 자동으로 문을 여닫는 택시, 오픈 키친에서 요리를 하고 있는 셰프가 들어온 손님과 가볍게 눈을 맞추며 인사하는 모습, 손님이 구입한 물건을 조심스럽게 포장하는 손길, 매장 밖을 나갈 때 구입한 물건을 들고 문 앞까지 따라와 건네주는 사려 깊은 발걸음 같은 아주 소소한 움직임과 서비스에 배인 것들……. 단순한 환대라고 치부할 수 없는 어떤 종류의 마음이다.

아오이 유우가 출연한 드라마 「오센」은 그러한 진심을 잘 표현한 음식 드라마로 기억한다. '잇쇼우안'이라는 이름의 한 유서 깊은 노포 식당을 중심으로 전개되는 에피소드에 식재료와 캐릭터의 조화가 생생한 실제감을 부여한다.

가령 3화에서는 이 식당의 막내에게서 이런 얘기가 나온다.

"요리는 기술이 아니라니까요. 마음이지요. 말하자면 순수한 사상이요."

여주인은 칼을 다루는 기술을 자랑하던 전 차석 주방장에게 이렇게 말한다.

"손님의 마음에 전해질 수 있는 맛을 제일로 할 거야."

"요리에 중요한 건 칼 따위가 아니야. 맛있는 걸 먹이고 싶다는 마음이지. 그게 요리가 가진 힘이잖아."

맛있는 음식 앞에서 난데없이 코끝이 찡해지던 경험은 바로 영혼을 울리는 맛이었기 때문일까. 먹는 인간의 영혼에 전해지는 그런 맛을 떠올려본다. 주문한 음식에 대해 차근차근 설명해 주는 셰프의 눈빛에서, 함께 일하는 직원들과 즐겁게 대화를 나누며 준비하는 분주한 주방의 풍경에서, 어느 날은 몸이 좋지 않다고 하니 메뉴에도 없는 오카유(쌀과 물로만 만든 일본식 죽)와 오카즈(반찬)를 준비해준 단골 이자카야의 한상차림 앞에서, 나는 적잖이 감동했다.

그 소중한 감동의 순간들이야말로 단순한 장사나 철저한 매뉴얼로는 설명할 수 없는, 사람과 사람 사이의 교감이라 부를 수 있지 않을까. 손님의 상황이나 상태, 기분과 입장을 미리 헤아려 행하는 마음 씀씀이다.

오모테나시는 진심만으론 부족하다. 자신의 일을 대하는 근본적인 태도 위에 차곡차곡 쌓아 올린 어떤 것이다. 오모테나시가 일본을 대표하는 서비스가 된 것은 이 진심에 '성의'라는 참되고 성실한 마음이 더해져 표현되었기 때문이다.

말은 쉽지만 매 순간 온 마음을 다해 일한다는 것이 얼마나 어려운 일인지, 우리는 잘 알고 있다.

다도의 마음

언젠가 일본인 친구의 초대로 다도 클래스를 체험하러 갔다.

부모 때부터 이어오는 다도 가문의 한 여자 선생님이 도쿄에서 소규모로 진행하는 수업이었다. 그 날을 잊지 못한다. 지금껏 들어본 체험 수업 중에서 가장 혼란스러운 날이었기 때문이다. 수십 개에 달하는 다도의 법칙을 쫓아가는 내내 정신을 못 차렸다. 그러고는 집에 돌아오는 길, 단순 명쾌한 결론을 내렸다. “차는 사 마시는 걸로!”

그러던 어느 날 영화 〈일일시호일〉을 봤다. 스무 살의 주인공 구로키 하루(노리코 역)가 우연히 시작한 다도 수업에서 선생님으로 출연한 키키 기린(다케타 역)은 이렇게 말한다.

“차 대접은 차의 완성입니다. 같은 사람들이 여러 번 차를 마셔도 같은 날은 다시 오지 않아요. 생의 단 한 번이다 생각하고 임해주세요.”

이를 흔히 일기일회(一期一會)라고 한다. 지금 이 순간이 평생에 단 한

번의 시간이고, 이 만남이 단 한 번의 인연이니 기회를 소중히 하라는 의미다. 지금 같은 시대에는 케케묵은 표현일지 모르겠지만 코로나19를 통해 우린 이 진리를 뼈저리게 깨달았다. 별다른 것 없는 매일매일의 일상이 더없이 좋은 날인 것을.

다도에는 수많은 규칙들이 있지만 이 영화를 보고 나서 정작 중요한 것은 다도라는 형태에 담기는 이러한 섬세한 마음이 아닐까 싶었다. 다시 돌아오지 않는 지금의 교감을 나누면서 다른 사람들과 이상적인 관계를 맺는 것이 가능해진다. 그것이 다도의 숨은 뜻이요, 진정한 목적이라 생각하면 마음이 푸근해진다. 차가 좋아진다.

오늘도 일본에서 차의 정신을 배운다. 추운 날엔 추운대로 몸을 데우기 위해 센차, 겐마이차, 한국식 대추차를 마시고 더운 날엔 차게 식힌 무기차로 몸에 서늘한 바람을 들인다.

우리가 살아가는 오늘, 나를 존중하고 상대방에게 예와 마음을 다하는 것. 다도란 그렇게 인간을 아끼고 배려하는 의식인지도 모른다.

이케바나

어릴 때부터 집에는 언제나 싱싱한 꽃이 꽂혀있었다. 엄마는 무뚝뚝하고 표현에 서툴렀지만 꽃과 식물을 예쁘게 가꾸고 장식하는 모습을 곁에서 늘 보여주셨다. 일상에서 꽃이 주는 기쁨과 즐거움만큼은 제대로 배울 수 있었다.

이케바나를 시작한 건 물론 꽃을 좋아했기 때문이었다. 중간에 그만두고 다시 시작했던 건 이방인이 아니라 일본 사회의 한 단면에 들어가기 위한 나만의 몸부림이었다. 조금이라도 안다고 말하기 위해서는 백날의 공부보다는 몸으로 직접 부딪히고 깨지는 경험이 중요하다. 우아하게 꽃 배우러 다닌다 하면 남들은 부러운 시선을 보내곤 했지만 실은 무척이나 어려웠다.

내가 이걸 왜 시작했지. 집으로 돌아와 자책하고 실망하는 날들이 계속되다가 조금이라도 칭찬을 받는 날엔 금새 마음이 풀렸다. 얼마 전엔 연말 이벤트로 한 우리 학교 이케바나 콘테스트에서 아오야마를 거니는

시민들이 직접 뽑아준 작은 상을 받았다. 솔직히 눈물이 왈칵 날 뻔했다. 물론 지금도 허우적대고 있다. 선생님이 될 것도 아닌데 이렇게까지 해야 하나, 왜 사서 고생하나 싶은 나날들은 계속되고 있다. 선생님이 꽃을 만져주면 꽃들이 두 손 모으고 찬송가 합창을 하는 것 같은데 내가 만지면 왜 노래방에서 각자 다른 노래를 부르는 것 같은지.

이케바나 수업에서 조금 아는 척했다가는 이내 뒷통수를 맞는다. 비단 서울에서 배운 서양식 꽃꽂이의 접근 방식이나 미를 보는 관점이 다르기 때문만은 아니다. 규칙이 많은 데다가 자유가 허용되는 범위 안에서는 불쑥 생각지도 않은 철학이 튀어나와서다.

"선생님, 그렇게 하면 얼굴이 안 보이잖아요."

"얼굴이 중요한 게 아니에요. 가타치(형태)가 중요해요."

"밸런스(balance)적으로 중요한 거지요?"

"아뇨. 언밸런스하게 갈 수도 있는 거예요. 공간을 생각하세요."

이제껏 이케바나 수업에서 밸런스를 잡는 것이 중요하다고 생각했는데 선생님이 대뜸 이렇게 말했다. "밸런스를 깨트려야 해요."

아…… 아직도 멀었구나, 수련하면서 깨닫는다. 균형을 무너뜨리면서 균형을 잡는 것. 이런 아이러니함은 마치 '디자인하지 않는 디자인', '아무것도 없지만 모든 게 있다', '어디에나 있지만 어디에도 없는 것'과 같은 무인양품의 카피에서도 드러난다. '알 것 같으면서도 모호한데 분명 느낌은 전해지는 것'이 일본을 설명하는 개념이다.

꽃을 집으로 데려가기 전에는 일련의 의식이 남아있다. 나는 이 '과정'

이라 부르지 않고 '의식'이라 생각하게 되었다. 먼저 꽃을 꺼내 오래 갈 수 있는 약품에 하나씩 잠시 담궜다 뺀다. 같은 종류의 꽃끼리 모은 후, 물을 적신 얇은 종이를 이용해 밑부분을 감싸고 고무줄로 묶는다. 그 위를 비닐로 다시 감싼다. 그러고 나서 고무줄로 다시 묶고 깨끗한 신문지나 종이로 꽃을 감는다.

윗부분이 밖에 노출되면 돌아가는 길에 쉽게 상할 수 있으므로 잘 막아 테이프로 고정하되, 공기는 통할 수 있게끔 틈을 만들어둔다.

꽃병을 깨끗이 닦고, 제자리에 둔다. 남은 물은 물통에 담아 개수대에, 쓰레기는 쓰레기통에 버린다. 약품과 이름표를 제자리에 갖다 놓는다. 자신의 자리는 걸레로 깨끗이 닦는다. 바닥이 지저분하면 빗자루로 쓸어 청소한다.

이 의식을 모두 완료해야만 교실을 나갈 수 있는 것이 보이지 않는 규칙이다. 이것은 꽃을 보호하기 위한 섬세하고 조심스러운 절차요, 수업에 임하는 자세이며 다음 수업에 오는 사람을 생각하는 예의이기도 하다.

그래서일까. 이케바나 수업 후의 꽃은 유난히 오래 살아남는다. 2주는 기본이고, 어떨 때는 3주까지. 꽃도 어떤 사람이 자신을 어떻게 대하는지 알고 있다는 걸 느낀다.

수업을 통해 이케바나 너머의 어떤 세계를 배우는 느낌이 든다. 이케바나가 일반적인 꽃꽂이가 아니라, 전 세계적으로 독립적인 이름의 Ikebana라고 불리는 이유를, 이제는 어렴풋이 알 것도 같다. 이케바나가 화도(華道)라고 불리는 건 그림이나 조각처럼 예술의 범주에 속하기 때문이다. 사전을 찾아보면 도(道)는 '기술을 되풀이해 배우는 사이 종교적으로 깊이 깨우친 이치, 그런 경지'다. 그러니 그저 꽃꽂이가 아닌 것이다. 몇 번 한다고 잘 안다고 할 수 없는, 끝없는 수련이 필요한 예술의 경지다.

이케바나를 배우는 과정에서 깨닫는다. 아직 채 피지 않은 꽃봉오리, 지는 꽃, 꽃잎은 떨어지고 잎만 남은 가지조차 모두 이케바나의 훌륭한 재료가 된다는 걸. 생각해 보면 우리네 인생도 그렇지 않은가. 세상에 덜 소중한 생명은 없고, 우리의 오늘은 예외 없이 값지다. 생명 있는 모든 존재의 소중함. 이케바나를 통해 다시금 배운 것이다.

반면 중간에 잠시 그만 둔 적이 있었다. 배우면 배울수록 귀에 걸면 귀걸이, 코에 걸면 코걸이 식으로 다가왔달까. 엄격한 규칙 안에 약간의 자유가 있는 식이지만 달리 보면 빠져나갈 구멍을 만들어 놓은 것처럼 여겨지기도 했다.

마음속에 찝찝하게 남아있는 것이 하나 더 있었다. 이케바나엔 꽃을 알뜰히 활용하는 것과는 또 다른 차원의 '가차없음'이 존재한다. 아름다움을 위해서 꽃 줄기는 인위적으로 잡아 손으로 휘어야 했고(잘 휘게 하는 손 기술도 있다), 원하는 방향으로 세우기 위해 가지를 돌돌 돌리는 것은 기본이며 필요 없을 것 같은 잎들은 냉정하게 다 잘라버린다. 그날 나의 손에 간택되지 않은 비운의 재료들은 쓰레기처럼 버려진다. 꽃과 식물을 애지중지하면서 한편으로 한없이 매정한, 이케바나의 이중성이 내내 마음에 걸렸다. 집으로 돌아오는 길엔 한 치의 오차도 없는 그림 같은 작품 속에서 꽃은 과연 행복할까, 하는 생각을 계속했던 것 같다.

일본 문화에 스며있는 '갓코츠케(かっこつけ)'다. 실제보다 잘 보이려고 애쓰는 것, 폼 재는 것이란 뜻이다. 자신이 원하는 목표를 달성하기 위해서는 소중한 것들이라도 단칼에 베어버릴 수 있는 사무라이 정신이 느껴진다. 다만 그것을 비난할 생각은 없다. 다도, 화도, 검도 등 문화를 '도'라는 종교적이고 철학적인 경지로 승격시키는 일본식 명분이자 가치니까.

부족한 일본어로 허둥지둥하던 수많은 시간 속에서 입문, 초등, 본과, 사범을 거쳐 준교수 과정을 앞두고 있다. 고민 끝에 준교수 과정에 들어가기로 마음먹었다. 적어도, 가보지 않고서는 그 길에 무엇이 있는지 알 수 없으니까.

그렇게 어쨌든 나는 아직 이케바나를 배우고 있다.

보여지는 것이 중요한 인간이 아니라고는 절대 부정하지 못한다. 다만 이케바나 재료들 앞에서 고민하는 시간이 점점 길어지고 있다. 이제 간단해 보이는 작품 하나를 만들기까지 꼬박 한 시간의 집중이 필요하다. 어떻게 꽃을 예쁘게 꽂을 수 있을까도 고민하지만 '어떻게 하면 꽃 자체의 자연스러움을 좀 더 살릴 수 있을까, 재료를 덜 버릴 수 있을까'에 대해서도 고민하기 시작했다.

언젠가는 내 스타일대로 이케바나를 즐기는 날이 왔으면 좋겠다. 정해진 룰을 지키다가도 또 어떤 룰은 과감히 깨버려도 충분히 아름다운, 그런 꽃꽂이를 해보고 싶다.

오늘도 나는 이 작은 꽃, 아름다운 생명체 앞에서 겸허해진다. 자세를 가다듬고 호흡을 정리하고는 작게 되뇌어본다.

"잘 부탁드립니다.(요로시쿠 오네가이시마스.)"

킨츠기를 하며 생각한 것들

요리하는 빈도에 비례해 깨지는 그릇들도 늘어만 갔다. 조심성 없는 내 탓으로 돌리고 넘기기엔 아까운 그릇들이 많았던 찰나, 불현듯 일본의 킨츠기 기술이 생각났다. 킨츠기란 깨지거나 금 간 그릇을 옻으로 붙인 뒤 금이나 은으로 장식하는 일본의 수리 기법이다. 옻을 사용하는 전통 방식과 합성 옻이나 접착제로 간단하게 수리하는 방식으로 나뉜다. 머릿속에 킨츠기로 더 아름답게 변모한 그릇들을 내놓았던 레스토랑들이 떠올랐다.

일요일 아침, 설레는 마음을 안고 메구로에 위치한 체험 클래스로 향했다. 젊은 선생님은 기본은 설명하되 과정의 사이사이 충분히 헤맬 시간을 주었다. 의도한 것인지, 그냥 그의 방식이었는지는 모르겠으나 결과론적으로 좌충우돌하며 킨츠기의 과정을 차근차근 익힐 수 있었다.

먼저 깨진 부분을 잘 닦아 채울 부분을 눈으로 확인한다. 선생님이 만

들어준 합성 접착제를 사용해 깨진 부분을 모아 고정시킨다. 잠시 손의 압력을 주고 기다린다. 접착제가 서서히 굳는 시간이다. 그 후 그릇 위로 접착제가 튀어나온 부분을 사포로 문질러 깨끗이 정리한다. 놋쇠(이날은 놋쇠를 사용했다)로 깨진 부분을 그림을 그리듯 채운 후, 붓에 금가루를 묻혀 깨진 부분 위로 여러 번 가볍게 색칠한다. 그랬더니 멋진 사람의 뒤에서 후광이 비치듯 금을 먹은 부분들이 서서히 반짝반짝 빛을 내는 게 아닌가.

수업을 하는 내내 기분이 조금 이상했다. 다도를 배울 때처럼 수련을 하고 있는 느낌이랄까. 깨진 부분들은 단점이 아니라 추억의 조각이었고, 나의 자랑스러운 요리의 역사를 보여주는 흔적이었다. 감추고 싶었고 밉게만 보였던 나의 못난 점들도 있는 그대로의 나임을, 그 모습 그대로 충분히 아름답다는 걸 보여주는 것만 같았다.

살면서 굴욕적인 순간들도 있었지만 그래도 나는 제법 괜찮은 모습으로 살아남았고, 나의 여행은 이렇게 계속돼도 괜찮을 것 같았다. 화석처럼 굳은 상처들이 지금의 나를 만들어준 것이다.

깨진 그릇을 소중히 되살리는 몇 시간의 집중을 통해 나는 나의 마음을 치유한 것인지도 모르겠다.

여기저기 깨지고 흠집나고, 또 흩어진 것들을 숨기기보다는 오히려 강조함으로써 우리의 단점과 불완전함을 기꺼이 받아들이고 껴안는 것. 그것이 킨츠기와 일본의 와비사비 정신이 아닐까 생각했다.

일본의 리듬

일본에서는 시간이 더 필요하다. 인터넷을 설치하려면 3주 정도의 시간은 거뜬히 기다려야 하고, 은행이나 병원에 가려면 앞뒤 2~3시간의 여유는 기본이다.

물건을 사서 선물 포장을 하려고 하면 다른 곳에 눈길을 돌려 계산대의 직원이 충분한 시간을 갖고 제대로 포장할 수 있도록 최소한의 배려를 해주어야 한다.

맛있는 돈까스 집 앞에서는 누구나 한 시간의 줄은 대수롭지 않은 듯 감수해야 한다. 내추럴 와인 바에서 주인이 퉁명스럽고 무심한 태도를 거두고 희소성 있는 와인을 창고에서 꺼내어 내 자리로 알아서 웃으며 다가올 때까지는 충분한 대화와 소통, 그리고 여러 번 만남의 과정이 필요하다. 내가 '뜨내기' 손님이 아니란 사실을 그에게 각인시키고, 와인의 취향에 대한 이야기를 즐겁게 나눌 때까지 인내심을 가지고 바의 문을 꾸준히 두들겨야 한다.

하물며 시리아이(지인), 도모다치(친구)에서 진정한 신유(절친)가 될 때까지 둘 사이에는 수많은 만남과 추억 쌓기를 통해, 이해와 공감이라는 가치를 공유해야 한다. 보이지 않는 벽이란 생각보다 단단하여 그것을 깨기란 결코 쉬운 일이 아니다. 상대에 진심과 정성을 들여 믿음이라는 나무를 심어주어야 한다. 말이 쉽지 지난한 꾸준함이 필요한 일이다.

충분한 시간이 필요하다. 비단 시간만으로 충분하지 않기에 더욱 어려운 일이 아닐 수 없다. 이것이 일본의 시간이고, 이곳 사람들이 살아가는 방식이다. 그러니 너무 서두르거나 재촉하지 말 것. 마음을 조금 내려놓을 것. 그러면 언젠가 일본의 흐름을 타는 나 자신을 발견할 수 있을 것이다.

불완전함의 미학

화려함과 시끌벅적함으로 대변되는 대도시에는 언제나 그늘이 있다. 도쿄 사람들도 대도시의 붕 뜬 기운에 속해있는 자신에 안도하면서도 마음 한구석은 한적한 풍경에 기대는 것만 같다.

도시 한가운데를 조금만 비껴간 곳에는 또 다른 얼굴이 있다. 수지타산이 맞지 않을 것 같은 낡고 정겨운 시타마치 지역에 굳이 가게를 내는 젊은이들, 한낮 고택에서 홀로 숨을 돌리는 할머니나 할아버지, 한적한 공간을 찾아 고요히 차 한 잔의 시간을 갖는 이들. 그들을 바라보며 빠름보다는 느림을, 거대한 감동보다는 소박한 기쁨을, 완벽하기보다는 불안전한 아름다움을 선호하는 성향을 읽는다.

일본인들이 많이 사용하는 형용사 중에 '나츠카시이(그리운)'이라는 단어가 있다. 그리운 맛, 그리운 노래, 그리운 풍경처럼 모두 옛날의 어떤 시간을 회상하며 즐겨 쓰는 표현이다. 우리도 이러한 표현을 하지만 이들은 매우 일상적인 대화에서 자주 사용한다. 그 단어를 발음하며 아득해지는 그들의 표정을 가만히 지켜본다.

단어 안에는 일종의 쓸쓸한 그윽함이 깃들어 있다. 붙잡을 수 없는 시간의 흐름, 태어나고 죽는 자연의 섭리를 일찍이 받아들인 불완전한 체념이 거기에 있다. 지금도 그립고 내일도 그리울 감수성이다. 바로 그런 정서가 일본인의 사상 깊숙한 곳에 자리한 와비사비의 미학이 아닐까 싶다.

일본에 살며 일본인에게 '와비사비'에 대한 개념을 물어봐도 명쾌히 대답해 주는 이를 단 한 명도 만나지 못했다. 정서를 말로써 정의 내린다는 것은 처음부터 어려운 것인지도 모른다.

김응교 교수의 저서 『일본적 마음』에는 와비사비를 이처럼 정의한다.

'와비'란 부족함 가운데에서 마음의 충족을 끌어내는 미의식의 하나로, 모든 것을 버리고 인간의 본질을 붙잡으려는 정신이다. 사비란 한적한 곳에서도 풍성한 것을 깨닫는 미의식이다.

즉, 고독과 빈궁함, 자연의 정취를 있는 그대로 즐기는 어떤 정서다. 손으로 형태를 그릴 수도, 단어로 말끔히 정의할 수도 없지만, 고유의 분위기는 만져질 듯하다.

와비사비의 미학은 일종의 세계관이기 때문에 일본의 영화와 와카(일본 고유의 시), 회화, 건축, 도자기 등에 광범위하게 나타난다. 특히 일본의 다도에 정신적인 토대가 되었다.

한국으로 귀화한 호사카 유지 교수의 저서 『조선 선비와 일본 사무라이』에는 와비와 차, 사무라이가 결합된 배경이 자세히 설명되어 있다. 그에 따르면 '와비'라는 말은 원래 '간소함 속에 발견되는 청명하고 한적

한 정취'라는 일종의 미의식을 의미한다고.

6년간 일본 곳곳을 다니며 내가 느낀 와비사비는 불완전함 속에서 느끼는 완전함이 아닐까 한다. 부족함에서 만족을 느끼고 조화와 기쁨을 발견하는 것. 소박하지만 느긋한 마음. 보여지는 것보다는 내면의 충만함에 본질을 두는 자세.

아이러니하게도 풍족한 오늘을 사는 우리에게 이 개념은 더 큰 울림을 전하는 것 같다. 욕망과 정보가 수없이 교차되는 어지러운 세상, 점점 더 큰 것을 탐하는 이 시대에 잊지 말아야 할 정신성이 아닐까.

공기(空氣)를 읽는다는 것

나에게는 오랜 일본인 친구가 한 명 있다. 홍콩에서 청소년기를 함께 보낸 친구다. 내 기억 속의 그녀는 자기 주장도 강하고, 운동도 잘하고, 한마디로 언제나 당당했다. 오랜 시간이 흘러 내가 일본에 살게 되면서 우리는 다시 만났다.

어느 날 밤, 그녀는 니혼슈(일본주) 한 잔을 앞에 두고 마음속에 담아둔 말을 꺼냈다.

"시간을 되돌릴 수 있다면, 그때로 돌아가고 싶어."

"홍콩으로? 왜?"

"그때가 내가 가장 행복했던 시절이었던 것 같아."

"여기 돌아와서 적응이 힘들었어?"

"응, 달라도 너무 달라 일본은. 너 이 말 알아? 공기를 읽는다?"

공기를 읽다? 그녀의 설명에 따라 우리말로 적당히 풀어보자면, '분위기를 파악하다', '눈치껏 행동하다' 정도의 의미다. 하지만 이 말이 지닌 무게와 부피는 우리나라에서 이해되는 정도와는 차원이 다르다. 공기를 읽는다는 건, 일본인의 문화 깊숙이 내재된 공통의 행동 양식이나 사고 방식의 근간이 되는 개념이다.

"여기서는 좋으면 좋다, 싫으면 싫다고 자기 의견을 편하고 솔직하게 말하지 않아. 어릴 때부터 주변의 공기를 재빨리 읽고는 분위기에 따라 행동해야 한다는 무언의 압력에 길들여지거든. 나는 그걸 몰라서 너무 힘들었어."

일본 애들이 어릴 때부터 쓰는 표현이 있다. KY는 공기(쿠우키)를 읽지 못하는(요메나이) 사람의 줄임말로, '재 KY다'라고 하면 눈치 없는 애를 무시하는 표현이다. 물론 어느 사회에서나 눈치가 필요하지만, 격의 없이 지낼 수 있는 친구 사이에서조차 공기를 읽어야 한다면, 이건 너무 피곤한 삶 아닌가.

듣다 보니 몇몇 장면들이 스쳐 지나간다. 일본에 살면서 당혹스러웠고 이해할 수 없던 장면들. 대놓고 확실하게 말하지 않고 매서운 집단의 눈빛으로 무안을 주던 이들, 부족한 나의 연습용 일본어에 말도 안 되는 영어로 답하며 무언의 언어 싸움을 벌이던 이들도 있었다.

대단한 예를 들지 않아도 이러한 공기는 일본어 곳곳에 있다. '촛토'라는 흔한 말조차 일종의 공기를 읽으라는 사인이다. 이보다 편한 거절법이 없다. 말하는 이의 입장에선 상대방에게 싫은 소리 한마디 하지 않아도 되니 좋다. 나쁜 사람이 될 필요가 없다. 자신이 하는 말에 무거운 책임을 지지 않아도 되기에, 삐딱하게 생각해 보면 참으로 비겁하고 간편한 표현이다.

'암묵의 요해(暗默の了解)' 또한 연장선상에 있는 표현이다. '말하지 않고 침묵으로 헤아려 파악한다'는 의미로, 사람들은 곧잘 "(암묵의 요해로) 우리 그냥 그렇게 헤어졌잖아"라는 식의 말을 한다.

일본 영화를 보면 항상 신기하다고 생각하는 지점이 있다. 주인공들이 서로를 바라보며 침묵의 대화를 나눌 때다. 내가 본 거의 대부분의 일본 영화에 등장하는 장면이다.

아름답게 펼쳐지는 음악과 영상미에 푹 빠지다가도 주인공들이 하는 행동이 너무 답답해서 '말을 하라고, 왜 말을 못해' 생각하곤 했다. 그러고 나면 영화는 암묵의 요해를 거쳐 자연스럽게 결말로 나아가 있다. 대화의 양상이 매번 이렇다면, 사람과 사람 사이에 끝내 만나지 못하는 강이 흐르게 되는 것이 아닐까. 실제 일본에서는 '길거리에서 대놓고 싸우는 부부의 모습을 보면 이혼이 코앞에 있다고 보면 된다'는 우스갯소리가 있을 정도다.

2017년에는 올해의 단어로 '손타쿠'가 선정되었다. '남의 마음을 미루어 헤아린다'이지만, 주로 윗사람의 뜻을 짐작해 '알아서 긴다' 정도로 해석한다.

'암묵의 요해'나 '손타쿠'라는 말의 기저에는 모두 '공기'가 있다. 일본어를 배우며 재미있던 부분이 유난히 '기(氣)'가 들어간 표현이 많다는 것이었다. 그만큼 일본에는 눈에 보이지 않는, 그러나 자주 바뀔 수 있는 어떤 흐름을 중시하는 문화가 저변에 깔려있는 모양이다.

일본인의 귀여움

내가 만난 대부분의 일본인들은 외국인이 일본어로 어떤 질문을 하면 상대방을 한 번 유심히 살펴본 다음 대답을 해줬다. 이건 미국인들이 몸과 영혼에 장착한 '프렌들리함'과는 다른 결의 친절함이다. 신중함이 담긴 친절함.

그러다 질문자의 질문 수준이 '어라, 얘 뭘 좀 아는데?!' 하고 느껴지면 오히려 그 신중함은 온데간데없다. 갑자기 신이 난 얼굴로 자신의 것을 다 내어줄 듯 설명해 준다. 질문이 대답이 아닌 이야기나 수다로 연결되는 순간이다.

이때의 친절함엔 자신이 인정받았다는 것에 대한 고마움과 뿌듯함, 그리고 '너도 좀 아는 것 같으니 우리 좀 더 재미있게 얘기할 수 있겠다'라는 무언의 동질감 같은 심리가 깔려 있다.

심지어 한 맛집의 셰프는 처음 온 손님인 나와 식재료에 대한 이야기를 나누다 자신의 솥밥 레시피를 술술 공개해준 적도 있다. 낯익은 손님의 얼굴은 반드시 기억하는가 하면, 자신들이 파는 내추럴 와인을 사고 싶다고 하면 어디에서 살 수 있는지 곧바로 검색해 알려주기도 한다.

그 반응이 친근하고 귀여워서 나는 일본어가 점점 좋아졌다. 주인들과 관심 있는 주제에 대해 이야기를 나누는 것이 흥미로웠다. 나의 경우 언어 자체가 문화에 대한 호기심을 자극시킨 것이 아니라, 사람과 문화에 대한 호기심이 언어 공부를 부추긴 셈이다.

그러니 혹여 어딘가에서 무뚝뚝한 주인을 만났다고 해도 홀대받는 느낌이라고 쉽게 단정 짓고 상처받지는 말 것. 어느 순간 싸한 공기가 느껴지면 그 공간에서 나와 내 무리만 큰 목소리로 떠든 것은 아닌지, 나를 먼저 뒤돌아보고 주위를 살필 것. 무엇이든 시간이 걸리더라도 천천히 다가갈 것. 이것이 일본에서 잘 살아가는 무언의 룰이다. 물론 나도 그 룰을 아직 배우는 중이고.

요즘의 아쉬움들

근래 이곳에서도 신과 구가 여러 방면으로 치열하게 섞이고 부딪힌다는 인상을 받았다. 에디터의 눈으로 지금 뜨는 곳, 화제의 장소, 그리고 숨겨진 노포들을 열심히 쫓아다니며 느낀 흐름이다. 최근 도쿄는 유난히 새로운 호텔과 복합문화 시설, 카페, 숍의 수가 우후죽순 늘어나고 있다.

그러나 SNS 영향으로 하루가 멀다고 피드에 올라오는 신상 카페나 개성 넘치는 가게, 음식점을 실제로 가보면 겉으론 어엿해 보였으나 대부분 실망하기 일쑤였다.

내가 꼰대인 건가 싶으면서도 아닌 건 정말 아니었다. 이곳은 더는 가성비 좋은 도시가 아닌가, 어딜 가나 가격 이상의 가치를 느낄 수 있던 도쿄는 사라진 건가 수십 번 되뇌었다. 그에 반해 한국과 대만은 잘하는 젊은 친구들이 점점 늘어가는 것 같다.

그래서 할머니 할아버지의 노포에 더욱 애착이 가는지도 모른다. 다행히 젊은 친구들도 그런 집을 선호해 일본의 노포들은 오래 살아남을 토양이 기본적으로 탄탄하게 갖추어져 있다.

최근의 일본을 묻는 친구들, 지인들에게는 도쿄의 동쪽, 특히 '히가시니혼바시' 근방의 지역을 주목하라고 알려주고 싶다. 요즘 발 빠른 로컬들은 그 지역을 화제에 올리고 있다. 실력 있는 젊은 장인과 예술인, 미식가가 모여들고 있는 곳이다.

어디에 있든 지금 당장 뜨는 가게보다는 시간과 유행의 파도 속에 휩쓸리지 않고 브랜드를 키우고 성장해 나가는 뚝심과 신념이 관건이라는 명제를 다시금 깨닫는다.

얼마 전 찾은 아후리 라멘도 예전 같지 않아 아쉬움을 남겼다. 지인과 얘기하다 보니 나만 느낀 것이 아니었다. 가타멘(단단한 면)을 시킨 게 아닌데도 면은 완전히 덜 익혀져 나왔고, 매번 감동적으로 느낀 유주(유자)의 풍미는 사라진 채 그저 고명으로 남았다. 비단 관광객이 줄어서일까. 변치 않는 퀄리티를 지켜간다는 건 실로 어렵다.

결국 '언제나 강한 것'이 살아남는 것은 진리다. 지금부터 도쿄 여행에는 옥석을 가려내야 하는 새로운 과제가 추가되었다. 앞으로 자신의 가치관과 스타일에 맞는 주제별 여행이 더욱 디테일하게 가속화될 것이다. 자신의 취향이 확고할수록 도쿄 여행의 만족도도 함께 올라갈 것 같다.

코로나의 직격탄 속에서 지금의 시간이 우리 모두에게 더없이 중요하다는 생각을 한다. 이 몇 년이 향후 수십 년을 좌우할 수도 있다고 하니 정신이 번쩍 든다.

(다소 불편한) 메시지를 예술로 만드는 힘

롯폰기에 갈 때 꼭 들르는 나만의 코스가 있다. 바니스 뉴욕 뒷편 나의 은신처이자 햇살 맛집 블루보틀에서 커피를 한 잔 주문한 다음 잠시 흐르는 시간을 지켜보다가, 국립신미술관을 향해 걷는다.

오랜만에 찾은 이곳에는 군데군데 이렇게나 아름답고 센스 넘치는 벚꽃과 영산홍 장식이 거리두기를 은연중에 드러내고 있었다. 일본인의 돌려 말하기 기술이 이토록 세련되고 고급스럽게 표현될 수 있다니! 그렇다면 기꺼이 동참하고 싶다, 이 거리두기.

빛과 바람, 자연이 주는 선물을 기꺼이 만끽할 수 있는 3월. 벅차게 아름다운 봄날이다.

긴자의 두 얼굴

긴자는 내게 두 얼굴을 한 아수라 백작 같다. 먼저 우리가 흔히 알고 있는 세계적 명품 브랜드의 각축장이자 고급 식당이 모인 곳. 식당 주소가 긴자 지역에 있으면 소위 그냥 믿어도 된다고 말하곤 하는데, 그만큼 월세가 어마어마하기 때문이다. 그곳에서 장기간 버틸 수 있다는 건 수지타산이 맞는다는 뜻이고, 콧대 높은 일본 미식가들에게 인정을 받았다는 의미다.

긴자는 밤이 되면 전혀 다른 얼굴을 한다. 낮에는 안 보이던 으리으리한 검은 대형 세단이 좁은 거리 골목골목마다 줄지어 서고, 고급 유흥주점과 폐쇄적인 회원제 클럽에서는 휘황찬란한 드레스를 입은 마담들이 거나하게 술 취한 손님들을 배웅하는 모습을 쉽게 볼 수 있다. 수많은 비즈니스 거래들이 이 긴자 뒷골목의 비공식 접대 자리에서 성사된다.

얼마 전 호류지 박물관에서 열린 2022 F/W 마메 구로고우치 패션쇼에 갔다가 집에 들어가는 길, 오랜만의 외출이 아쉬워 혼술이라도 할까

하는 생각에 긴자에 들렀다. '록 피시(Rock Fish)에서 하이볼 한 잔에 스카치 에그와 햄카츠를 먹어야겠어!' 하고는 호기롭게 들어갔는데 코로나 때문인지 영업시간임에도 문이 굳게 닫혀있었다.

긴자에서 내가 유독 좋아하는 빈티지 건물이라 '아, 역시 이 건물은 예뻐' 하면서 이곳저곳을 두리번거리다가 문득 건물의 주인이 궁금해졌다.

검색을 해보니 나오는 첫 이름은 가와모토 겐시로.(그가 이 건물의 주인이란 이야기는 확실히 나오지 않았다.) '긴자 부동산 왕'으로 불리는 인물로 63년부터 임대 빌딩 사업을 시작했다. 고도 경제 성장으로 부동산 가격 상승의 전성기 때는 긴자, 후쿠오카 등지에서 마루겐 빌딩이라는 이름을 붙인 60여 개의 빌딩을 소유했지만 각종 탈세와 편법으로 2018년 실형을 선고받았다. 그는 절세를 하지 않는 경영자는 바보, 쓸데없는 세금은 지불할 필요가 없다고 공공연하게 밝힌 악명 높은 억만장자였다.

그런데 어느 뉴스 끝에서 그의 사생활을 이야기한 부분에 눈길이 갔다. 여전히 날씬한 몸에 청바지를 즐겨 입는 80대(현재는 90세). 결혼 경력도 없고 아이도 없으며, 심지어 가족도 없다. 후계자가 없으니 사망하면 막대한 자산은 국가로 귀속된다. 물려줄 사람도 없는데 돈을 왜 그렇게까지 벌지? 문득 그런 생각이 들었다. 어쩌면 부동산을 일종의 '게임'으로 생각했겠구나. 인생에 지키고 싶은 것이 돈밖에는 없었겠구나. 과연 그런 인생은 행복할까.

그런 부자의 삶처럼 긴자는 버블 시대의 상징이다. 2018년 긴자 식스 오픈식에 당시 아베 총리가 방문한 것도 긴자는 일본 경제의 기준이라는 명제가 있었기 때문이었다. 일본 경제가 부흥기를 맞이한 바로 그 화려한 정점이자 부동산 개발업자들을 비롯한 사회 큰손들의 막대한 돈과 권력이 흥청망청 오간 동네. 화려하게 빛나는 긴자 거리를 거닐 때마다 기묘한 기분이 드는 건 이곳에는 옛날에도 지금도 낮과 밤이라는 두 얼굴이 존재하고 있어서다.

우리는 무엇을 위해 일을 할까. 사람의 야욕 끝에는 무엇이 남는 걸까. 사랑하는 이들과 깊은 교감을 통해 나라는 사람의 정체성을 깨닫는 행복이 없다면 어떻게 살아갈지, 오늘도 긴자 거리를 걸으며 생각한다.

스스로 지키는 문화, 기모노

일본엔 나이 지긋하신 분들은 물론이고, 젊은 사람이나 일본에 거주하는 외국인조차 기모노나 유카타를 곧잘 입고 다닌다. 특히 여름을 알리는 하나비(불꽃 축제) 기간은 일본 곳곳에서 유카타 파티라도 열린 듯 흔하게 볼 수 있다. 우리나라에는 참으로 없는 문화다.

유난스러운 자긍심이나 대단한 애국심의 발로라기보다는 그저 예뻐서일 테다. 솔직히 예쁘기로 치자면 한 떨기 봉긋한 작약처럼 곱고 아름다운 것이 우리나라의 한복 아닌가. 혼자서는 도저히 입을 수 없고 걷기에는 불편하기 짝이 없는 기모노와는 달리 한복은 허리 아래로 넉넉하게 퍼지는 실루엣 덕분에 활동하기 편하기까지 한데도, 우리나라에는 입고 다니는 사람들을 보기 쉽지 않다.

요즘 한국에서는 고궁에 한복을 입고 가면 무료 입장이나 할인 혜택을 준다는데 한편으로는 조금 서글프다. 옛 문화와 역사를 자발적으로 지키려는 의지가 부족하게 느껴져서 말이다. 정책적으로라도 노력과 시도가 계속되는 것에 안도해야 할까.

이들을 가만히 지켜보고 있자니, 어쩌면 문화라는 건 많은 부분이 교육의 산물이라는 생각이 든다. 어릴 때부터 학교에서 교육을 통해 소중한 유산을 지켜나가는 것이 얼마나 멋지고 의미있는 일인지 자연스럽게 배운 아이들은 커서도 고유의 것들을 자신 있게 '자기 식대로' 즐길 줄 알게 되는 것이 아닐까.

오늘도 거리에서 기모노를 입고 다니는 젊은이들을 마주치면 그들의 얼굴을 나도 모르게 유심히 쳐다보게 된다. 부럽고 또 부러워서다.

음악 축제의 낭만

2016년 일본으로 이사 오기 직전, 서울에서 이미 '서머 소닉 페스티벌' 티켓을 인터넷 구매한 상태였다. 한국에서 인천 펜타포트, 자라섬 재즈 페스티벌, 서울 재즈페스티벌 등을 오랫동안 다녔던 지라 일본에서도 크게 다르지 않을 거라 생각했다. '일본은 스케일이 다르다'는 얘기는 익히 들어 알고 있었지만 이렇게나 다를 줄은 정말 꿈에도 상상하지 못했다. 일본의 록 페스티벌에서 놀란 점은 생경한 풍경 자체였다.

서머 소닉 페스티벌에서 가장 크게 느낀 건 음악엔 성별도, 나이도, 국적이나 언어도 아무런 제약이 되지 않는다는 거였다. 음악 축제는 젊은이만의 전유물이 아니었다. 특히 청소년 아이와 온 가족, 사이좋아 보이는 모녀와 부녀, 나이 지긋한 중년 부부, 갓난아기를 유모차에 태우고 온 젊은 부부가 많았다.

엄마와 딸이 한여름의 뙤약볕 아래, 좋아하는 아티스트의 공연을 함께 듣고 따라 부르는 모습이 보기 참 좋았다. 누가 보기에도 아빠의 딸이, 딸의 아빠인 것이 분명한 판박이 부녀가 팜플릿을 보며 이런저런 아티스트에 관한 이야기를 나누는 모습이 부러웠다.

무거운 백팩을 메고 한 손에는 맥주를 들고 음악이 주는 즐거움을 한껏 즐기는 중년 부부의 붉게 달아오른 얼굴을 보면서, 페도라와 선글라스 등으로 한껏 꾸미고 나온 부부가 공연장으로 향하는 걸음을 뒤쫓아 가며, 나는 그닥 멀지 않은 미래의 나를 상상했다. '저렇게 늙어가고 싶다' 생각한 찰나, 사람들의 환호성이 기분 좋은 장애물이 된다.

사람들의 모습을 관찰하는 것만으로 웃음이 흘러나왔다. 이 가족은 언제부터 같은 장르를 좋아했을까. 같은 아티스트를 흠모했을까. 음악의 역사와 함께 흘러갔을 그들의 역사를 짐작해 본다.

음악에 함께 기대 서로를 위로하고 공감하고 추억을 쌓는 시간. 어쩌면 이 축제는 음악이 두 팔을 걷어붙이고 여기 모인 우리 모두에게 '자유'와 '해방'이라는 큰 판을 깔아주는 시간인지도 모른다.

또 하나는 '축제는 축제다'라는 것. 그 말인즉슨 첫째 축제에는 주제와 기획이 있고, 둘째 즐기는 이는 누구나 평등하다. 음악 축제란 뮤지션의 열띤 공연의 무대이기도 하지만 공연을 즐기는 사람, 철저히 관객을 위한 장이라는, 본래의 의미와 목적이 있다.

서머 소닉 페스티벌의 경우, 해마다 축제를 아우르는 큰 테마에 따라 모든 공연장과 기타 놀이 시설, 쉼터가 일관성 있되 다채롭게 디자인된다. 행사 곳곳의 벽면은 그림을 그리는 아티스트들이 자신의 작품을 마음껏 뽐내는 캔버스로 활용된다. 내부와 외부에는 어린 아이들이 자유롭게 뛰어 놀 수 있는 시설이 있다. 식사와 음료를 즐길 수 있는 공간은 자리도 메뉴도 다양해 절대 터무니 없는 가격과 양으로 소비자들의 기분을 망치지 않는다. 그 안에서 사람들은 삼삼오오 모여 좋아하는 음악을 들으며 뛰어오르고 함성을 내지르고, 또 고개를 끄덕인다.

개인적으로 서머 소닉 페스티벌의 진짜 낭만은 비치 스테이지에 있다고 생각한다. 온몸을 땀으로 샤워하며 뛰어놀다가 잠시 쉬고 싶을 때는 약속한 듯 비치 스테이지로 달려간다. 해질녘 바닷바람을 맞으며 사람들 사이에서 분위기 있는 재즈를 듣고 있으면 마음 깊은 곳에서부터 뭉클한 기쁨이 솟구쳐 오른다. '이 맛에 음악을 듣지' 싶다. 푸른 하늘이 서서히 일몰로 향해가는 순간에는 문득 바다를 쳐다보기도 한다.

말하지 않고 꾹꾹 눌러온 못난 감정들이 파도에 떠밀려 나간다. 이윽고 그 사이를 행복하고 설레는 마음들이 뭉게구름처럼 피어올라 가득 채운다. 이때 톰 미쉬(2018년 비치 스테이지에서 공연했다)가 그의 달콤한 목소리라도 들려준다면, 이보다 훌륭한 배경음악이 없다. 음악을 천천히 음미하는 시간은 자연 속에서 더욱 빛이 난다.

마지막으로 이 세계적인 음악 축제에서 놀라웠던 건 사람들의 의식 수준이다. 비단 음악 축제에만 해당되는 이야기는 아니지만, 불특정 다수의 사람들이 대거 모이는 공공의 장소에서 서로에 대한 배려와 질서는 분명 더욱 눈에 띄는 법이다.

좋아하는 뮤지션이 등장해 꽤나 흥분한 상태라도 사람들은 행여 부딪히지 않을까, 실수하지 않을까 서로에게 일정한 거리를 두려고 노력하는 모습이었다. 조금이라도 상대방을 불편하게 하거나 폐를 끼친 것 같으면 '스미마셍'을 재빨리 말하는 데 주저함이 없었다. 화장실은 놀라울 정도로 깨끗했고, 어디에서나 긴 줄은 그 사이를 지나갈 수 있는 보행자들을 배려해 자신들만의 질서정연한 룰을 만들어 이어지고 있었다.

일본인들이 솔선수범하자, 외국인들은 그 모습을 그대로 따랐다. 덕분에 찡그리거나 불편한 얼굴을 하고 있는 이들은 보기 힘들었다. 모두가 공평하게 즐길 권리는 서로가 서로를 배려한 덕분에 지켜졌다.

여기에 오디오 테크니카(일본 음향기기 전문 회사)의 뛰어난 음향 시스템, 아시아 그 어디에서도 볼 수 없는 훌륭한 뮤지션 라인업은 말해 무엇하리. 서머 소닉 페스티벌은 2만 엔에 가까운 공연료가 아깝지 않을 정도로, 일본에 살면서 누릴 수 있는 커다란 즐거움 중 하나임에 틀림없다. 전 세계 아티스트들이 이곳을 끊임없이 찾는 이유 또한 크게 다르지 않을 것이다.

MORE INFO summersonic.com

단언하지 않는 것

일본어를 배우며 가장 어렵거나 한계에 부딪혔다고 느낀 이유는 사실 나의 언어 습관 때문이다. 자신을 낮추어 말하는 겸양어, 상대를 높여 말하는 존경어는 한국어보다 훨씬 많은 데다가 '돌려 말하기'가 일반적인 대화법이기에 나 같은 직설적인 인간에게는 참으로 어렵고 골치 아픈 것이다. 특히 돌려 말할 때 수동태를 주로 쓰는데, 일본인들조차도 답답하지 않을까 싶을 정도.

글쓰기를 배울 때나 업계에서 기사를 쓸 때도 가급적 수동태를 피하고 능동태로 '쓰는 것이 장려되지 않고', '쓰는 것을 장려했던'지라 이곳에서 일본어를 배울 때마다, 머릿속에서 그 의미를 두 번은 굴려가며 곱씹어야 했다.

그런데 생각해 보면 재미있다. 이러한 언어 습관 때문에 국민성이 만들어지기도 하니까.

뒷담화가 유난히 많은 것도, 술을 마시면 사람들의 목소리가 눈에 띄게 커지고 흥분을 잘하는 것도, 어찌 보면 평소 상대방의 기분과 마음을 지나치게 많이 헤아리느라 정작 자신의 감정을 억누르고, 눈치를 많이 볼 수밖에 없는 사회 전반의 분위기도 언어 습관에서 비롯된 것이 아닐까. 이십년지기 친구들을 이해 못하겠다면서 자신의 속마음 얘기를 솔직하게 말 못하겠다는 한 일본인의 푸념 섞인 말이 이곳에서는 놀랄 만한 이야기가 아니다.(20년 동안 무엇을 한 걸까?)

일본에서 가장 일상적으로 많이 사용하는 말은 '스미마셍'이다. '미안합니다', '감사합니다', '실례합니다'처럼 다양한 뜻을 포괄하는 이 말만큼 일본인의 성향과 정신 체계를 드러내는 표현이 없다고 생각한다.

심지어 엘리베이터에 중간에 탑승했다고 "(당신의 가는 길을 늦춰서) 스미마셍", 엘리베이터에서 먼저 내리면 "(당신이 먼저 내려야 하는데 내가 잠시 막는 것이니) 스미마셍" 하는 사람들이다.

그다지 미안해 하지 않아도 되는 상황 속에서 습관처럼 자신을 낮추고 고개를 숙이며 '스미마셍'을 연발하는 사람들이 대체 왜 우리나라에는 그 일상적인 말을 신줏단지 모시듯 아끼는 걸까. 나는 진심으로 궁금했다.

요즘 사상 최악으로 치닫고 있는 한일관계를 목도하면서, 아빠가 일본이 대화 주제로 나올 때마다 빼놓지 않고 전하던 말씀이 생각났다. 한 나라를 이해하기 위해서는 역사적인 배경을 이해해야 한다고. 그 안에 해답이 있다고.

"사무라이 문화라서 그래. 강한 자에겐 약하고 약한 자에게는 강하지."

루스 베네딕트의 『국화와 칼』에는 일본인의 부끄러움, 수치의 문화를 언급한다. 서구는 개인의 양심에 따라 행동하는 '죄의식의 문화'인 반면, 일본에서는 양심과는 무관하게 남의 시선을 중시하기에 무엇보다 '수치스럽지 않게' 행동해야 한다는 것이다. 이것이 정치적인 문제로 발현될 때는 '스미마셍'을 말할 수 없는 근거가 되는 것은 아닐는지.

물론 남에게 최대한 민폐와 실례를 범하지 않겠다는 이 선진국 국민들이 지닌, 특유의 품위와 매너를 나는 존경한다. 하지만 이들의 이야기를 가만히 듣고 있자면 몸에 사리가 가득하지 않을까 싶다.

마음을 억누르다 정신의 핀이 나간 채 거리를 헤매는 사람들이 유난히 많은 것도, '죽음의 주오센'이란 말이 있을 정도로 유독 지하철 인명사고가 많은 것도 언어적인 부분이 상당한 영향을 미쳤으리라 짐작한다.

누구도 책임져야 할 만큼 나서서 말하지 않고, 쉽게 단언하지 않는 일본인의 언어 습관을 색으로 표현한다면, 조금 탁한 '애시 그레이(ash gray, 회백색)' 정도가 되지 않을까.

이곳 아이들을 보며

오늘은 거리를 걷다가 학창 시절 내 주변에 있던 일본 친구들을 본 것 같았다. 일본 학생들은 다른 아시아인 사이에서도 명확히 구분할 수 있었다. 같은 교복을 입어도 일본인들에게는 하나의 통일된 모습이 보였다.

단정하게 일자로 자른 앞머리와 한 올도 남김없이 바짝 묶어올린 머리(고무줄은 검정 혹은 남색), 검정 로퍼 위로 쭈글쭈글 접어내린 두툼한 양말, 무늬 없는 심플한 검정색 직사각 가죽 가방에는 하나같이 도라에몽 같은 인기 만화 캐릭터 인형이 달려있었다.(90년대 프라다, 꼼데 가르송의 블랙 백 디자인의 아이디어도 여기서 나온 것이 아닌가 한다.) 그 빈틈없는 모습을 나는 늘 흥미롭게 관찰하곤 했다.

신기한 건 그 모습이 지금의 일본의 거리에도 변함없이 재현되고 있다는 것이다. 마치 과거 학생들의 사진을 가위로 잘라 오려붙인 것처럼.

아무래도 예나 지금이나 일본에서는 이런 스타일이 학생의 기준이 되는 모양이다.

어느 날엔가 문득 반듯하고 절제된 일본 건물 사이를 지나가다, 내가 본 일본 학생들이 이 건물들과 무척이나 닮았다는 생각을 했다. 건물에서 사람의 형태가 그려졌다.

건물도 그곳의 사람을 닮는다. 단정하고 반듯한 일본인의 품새를 연상케 하는 건물들이 촘촘한 도쿄. 우리의 건물에서도 우리나라 사람이 그려질까.

이곳 아이들을 보며 느낀 몇 가지 단상이다.

배려

엘리베이터에서 초등학교 저학년이나 유치원생을 만날 때가 있다. 하굣길의 엘리베이터 앞, 아이는 어른이 먼저 타라고 한 템포 기다린 후 탄다. 등교 때 엘리베이터에 함께 타게 되면 어른이 내릴 때까지 열림 버튼을 누르고, 내가 쳐다보면 살짝 목례를 하며 먼저 내리라는 신호를 보낸다. 이런 순간을 만날 때마다 정말이지 작은 감동을 느낀다.

경계

간혹 어린 유치원생들의 교복 입은 뒷모습이 예쁘고 귀여워서 나도 모르게 휴대폰 카메라를 켤 때가 있다. 찰칵 소리가 나는 순간, 아이들은 경계의 눈빛으로 나를 힐끔 쳐다보고는 이내 얼굴을 홱 돌리고 냅다 걸음을 빨리 한다. 그럴 때마다 괜히 애들을 놀래킨 것 같아 미안해진다. 그런데 저만치 발걸음이 빨라진 아이들의 뒷모습이 또 너무나 귀엽다. 이때 당황한 아이들이 서두르면 동그란 모자가 자연스럽게 비뚤어지곤 하는데, 그 모습을 보고 있자면 빙그레 웃음이 난다.

폐 끼치지 않기

좁은 공간에서 어린 형제나 자매를 만날 때가 있다. 그럴 때 막내가 소리를 지르고 시끄럽게 굴면 첫째는 단호한 목소리로 조용히 하라고 다그친다. 옆에 서 있던 엄마나 아빠는 아무 말도 안 하고 조용히 있는다. 어릴 때부터 남에게 폐 끼치지 않도록 철저하게 배우는 교육이 몸에 밴 이들을 대할 때마다 '예의가 참 바르구나' '기특하다' 싶으면서도 이 모습이 오히려 어린이답지 않게 느껴져 '아, 조금 떠들어도 되는데' 하는 마음도 든다.

강하게 씩씩하게

추운 겨울날이라도 아이들은 교복에 두꺼운 검정 스타킹 대신, 얇은 하얀 양말만 신은 채 맨다리를 드러내놓고 다닌다. 그 옆에 선 부모들은 오히려 패딩에 목도리, 장갑까지 중무장한 모습. 언젠가 두꺼운 검정 스타킹이 촌스럽다고 말하는 중고생의 인터뷰를 본 적이 있다. 어릴 때부터 강하게 씩씩하게 키우는 건 좋은데, 칼바람 부는 추운 날엔 이들의 튼살 다리가 안쓰럽기만 하다. 뭐 저렇게까지.

따로 또 같이, 크루(crew) 문화

레스토랑, 식료품점, 빈티지 숍처럼 인기 있는 매장에 가면 재미있는 장면을 발견할 수 있다. 계산대나 화장실 한편에서 마주하는 명함들이다. 흥미로운 건 해당 숍뿐만 아니라 다른 숍의 명함 또한 여러 개 놓여있다는 것.

일본에서 갓 생활하기 시작했을 때 나는 그 광경이 신기해서 "혹시 같은 회사인가요?" 점원이나 주인에게 물어본 적이 있다. 대답은 "노."

"그럼 왜 놓아져 있나요?" 하고 물어보면 그들의 반응은 자연스러웠다.

"친하거든요." "소개하고 싶은 가게들이라서요." "친구들이 운영하는 곳이에요. 추천하고 싶어요."

일본 내에는 이러한 자신들만의 크루(crew) 문화, 즉 '끼리끼리 모이는' 집단의 관계가 생각보다 매우 견고하고 끈끈하게 형성되어 있다. 그들 사이에서 연령, 학연과 지연, 출신 배경, 혹은 업종은 별다른 의미를 가지지 못한다. 오히려 비슷한 관심사와 취향, 가치 판단의 기준이 크루

형성에 영향을 미치는 것 같다.

어제 간 레스토랑의 주인이 다음날에는 다른 가게에 손님으로 앉아 있고, 옷 쇼핑하러 들어간 가게에서 좋아하는 식료품 가게의 명함을 발견하는 일은 반갑고도 신기한 경험이었다. 마치 나 또한 그들의 그룹에 속한 듯 비슷한 라이프스타일을 공유하고 있는 느낌이랄까. 어쩐지 기분 좋은 소속감이다. 그러한 경험을 마주할 때마다 마치 서로가 서로를 알아본 듯 가벼운 목례와 웃음을 나누곤 했다.

물론 일본의 뿌리 깊은 집단주의 맥락에서 보자면 이는 양면의 날이다. 배타성이 밴 집단주의는 자칫 공동의 목표만을 절대적 흐름으로 정당화할 수 있으니까. 또 자기들끼리의 안정과 번영을 최우선시하다가 조금만 생각이 달라져도 철저히 배척하는, 날카롭고 폐쇄적인 성향으로 이어질 수 있다.

하지만 이러한 특유의 문화가 내부 업계에서의 활발한 경쟁과 지속적인 교류로 이어진다면, 자신들의 정체성을 다지며 특유의 개성 있는 스토리를 만드는 촉매제로 기능할런지 모른다.

일본 전역에 견고한 브랜드가 많은 이유를 실제로 들여다보면 이러한 크루 문화가 적지 않은 영향을 미쳤으리라 본다. 자신의 자리를 끊임없이 갈고닦으며 나아가되 '따로, 또 같이' 뭉치는 문화. 결국 함께 잘 살자는 것이다.

날씨가 준 깨달음

날씨가 사람의 컨디션과 기분에 얼마나 지대한 영향을 미치는지 도쿄에 살면서 뼈저리게 깨닫게 됐다. 한 달에 거의 20일 동안 비가 내리는 날도, 각종 초강력 태풍을 연속적으로 맞는 기간도 있다. 태풍과 지진을 달고 사는 삶이란 사람의 정서에도 다른 결을 만들어낸다. 그래서 이곳 사람들은 좋은 것을 기다리는 것에 더욱 겸허한 마음을 갖게 되었을까. 자신에게 진짜 소중한 것들을 알아볼 줄 아는 안목과 함께 그것들을 진심을 다해 지키려는 마음이 강하다.

그러고 보면 라이프스타일도 일정 부분 그 나라의 환경과 지리적 특성의 산물이다. 일찍이 스칸디나반도의 국가에서 리빙 영역과 관련 브랜드가 발달한 건 해가 빨리 지고 오랜 겨울이 지속되었기 때문인데, 집에 있는 시간이 길어지면서 자연스레 '따뜻한 집'에 대한 열망이 발현된 것이라는 배경이 있다.

일본에도 이와 비슷하게 적용 가능한 이야기가 있다.

이곳에서 일상을 살게 되면 가령 유니클로에서 왜 초경량 패딩과 히트텍을 개발했는지 깨달을 수 있다.

서울과는 다른 유형의 추움이 있다. 해양성 기후에 따른 잦은 강풍과 변덕스러운 날씨, 살을 파고드는 으슬으슬한 추위.

이곳 사람들은 일본 집의 온돌 부재가 좀처럼 영하로 내려가지 않는 기온 때문이라고 한다. 그래서 은근하게 파고드는 이 추위를 온몸으로 오롯이 받아내며 겨울을 나는 나름의 방법을 터득해 낸 산물들 중 하나가 바로 유니클로의 그것들이 아닐까.

추운 겨울, 퇴근 후 사람들은 모두 약속이나 한 것처럼 다음과 같이 행동한다.

먼저 뜨끈한 목욕물에 몸을 녹인다. 그 후 히트텍을 입고 잠옷을 입거나 잠옷 위에 초경량 패딩을 덧입는다. 그리고 고타츠(일본의 실내 난방 장치, 아랫 부분에 난방 기구를 장착하고 위에 이불을 덮은 작은 탁자)에 들어앉아 귤을 까먹다 고된 하루를 마무리하는 것은 일본인들의 겨울나기 풍경이자 일종의 공통된 의식이다.

도쿄에서의 첫 겨울이었다. 난방이 없는 이곳

에서의 밤은 사방이 통창인 우리 집의 경우 견디기가 좀 힘들다. 그래서 터득한 것이 있으니 몸을 데울 수 있는 가장 빠른 방법인 혼술. 레드 와인 한 잔이다. 물론 한 잔이 두세 잔이 되면서 알 수 없는 그리움이 밀려오는 건 마트의 할인 상품처럼 흔한 1+1 정도로 생각하는 게 좋겠지만.

요즘 도쿄의 편집숍은 짜고 친듯 보드라운 코듀로이 룩과 함께 북유럽에서 가져왔다는 각종 사랑스러운 '내복 룩'을 소개하고 있다. 아기들이 입을 법한 쫀쫀한 스트라이프 내복을 들추자 가게 점원이 스웨덴 신상이라며 추천한다.

나는 웃으며 '유니클로 히트텍 엑스트라웜'이 최고라며 응수했다.

살아봐야 알게 되는 필수품

● **비닐우산**

섬나라의 특성상 하루에도 날씨가 자주 바뀐다. 시도 때도 없이 비가 오는가 하면 태풍이 종종 지나가기 때문에 비싼 우산 다 필요 없다. 태풍에 몇 번 찢어지고 날아가는 것을 경험해 보면 결국 비닐우산이 정답이란 걸 알게 된다. 비가 많이 오는 만큼 예쁜 디자인의 우산이 발달했는데, 그건 사실 비의 양이 적은 몇 안 되는 날을 위한 용도다. 혹은 자기 만족과 남들에게 보여주기 위한 자랑용 아이템일 뿐. 집집마다 신발장을 열어보면 실은 편의점에서 파는 비닐우산이 넘쳐난다.

● **장화**

비 오는 날이 많기 때문에 장화 구비가 필수. 트래디셔널 웨더 웨어(Traditional Weather Wear) 같은 영국 브랜드가 잘 되는 것도 모두 환경, 지리적인 영향이다. 방수 우비와 바람막이, 트렌치코트도 다 같은 맥락이다.

● **지진 키트**

외국 뉴스에는 안 나오지만 일본 전역에 매일 한두 지역씩 지진이 난다. 집집마다 비상시를 대비한 지진 생활 키트가 있다. 나 같은 경우, 신발장에 여권과 카드 지갑을 놓아둔다. 비상시 뛰어나갈 수 있도록 한 나만의 마음 안전 장치랄까.

● 손수건과 물티슈

손수건과 물티슈는 습도가 높은 일본의 여름을 견뎌내기 위한 필수품. 길거리에 서 있기만 해도 땀이 주르륵 흘러내리는 날이 세 달 넘게 지속되기에 손수건과 물티슈가 없으면, 대중교통 이용 시 가끔 매우 당황스러운 상황과 마주할 때가 있다.

● 마스크

일본에서 마스크 착용은 코로나 이전에도 보편화되어 있었다. 일본의 강력한 꽃가루 알레르기를 보호하는 차원, 남에게 민폐를 끼치지 않기 위한 배려의 의미, 자신만의 공간과 세계를 지키고 싶어 하는 개인주의 성향 등이 영향을 미쳤다.

● 동전 지갑

우리나라와는 달리 일본은 아직도 신용카드를 받지 않는 곳도 많다. 현금을 주로 많이 쓰기 때문에 동전 지갑이 꼭 필요하다. 그래서 계산대에서는 기다리는 시간도 꽤 긴 편.

● '언젠가는' 하는 마음

평소 '빨리빨리'를 외치는 사람들은 속 터져서 살기 힘들다. '언젠가는 내 차례가 오겠거니', '언젠가는 이 사람의 말이 끝나려니(구구절절 돌려서 길게 말하는 대화법 때문에)', 이렇게 이곳에선 '언젠가는' 하는 마음이 필요하다.

청소의 아름다움

일본에 오는 친구들이 도쿄 골목을 걷다가 십중팔구 버릇처럼 하는 말이 있다. "여긴 왜 이렇게 깨끗할까?"다.

시부야 뒷골목이나 신주쿠 가부키초 쪽은 세계의 번화가가 모두 그러하듯 지저분하지만 주택가는 대부분 먼지 하나 없이 깨끗하다.

카메라 렌즈를 들이대면 전체적인 풍경보다는 껌 하나 들러붙지 않은 아스팔트 길이 먼저 눈에 들어온다. 그 모습은 조금 생경하기까지. 나도 처음엔 놀라웠고 이상했다. 사람 사는 데 맞나. 이렇게 인간미가 없어서야.

그런데 그 비밀은 거주하면서 금방 풀렸다. 청소다. 당연한 얘기지만. 그렇게 당연하고 사소한 것을 생각보다 이 나라 사람들은 부지런히 자주 한다.

아침에 샤워를 하고 거실에 나오면 기겁하고 방으로 줄행랑을 친 적이 손에 꼽을 수 없을 정도로 많다. 수건만 걸친 채 거의 무방비(?) 상태로 나오면 영락없이 넓은 거실 통창을 닦고 있는 직원들과 마주치는 것이다. 아니 닦은 지가 언젠데 또 닦는 거야. 속으로 생각하면서도 나는 일단 그 자리를 피해야 하기 때문에 재빨리 도망친다. 정확히 창문을 얼마나 자주 닦는지 횟수를 센 적은 없으나 잊을 만하면 나타나는 고지서처럼 이 어벤져스 같은 무리가 규칙적으로 출몰하는 것만은 확실하다. 덕분에 나는 매일 깨끗한 창문을 통해 일본의 하늘을 볼 수 있다.

이곳에 처음 이사 왔을 때 흥미로웠던 점은 엘리베이터에 붙여놓은 '청소의 날'이란 캠페인 광고였다. 매달 이 동네는 '청소의 날'을 지정, 작은 행사를 기획한다. 동네를 아름답게 가꾸자는 취지로 동네 사람들이 직접 나와서 주변을 청소하는 행사다. 물론 청소만 하는 것은 아니다. 그 날은 동네의 축젯날이다. 공원에는 매달 다른 푸드 트럭이 곳곳에 등장해 음식을 팔고, 산지 직송 마켓이 열리기도 하며 아이들과 강아지, 가족들이 함께 즐길 수 있는 자리가 마련된다. 그곳에서 동네 사람들이 교류하고 커뮤니티가 생긴다. 비가 오는 날을 제외하고 이 행사는 매달 열리는데, 이러한 일종의 동네 문화가 동네마다 조금씩 다른 형태로 열린다. 물론 '청소의 날' 말고도 아침에 거리에 나가면 환경미화원이 아닌 봉사위원들이 청소하는 모습도 곧잘 볼 수 있다.

이들에게 청소란 어릴 때부터 몸에 새겨진 타투와도 같은 것일까. 일본어 선생님에게 물어보니 초등학교 1학년 때부터 청소 교육을 받는다고 했다. 장소별 클리닝 키트가 다양하게 잘 나와 있어서 선생님이 시범을 보이고 따라 하게 되어있다고.

생각해 보니 일본의 곳곳에서 무심코 보아왔던 모습이었다. 무언가를 계속해서 닦는 것. 모든 신사는 티끌 없이 깨끗하게 가꾸어져 있다. 전통의 클래식 호텔들은 오랜 세월 부지런히 갈고닦는 청소를 통해 무한한 생명력을 공급받는 것 같다. 경양식집에서 나폴리탄을 먹고 있노라면 옆에서 직원은 조미료통을 쉴 새 없이 닦고 있다. 하물며 미용실에 머리를 하러 가서 화장실을 몇 번 들락거려도 들어갈 때마다 세면대에는 먼지는 물론 물 하나 튄 자국이 없다. 손잡이마저 손자국 없이 깨끗했다. 손님 한 명이 나올 때마다 담당 직원이 조용히 들어가 매번 닦고 나오는 것이었다. 하루에 대체 몇 번을 반복하는 걸까. 놀라운 일이었다.

청결하게 주변을 관리하는 청소 습관은 과거를 지우는 행위가 아니라 그것을 인정한 채 시간을 늘리는 태도다. 새로움보다는 유지하는 쪽에 더욱 큰 가치를 두는 일본 미의식의 단면이다. 구석구석 깔끔하게 지켜온 것들 속에서 나는 시간의 상처를 견뎌낸 것들이 값어치가 있다고 생각하는 마음, 그리고 사람들의 손길과 세월의 흔적을 담은 것들을 소중히 여기는 심성을 느낀다.

그러고 보면 변하지 않는 본질에 대한 믿음이 종교처럼 사회 곳곳에 굳어진 곳이 일본이란 나라 같다는 생각이 든다. 일본의 오래된 클래식 호텔과 경양식집, 후미진 골목 끝 킷사텐의 공통점은 바로 그것이다. 유리컵에 얼룩이 하나 없이 깨끗하다는 것. 오래된 것들이 오히려 더욱 빛나는 곳. 새것들보다 더 근사한 오라를 뿜어내는 곳. 그런 것들이 가지는 가치를 잊지 말라고, 내게 넌지시 말을 건네는 것만 같다.

넷

맛味미

로컬들의 진짜 맛집

일본 생활을 하며 많은 것을 배웠지만 가장 큰 수확 중의 하나는 미식의 세계가 한 뼘 넓어진 것이 아닌가 한다. 게다가 한 나라의 음식을 다루더라도 지역별, 스타일별로 각기 다르게 파고 들어가는 깊이가 일본만의 주무기 아니겠는가.

언젠가부터 식당 사진을 올리며 리뷰를 많이 하지 않게 되었음을 고백한다. 그건 나만의 비밀로 삼고 싶은 공간이 늘어났기 때문이기도 하지만, 한편으로는 음식을 향한 셰프의 태도와 진심이 담긴 오모테나시를 조금 더 깊이 이해하기 시작했기 때문이다.
어디까지나 맛이란 건 상대적인 감각이고 취향인지라 내가 좋아하는 곳이 누군가에겐 감흥이 없을 수도 있다. 반대로 남이 좋아한 가게가 내게는 영 마음에 안 차는 경우도 있다.

하지만 글에는 힘이 있어서, 때로 내가 쓰는 글이 의도치 않게 어떤 공간에는 뾰족한 송곳이 될 수도, 알맹이 없는 칭찬이 될 수도 있다는 것을 일본인 셰프들이 요리를 대하는 진지한 자세를 관찰하고 또 그들과 가깝게 소통하며 깨닫게 됐다. 점점 오픈된 공간에서는 '함부로 말하지 않겠다'가 나의 기조가 되어버렸다.

고집스러운 라멘 한 그릇

일본에 살면서 가장 많이 접하는 단어 중 하나를 꼽자면 '코다와리'를 빼놓을 수 없다. 한국어 사전을 살펴보면 '구애됨'으로 표기되어 있는데, 일본에서는 주로 포기할 수 없는 고집이나 심혈을 기울인 장인 정신, 신념 같은 가치관의 의미로 쓰인다.

입소문 난 레스토랑의 메뉴를 보면서나 가게 주인과 이야기할 때, 일본의 골목 탐험이나 여행을 다룬 텔레비전 프로그램에서 이 단어를 가장 많이 보고 들었다.

왜일까. 그만큼 사회 전반에 근본적인 '의식주'라는 필수 요건과 남들과 타협하지 않는 자신만의 원칙을 존중하는 문화가 아주 오래전부터 자리잡았다는 의미일 것이다. 그 단어를 접할 때마다 일본인의 DNA에 심어진 어떤 굳은 심지를 보았다.

가쿠게이다이가쿠 지역에 위치한 '비기야'도 셰프의 코다와리를 느낄 수 있는 라멘집이다. 언제 어느 시간에 가도 맛은 늘 여전하다. '라멘 한 그릇이 대체 뭐라고 고집까지' 할 수 있지만 먹어보면 안다.

개인적으로 3만엔의 프렌치 코스 요리를 먹을 때 느끼는 즐거움보다 가격 대비의 감동은 더 컸다. 게다가 라멘 가게가 도쿄에만 3천 1백 개가 훌쩍 넘는 일본에서 가장 대중적인 메뉴인 라멘 하나로 독보적인 위치를 선점하기란 결코 쉬운 일이 아니다. 특히 이곳이 음식 평가에 매우 까다로운 현지 라멘 덕후들의 꾸준한 사랑을 받는 이유에 대해 나는 아직 '코다와리'라는 단어 외에 적당한 단어를 찾지 못했다.

다카토시 초류 씨는 대부분의 재료를 시즈오카현에 있는 그의 고향에서 공급받는다. 하나하나 세심하게 선택한 재료들은 라면의 각 요소에 뚜렷하게 나타나는데, 그 부분에서 놀라움을 감추지 못한다. 요리 또한 어떤 사람이 어떻게 만드냐에 따라 결과물이 솔직하게 드러나는 창작물임을 여실히 깨닫는다.

국물은 닭 육수, 닭 다리, 돈코츠(돼지 뼈), 멸치와 말린 전갱이, 가츠오부시, 사바부시, 콘부(다시마) 등과 계절에 따라 특화된 산지의 가장 좋은 재료를 사용한다.

차슈는 가게의 비법이 담긴 타레 소스에 하룻밤 절여 오븐에 구워낸 어깨 부분의 돼지고기, 타레 소스에 차분히 졸여 삶아낸 돼지 삼겹살, 이 두 종류를 함께 낸다. 고기는 냉장고에서 숙성되어 더욱 깊은 맛과 섬세한 질감을 선사한다. 기름기를 쪽 뺀 쫄깃한 차슈가 씹을수록 감탄을 자아내는 이유는 바로 여기에 있다.

면은 향이 짙게 배어나는, 무라카미 아사히 세이멘을 공급해 쓴다. 매우 특이할 만한 한 가지는 물이다. 정수 장치로 여과한 물만 사용하는데,

불순물이 많은 물은 조리에 사용하지 않겠다는 의지다. 물론 마시는 물도 마찬가지다.

라멘을 먹고 더부룩하고 묵직한 기분이 들지 않는 비결은 라멘에 가장 기본이 되는 베이스, 물이었다. 이는 사람의 입에 들어가는 것들 하나하나를 허투루 생각하지 않겠다는 고집이다. 음식을 다루는 생각의 출발점 자체가 다르기에 결과물이 다른 것은 어찌 보면 당연한 것이 아닐까.

이곳에 가면 항상 유즈 향이 나는 시오 쇼유 라멘을 시킨다. 고치현의 고급 유즈 향이 라멘에 특별한 악센트를 더하기 때문에 별다른 감미료가 필요 없다. 적당히 꼬들한 면과 풍미가 좋은 국물 어디 한군데 군더더기가 없으니, 한 그릇을 깨끗하게 비울 때쯤이면 이런 생각이 절로 든다. "아, 나도 열심히 살아야지."

아무쪼록 이렇게 진심이 담긴 맛있는 음식을 건강하게 오래도록 즐기고 싶다.

ADDRESS 2 chome-4-9 Takaban, Meguro-ku, Tokyo
MORE INFO bigiya.com

별이 되어 빛나는 음식

미슐랭 2스타에 빛나는 프렌치 레스토랑 에스키스. 도쿄에서 손꼽히는 프랑스 음식점 중 하나인 이곳은 명성 그대로 맛의 밸런스가 참 좋고, 섬세한 플레이팅과 서비스가 감동적인 레스토랑이다. 문턱이 높을 것만 같은 지극히 클래식한 곳에서 의외로 따뜻함을 느꼈던 지점은 사소한 디테일에 있었다.

냅킨에 어설픈 듯한 사과가 새겨져 있어 "이것은 배 같기도 하고, 사과 같기도 하네요" 했더니, 직원의 설명이 이어진다.

"오너의 따님이 세 살 때 사과를 처음 그렸는데, 그 모습이 너무 예쁘고 귀여워서 이곳의 모토로 삼게 되었다고 해요. 에스키스란 소묘, 스케치를 의미하고요."

테이블에 놓여있던 사과 오브제도 이러한 맥락이었던 거다. 흐뭇한 얼굴로 이야기하는 직원들을 보니 가게에 대한 자부심도 자부심이지만, 그보다 진심 어린 애정이 느껴졌다.

"이제 그 따님은 열 살이 되었답니다."

고급 음식점은 주로 훌륭한 맛과 정성, 완벽한 서비스, 흠잡을 데 없는 인테리어를 지향한다. 그런데 이곳의 인테리어에는 어딘가 빈 듯한 소박한 우아함이 느껴진다. 적지 않은 돈을 지불하는 손님에게 의외의 감동을 주는 지점은 쉽게 보여지지 않는 것, 쉽게 간과할 수 있는 무형의 것일지 모른다. 이를테면 가게만이 갖고 있는 작지만 귀여운 스토리, 자신이 일하는 곳에 대해 어떤 마음인지를 보여주는 직원들의 숨길 수 없는 표정과 제스처, 대화법 같은 것들. 그런 것 하나하나가 일을 대하는 태도를 만들고, 음식에 쏟는 열정과 성의를 가늠케 한다.

결국 우리 마음속에 별이 되어 반짝반짝 빛나는 레스토랑이라면, 미슐랭 가이드가 인정하는 별에 뭐 그리 대단한 의미가 있을까 싶다. 맛이란 어디까지나 개인의 취향이고, 궁극의 맛집이란 각자의 마음에 모두 다른 모습과 형태로 존재하는 것이니까.

ADDRESS 5 chome-4-6 Ginza, Chuo-ku, Tokyo
MORE INFO esquissetokyo.com

술이 술술 당길 때

도쿄의 내추럴 와인 역사는 10년이 훌쩍 넘었다고 한다. 내추럴 와인이 당길 때 가장 즐겨 가는 와인 바와 비스트로를 소개한다.

Ahiru Store 아히루 스토어

일본에서 내추럴 와인 하면 전문가들조차 입을 모아 아히루 스토어를 꼽을 만큼 내추럴 와인의 대중적 인지도에 가장 크게 기여한 곳이다. 와인을 좋아하는 사람들의 오래된 성지이기 때문에 자리 선점이 관건이다. 긴 테이블로 이어진 카운터 좌석과 원형 테이블 몇 개가 전부인 비좁은 공간이라 이곳에 대기 없이 단번에 들어가는 건 거의 로또 당첨 수준의 행운.

그날그날의 와인이 훌륭해 묻고 따지지 않고 마음 편히 즐길 수 있다. 와인과 페어링할 수 있는 가벼운 음식과 빵은 무엇을 시켜도 실패가 없지만, 그중 제일은 뭐니 뭐니 해도 시그니처 메뉴인 아보카도 타코다.

와인 바는 사실 분위기가 반 이상 아닌가. 홀짝홀짝 마시다가 옆 자리의 사람들과 자연스레 친구가 될 수 있는 행복한 바이브가 이곳의 또 다른 매력이기에, 약간의 현금과 열린 마음을 준비물로 챙길 것.

ADDRESS 1 chome-19-4 Tomigaya, Shibuya-ku, Tokyo

Le Cabaret 카바레

요요기 우에하라의 작은 파리. 계절감 가득한 정통 프렌치 비스트로로 곁들여 내어주는 내추럴 와인이 훌륭하다. 화이트나 레드, 오렌지 등 마시고픈 종류만 이야기하면 몇 가지를 냉장고에서 가져다주어 직접 고를 수 있다.

여름에 방문했다면 신선한 복숭아 & 부라타 치즈 메뉴를 꼭 시킬 것. 쫄깃쫄깃 식감이 좋은 치즈와 달달한 복숭아 한 조각을 베어 물면 입안에 여름의 향이 가득 차오른다. 풍미 좋은 올리브오일과 후추는 이 두 메인 재료의 콜라보를 한층 업그레이드시키는 화룡점정.

다소 무뚝뚝하고 낯을 가리는 주인과 직원이 처음 온 손님에게는 불친절하게 느껴질 수도 있지만 그렇다고 기분 상해하지는 말 것. 오래 다녀본 결과 접객이 한결같다. 음식의 조리 시간은 꽤 걸리지만 프렌치들도 인정할 만큼 맛있으니 와인을 마시며 기다리는 시간도 즐겨보자. 예약은 필수.

ADDRESS Motoyoyogicho 8-8 1F, Shibuya-ku, Tokyo
MORE INFO restaurant-lecabaret.com

Winestand Waltz 와인스탠드 왈츠

와인을 마시기도 전에 음악 선곡과 가게 분위기, 주인의 룩 앤 필만 봐도 그곳의 수준을 단번에 알 수 있다. 에비수에서 놀다가 딱 한 잔이 아쉬운 때, 일말의 고민 없이 직행하는

2차 장소다.

뒷골목에 비밀스럽게 자리한 2평 남짓 한 이곳은 마치 퇴근 후 친구 집에 들러 한잔하는 것처럼 아늑하고 편안한 느낌을 준다. 서서 마시는 긴 테이블 하나가 전부라서 다른 손님과 같이 마시는 분위기가 형성되는 것이 묘하게 재밌다. 그때그때 주인이 알아서 내어주는 개성적인 맛의 와인은 느긋한 음악을 타고 한 잔이 두 잔, 두 잔이 세 잔이 될 때가 많은 것이 흠이라면 흠(?).

ADDRES 4 chome-24-3 Ebisu, Shibuya-ku, Tokyo

No. 501

컬러풀한 철제 캐비닛 선반에 수납된 와인들이 작은 공간을 가득 메우고 있다. 평소 어떤 맛을 좋아하는지 알려주면 와인 소믈리에의 섬세한 와인 탐색이 시작된다. 특히 그날 함께할 음식에 대한 힌트를 주면 취향 저격 와인을 찾을 수 있는 확률은 그만큼 높아질 것이다. 2천~8천 엔 사이 다양한 가격대의 유럽 와인과 일본 와인을 만날 수 있다. 안쪽에 스테인리스 테이블의 작은 바가 있어 가벼운 식사와 함께 즐길 수 있는 것도 장점이다.

ADDRESS Seizan Gaienmae 1F, 2 chome-5-4 Jingumae, Shibuya-ku, Tokyo
MORE INFO bottle.tokyo

Wineshop Flow 와인 숍 플로우

요요기 우에하라의 언덕 위쪽 골목을 하염없이 걷다 보면 슬쩍 지나치기 쉬운, 작은 원형 창이 달린 두터운 나무 문이 하나 나타난다. 문 앞에 감각적인 와인 일러스트 간판이 있으니 참고하면 좋겠다.

비밀스러운 문을 열면 눈앞에 커다란 내추럴 와인 창고가 펼쳐진다. 다양한 와인도 좋지만, 함께 먹을 수 있는 치즈 플레이트, 견과류, 그리고 니코미(돼지고기나 소고기에 생강,

무, 당근, 우엉 등을 더해 간장과 된장으로 양념한 요리)를 반드시 시켜볼 것을 권한다. 'Flow'라는 의미(계속 흘러가다)처럼 와인이 목으로 꿀떡꿀떡 넘어갈 테니까. 애타게 찾던 내추럴 와인이 있다면 주인에게 물어볼 것. 매장에 없으면 검색 후 수입사를 바로 찾아주기도 한다.

ADDRESS B1 2 chome-28-3, Nishihara, Shibuya-ku, Tokyo
MORE INFO wineshop-flow.business.site

커피의 신세계

커피 마메야 카케루
Koffee Mameya Kakeru

언젠가 이런 숍이 나올 줄 알았다. 마메야가 그 시작을 알린 것은 매우 옳다. 커피 마니아라면 알고 있을 커피의 성지 '기요스미 시라카와' 지역에 마메야 카케루가 등장했다. 사실 그간 오모테산도의 마메야를 즐겨 찾지 않았던 건 내게 커피란 자고로 앉아서 천천히 음미하고픈 음료였기 때문이다. 마메야가 추구해온, 바리스타와 이야기하며 마음에 드는 커피를 찾는 오마카세 콘셉트를 즐기기 위해 서서 마셔야 하는 오모테산도 매장은 어쩐지 불편했고, 가끔 방문하더라도 뒤에 길게 늘어선 줄이 신경 쓰여서 편하게 마시지 못했던 게 사실이다.

마메야 카케루는 전석이 예약제로, 창고를 개조한 널찍한 공간에 ㄷ자 카운터가 마치 세련된 바에 와 있는 듯한 느낌을 준다. 바리스타와 상담하면서 기호에 맞는 커피 메뉴를 선택하는 것은 기본이요, 같은 농원의 다른 품종 코스, 같은 원두의 다른 로스터 코스와 같이 섬세하게 변주한 커피 코스를 느긋하게 즐길 수 있다. 커피를 베이스로 한 칵테일 코스

자신이 잘하는 것을

제대로 알되

그것을 쉼 없이 갈고닦아 나아가는 것.

여전히 일본이

가장 잘하는 것이다.

ADDRESS 2 chome-16-14 Hirano, Koto-ku, Tokyo
MORE INFO koffee-mameya.com

에 이르기까지 커피계의 진정한 고급을 경험할 수 있는 공간이다.

이 날은 마실수록 우아한 풍미가 특징인 토카도 원두로 내린 마메야 시즈널(seasonal) 브랜드를 마셨다.

그 후 어느 날엔가 친구와 칵테일과 커피를 둘 다 마시려고 찾았을 땐 바리스타와 좀 더 친밀한 대화를 나눌 수 있었다. 강배전 커피를 내릴 때 온도가 너무 높으면 원두 자체의 쓴맛이나 잡내가 나올 수 있기 때문에 주의해야 한다는 것, 반대로 약배전일 경우엔 온도가 다소 높아야 커피 맛을 한번에 끌어낼 수 있다는 팁을 얻었다.

커피에 어울리는 디저트 감각은 물론이고 군더더기 없는 인테리어, 사용하는 도구와 그릇의 감도, 손님 한 명 한 명과 눈을 맞추고 대화하며 숍을 나갈 때까지 세세하게 마중하는 오모테나시까지. 이렇게나 감동적이고 아름다운 공간의 탄생이라면 언제나 두 팔 벌려 환영하고 싶다.

나만의 고요

두 계절의 시간이 지났다. 그리고 자리를 옮겨 다시 오픈했다는 가부키에 다녀왔다. 오랜 기다림이었다.

조금 후끈하게 느껴지는 실내 공기, 주인은 늘 그렇듯 손님에게 가벼운 인사를 한 후 자신의 할 일을 묵묵히 한다. 주문이 들어올 때마다 매번 새로 간 원두를 커피 필터에 넣고 뜨거운 물을 일정한 속도와 줄기로 붓고 기다리고 또 붓는다. 한껏 부풀었다가 꺼지기를 반복하는 크레마가 작은 구름 모양이 되었다가 안개처럼 사라지고 그 밑으로 커피가 똑똑, 소리 없이 내려진다. 이내 미세하게 떨리던 주인의 가늘고 섬세한 손이 움직임을 멈추었다.

공간을 흐르는 피아노 곡이 점점 크게 들려온다. 주변이 음소거 상태가 되니 사람들은 자신의 동굴 속으로 들어간다. 누군가는 노트를 꺼내 펜으로 무언가를 슥슥 적어나가고, 책을 읽다가 마음에 드는 문구를 발견했는지 한 페이지의 모서리를 접는 이도 있다. 얼굴에 옅은 미소를 띄우며 커피를 내리는 모습을 조용히 바라보고 있는 이도 보인다.

모두가 같은 공간에 있지만 자신의 시간을 보내는 곳. 여운을 남기는 커피는 여전히 주인의 얼굴을 닮았다. 여기에 초콜릿을 더하면 달콤쌉싸름한 기운이 번진다. 마음에 천천히 스며드는 평화와 고요. 이곳에서는 일상의 소중한 여백을 보장받을 수 있다.

1층에 내려가 계산을 하려니 주인이 내려와 있었다. 우리가 나눈 몇 번의 대화를 기억하고 있는 얼굴을 하고서 그가 내게 안부를 묻는다.

'일본인의 기억력이란 모르긴 몰라도 세계 최고일 거야', 나는 속으로 생각한다.

"아까 계속 흐르던 곡이 너무 좋던데, 뭔가요? 일본 아티스트인 것 같은데."

주인은 늘 준비되어 있다는 듯 어딘가에서 재빨리 종이를 꺼내 무언가를 적는다. 그곳에 이 이름이 쓰여있었다.

"YOKO KOMATSU."

음악은 Yoko Komatsu의 《Haru》였다.

ADDRESS 1 chome-12-12 Misuji, Taito-ku, Tokyo
MORE INFO kabukiyusuke.com

초도 이이

도쿄는 요즘 유독 이런 분위기의 가게가 흔하다. 세련되면서도 적당히 캐주얼한 프렌치 비스트로. 오픈 키친에서는 셰프들이 달그락달그락 음식을 만들고, 바에 앉으면 가끔 주인과 눈을 맞춰가며 간단한 이야기를 주고받기도 한다.

스탠딩 공간에 서서 먹게 되면 모르는 사람들과도 자연스레 친구가 된다. 적당히 왁자지껄한데, 누구 하나 부담이나 눈치를 주지 않으니 혼자 와서도 술 한 잔, 맛있는 요리 한 접시를 편하게 먹을 수 있다. 각 잡고 화려하기만 한 공간이 주는 엄숙함과 체면 같은 것도 없어 좋고, 옆 사람이 뭐 입고 왔나 아무도 신경 쓰지 않아 좋다.

딱 이 레스토랑 정도의 팬시함이 좋다. 정감 있는 조명과 인테리어, 따뜻한 매너의 직원들, 오버하지 않는 음식들. 식기나 플레이팅, 조도도 무심한 듯 시크하게 풀어낸다.

게다가 중요한 가격은 적당히 합리적이니, 일부러 꼬투리 하나 잡으려 해도 딱히 떠오르지가 않는, 전반적으로 나무랄 데가 없는 식당이다.

관광객들에게는 더치 팬케이크와 감자수프의 메뉴가 잘 알려져 있지만, 이곳의 진짜 수준은 디너에서 드러난다고 생각한다.

뭐든 초도 이이(적당하게 딱 좋은)하면서 자연스러운 이 정도가 참 드문 것을 보면 세상에는 인간관계도 그렇고, 물건이나 가게도 적당한 게 가장 어렵고 귀한 것이라는 생각이 든다. 다행히 레스토랑에 관해서는 이 지점에 맞닿아 있는 리스트가 많다는 것이 도쿄만의 또 다른 매력 포인트라고 할 수 있겠지.

ADDRESS A-Flat 1F, 1 chome-44-2 Tomigaya, Shibuya-ku, Tokyo
MORE INFO @path_restaurant

추억의 소울 푸드

언젠가 한국에 돌아가면 제일 그립고 생각날 음식은 사실 스시도, 가이세키도 아니요, 돈가스일 것이다. 그만큼 한국의 돈가스와 수준 차이가 유독 많이 나는 음식이란 얘긴데, 이 맛과 고기의 질감을 어떻게 설명할 수 있을까.

촉촉한 육즙, 아주 얇은 튀김옷, 여기에 밥알이 살아있는 다디단 흰밥을 넣으면 입안에는 이내 폭죽이 터지고야 만다. 제대로 만든 돈까스 정식이야말로 일본의 향수를 느낄 수 있는 소울 푸드가 아닐까 싶다. 사랑해 마지않는 돈가스집 몇 군데를 소개한다.

● **Tonta** 돈타

미식가들에게 돈가스의 대표적인 격전지는 크게 가마타, 다카다노바바 지역으로 나뉜다. 다카다노바바의 돈타 로스까스는 워낙 유명하지만 히레도 맛있다. 오후의 누그러진 태양빛을 머금은 듯한 밝은 튀김색 안으로 분홍빛의 고기가 반짝반짝 빛난다. 고기 육즙이 그대로 입안에서 녹아내린다. 소금에 조금씩 찍어가며 먹으면 세상이 한없이 자비롭게 느껴진다.

잠깐, 돈타에서 줄 서는 팁 한 가지. 어차피 줄은 5시쯤부터 시작될 터이니, 한 타임이 다 들어가고 다음 타임에 들어갈 수 있는 시간을 공략하는 것이 조금이라도 줄 서는 시간을 줄일 수 있다. 평균적으로 계산해 보면 5시 40분경이다. 앞서 들어간 사람들이 먹고 나오는 30-40분 후엔 대부분 입장할 수 있게 된다.

ADDRESS 3 chome-17-8 Takada, Toshima-ku, Tokyo

● **Maruichi** 마루이치

가마타는 '돈가스의 성지'라는 별칭이 붙을 만큼 유난히 맛있는 돈가스 가게가 많은 지역이다. 특히 저렴한 가격 대비 푸짐하고 맛이 진한 돈까스를 이 동네 곳곳에서 먹을 수 있다는 것이 매력이다. 무엇보다 '제대로 된 고기' 맛을 중요시하는 고기 마니아라면 충분히 만족할 만하다.

마루이치는 평범한 동네 돈가스 집처럼 보이지만 기본 한 시간은 줄 서야 하는 맛집. 겉은 바삭하고 속은 수육처럼 촉촉한, 처음 먹어보는 부드러운 육즙 가득한 맛이 이 집의 자랑이다. 전혀 느끼하지 않기 때문에 사실 테이블에 놓인 겨자 소스를 곁들일 필요도 없다. 야채 가득한 진한 돈지루(돼지고기 된장국)도 더할 나위 없다.

또 다른 감탄 포인트는 바로 양배추. 양배추를 좋아하지 않는데도 이 곳의 아삭하고도 싱싱한 맛에 반해 서비스를 요청하곤 한다.

ADDRESS 5 chome-28-12 Kamata, Ota-Ku, Tokyo

● **Imakatsu** 이마카츠

롯폰기에서 밥 한 끼 먹을 땐 주로 이곳에 간다. 깔끔한 튀김옷에 놀라고 부드러운 고기 맛에 한 번 더 놀란다. 질 좋은 고기를 썼다는 것을 단번에 느낄 수 있다.

이 집의 또 다른 인기 메뉴는 닭가슴살로 만든 치킨 카츠. 세상에 이렇게 살살 녹는 닭가슴살이 있나 싶을 정도다. 평소 닭을 선호하지 않는 나도 이 집 치킨 카츠는 가끔 생각날 정도다. 아마도 다른 어떤 곳에서도 이 맛은 영영 만날 수 없지 않을까 생각한다. 일반적인 돈가스 소스보다는 함께 내어주는 연겨자와 소금을 찍어먹길 권한다. 밥과 양배추는 리필 가능하다. 참고로, 점심 시간을 비켜간 시간을 공략하길 바란다.

ADDRESS 4 chome-12-5 Roppongi, Minato-ku, Tokyo

일본 음식의 동맥

소바와 우동이 이렇게 맛있고 매력적인 음식이었는지 일본에 살면서부터 알게 됐다. 에도 시대부터 서민 문화의 상징이 된 소바는 일본 음식의 동맥과도 같다. 열도 전역에 다양한 종류와 형태로 마치 모세혈관처럼 촘촘하게, 끝없이 펼쳐져 있는 음식이다.

그간 제대로 만든 수타 메밀 면을 후루룩 넘기며 '와! 과연 이 맛이구나!' 감탄했던 순간순간이 많았다. 비 오는 날, 한잔하고 싶을 때 지인들과 소바집으로 삼삼오오 모이는 로컬들의 모습을 보고 있노라면 전과 막걸리를 찾는 한국인들과 참 닮았다는 생각을 하곤 했다. 맛깔 나는 안주에 토속주를 곁들이며 시원한 혹은 따뜻한 소바로 입가심을 하는 모습. 그러고 보면 일본도 풍류 하나는 타고난 민족이다. 나츠메 소세키의 『나는 고양이로소이다』에도 소바 맛을 모르는 사람만큼 딱한 이도 없다고 했던가. 다행히 더 늦기 전에 이 맛을 알게 되어, 적어도 딱한 사람은 아닌 것 같은 안도감이 든다.

소바는 젓가락으로 면을 집어 쯔유에 흠뻑이 아니라 반 정도만 담궈 먹는다. 먼저 메밀 향과 면이 전하는 식감을 즐기고 마지막에 살짝 올라오는 쯔유의 조화를 느낀다. 일본식 쯔유는 우리나라의 쯔유처럼 달고 옅지 않기 때문에 더 짜게 느껴질 수 있다. 식사를 마칠 때쯤 내주는 면수는 소바로 인해 차가워진 배를 다스리기 위한 것으로, 남은 쯔유에 조금씩 부어서 짭짤한 차 느낌으로 입가심하면 된다. 면수 자체의 맛이 좋다면 그대로 마셔도 된다.

도쿄에도 본격적으로 푹푹 찌는 듯한 무더위가 시작됐다. 낮 기온이 34도까지 치솟는 살인적인 날씨에 입맛까지 잃었다면 역시 소바가 정답. 여기, 특별히 아끼는 소바집을 적어본다.

● **Kawakamian** 가와카미안

가루이자와의 가와카미안은 계절의 아름다움을 만끽하며 여러 안주와 소바를 음미할 수 있는 분위기 좋은 공간이다. 가루이자와까지 가는 여정이 부담스럽다면 도쿄의 아오야마와 아자부주반에서 대신 만끽할 수 있다. 도쿄에서 내가 가장 많이 간 소바집은 아마도 아오야마의 이 소바집일 것이다.

주로 덴뿌라 소바와 가키아게 소바(해산물과 작게 자른 야채를 튀겨 올린 소바), 세이로 소바를 먹는다. 향긋한 소바와 함께 이곳 튀김의 수준을 꼭 느껴볼 것을 권한다. 함께 내어주는 풍미 좋은 소금에 찍어 먹으면 소확행이 따로 없다. 아자부주반 점은 비 오는 날 연인이나 친구와 찾기 좋다.

ADDRESS 3 chome-14-1 Minami Aoyama, Minato-ku, Tokyo
MORE INFO kawakamian.com

● **Sarashinahorii** 사라시나호리이

1789년 창업 이래 무려 2백 년 이상 9대째 운영하고 있는 소바집의 클래식. 껍질을 벗겨 낸 메밀 속을 사용한 하얀색의 사라시나 소바가 명물로 단맛과 목 넘김이 좋지만, 간 마를 쯔유와 함께 먹는 토로로 소바도 맛있다. 부드럽게 넘어가는 메밀의 질감과 오랜 시간 숙성해 만든 깊은 맛의 쯔유가 일품이다.

ADDRESS 3 chome-11-4 Motoazabu, Minato-ku, Tokyo

● **Tsukigocoro** 츠키고코로

스다치(영귤)가 들어간 스다치 소바는 일본 소바집의 여름 한정판 메뉴다. 이곳의 경우 쌉쌀하면서도 시고, 상큼한 스다치 향이 가츠오부시, 마구로 등 무려 다섯 가지 재료가 들어간 국물 사이로 은은하게 배어 나온다. 청량하고도 개운한 풍미가 한여름의 맛으로는 최고.

ADDRESS 2 chome-44-15 Nakacho, Meguro-ku, Tokyo
MORE INFO tsukigocoro.com

● **Kanda Yabu Soba** 간다 야부 소바

1880년 문을 열어, 140년에 가까운 역사를 지닌 도쿄의 3대 소바집 중 하나. 메밀의 구수한 향과 고유의 식감, 격조 있는 분위기까지 나무랄 데가 없다. 밀가루와 메밀의 비율을 보통의 2:8이 아닌 1:10의 비율로 섞어 만든 진한 맛의 세이로 소바가 대표 메뉴다. 이열치열 메뉴로는 고급스러운 맛의 가모난반(파와 오리고기의 조화) 소바와 나메코('나메코'라는 버섯이 들어감) 소바를 추천한다.

ADDRESS 2 chome-10 Kanda Awajicho, Chiyoda-ku, Tokyo
MORE INFO yabusoba.net

여름을 열고 닫는 의식

다신 소안
Dashin Soan

일본 요리를 배우고, 여러 음식점에서 요리를 먹으며 가장 크게 느낀 점이 있다. 일본 요리에는 한국 요리에 비해 잡아주는 맛이 조금 부족하지 않나 하는 거였다. 고급 레스토랑일수록 은은하고도 담백한 풍미는 좋은데, 어딘지 앗쌀하달까(일본어 '앗사리'에서 파생된 표현이라는 게 아이러니) 개운하고 화끈하며 시원한 맛이 적다.

예를 들어 우리나라 김치와 일본식 기무치의 맛을 비교해 보면 쉽다. 그렇다고 매운 걸 말하는 게 아니다. 굳이 따지자면 신맛에 가까운 건지도 모르겠다. 가만히 있어도 땀이 비 오듯 떨어지는 무더운 날 살얼음 동동 띄운 엄마의 나박 물김치를 한 숟갈 떴을 때, 송송 썬 열무가 올라간 김치말이 국수를 목구멍으로 후루룩 넘길 때의 그 산뜻하고 시원한 맛처럼. 오이냉국에서 전해지는 짜릿하고 아삭한 맛은 달아난 입맛도 꽉 잡아주는 여름의 별미 아니던가.

이러한 '앗쌀한' 맛이 그리울 때 나의 아쉬움을 삼삼히 달래는 용도로 소바집을 찾고는 했다. 습도가 120에 가까운 여름 한복판, 그리고 여름을

가을에 그만 보내주어야 하는 시점이면 스다치 소바 생각이 간절했다. 내게 스다치 소바란 본격적인 여름을 열고, 또 제대로 닫는 의식이다.

도쿄에서 아마도 가장 늦게까지 스다치 소바를 하는 다신 소안(스다치 소바를 다루는 소바집의 경우 여름 한정 메뉴로 선보이는데, 이곳은 10월 중순까지 만날 수 있다)을 찾은 건 10월 초가 막 지난, 비 오는 날이었다. 시모키타자와역에서 한적한 평일의 거리를 지나 절 앞에 고요히 서 있는 작은 가옥을 발견하니 마치 오래된 친구를 만난 듯 반가운 마음이 앞선다. 여름이면 이곳을 몇 번이고 찾았는데, 이렇게 사람이 없는 날은 처음이다. 이유는 간단하다. 도쿄에 태풍이 오고 있어서다.

작은 정원을 등지고 커다란 테이블에 자리를 잡고 앉았다. 나 혼자만의 식사를 위한 널찍한 테이블이라 생각하니 가슴이 두근거렸다. 따끈한 호지차를 마시다 이런저런 생각을 하고 있으니 어느새 청아한 모습의 스다치 소바가 눈앞에 도착해 있다.

이곳의 스다치 소바 맛은 다른 여타의 곳에 비해 압도적인 매력이 있다. 물론 앗쌀한 맛이 강하기 때문에 신맛이나 혀 안으로 침투하는 진한 가츠오부시 향을 선호하지 않는 사람에게는 맞지 않을 수도 있다. 고소한 메밀 향은 적당하고, 삶아진 면의 질감도 딱 알맞다.

국물 맛은 어떤가. 가츠오부시의 향이 짙게 배어 나오는 사이사이를 영귤의 청량감이 시원하게 뚫고 나온다. 영귤을 면에 얹어서 씹다 보면 보다 다채로운 미각의 세계를 경험할 수 있다. 씁쓸하고도 담백하고, 고소하다가 톡 쏘는 상큼함이 입안을 상쾌하게 헹궈낸다. 한마디로 명쾌하게 단정 지을 수 없는 이 오묘한 맛의 향연이 스다치 소바의 진짜 매력이라 생각한다. 정묘하달까, 나는 다양한 맛이 그토록 섬세하고 분명하게 느껴지는 이 소바에 흠뻑 빠져버린 것이 분명하다.

먹고 나면 주변 공기가 서늘하게 느껴지는 것은 입안이 찬 여름으로 가득찼다는 신호. 이럴 땐 기가 막힌 타이밍에 자리로 갖다 주는 면수를 마시면 된다. 메밀 면을 끓인 이 따스한 물은 어느 곳보다도 걸쭉하고 고소해 나는 면수 그대로 차처럼 마신다. 호로록호로록 목구멍에서 위장 속으로 면수가 온화한 길을 내며 들어가는 것이 분명하게 느껴진다. 면수는 개성 강한 스다치 향에 부드러운 이불을 덮어준다. 소바를 먹고 찬 속을 다스려 주는 데 이만한 것이 없다. 함흥 냉면을 먹을 때 함께 먹는 육수가 그립지 않다. 그렇게 찬찬히 여름에 안녕을 고한다. 배가 꽉 찬 느낌이 들지 않아 뭔가 아쉬우면 야채 덴뿌라를 시켜도 좋다. 하지만 이 곳의 시그니처 메뉴는 단연 소바라는 점을 알아둘 것.

테이블 곳곳에서 면이 맛있다고 종업원에게 칭찬하는 소리가 들린다. 저기 끝 쪽 테이블에선 남성 네 분이 교토에서 왔다며 자신들만의 까다로운 소바 평을 조금 큰소리로 거나하게 늘어놓고 있다.(아마도 진짜 교토 출신은 아닌가 보다, 하며 속으로 생각한다.)

사람들이 만들어내는 기분 좋은 소음을 배경음악마냥 평온하게 듣다가 아차, 문득 태풍이 오고 있다는 사실을 깜박했다. 부리나케 계산을 한 후 미닫이문을 조심스레 연다.

드디어 여름이 저만치 가고 가을이 문 앞에서 인사를 했다.

ADDRESS 3 chome-7-14 Daizawa, Setagaya-ku, Tokyo
MORE INFO dashinsoan.jp

우리가 사랑하는 쇼조

입안에서 햇살이 부서진다면 이런 맛이 날까. 가벼운 공기를 한 웅큼 품은 시폰 케이크와 새콤달콤 라즈베리잼, 그리고 아스라한 여운의 미디엄 로스트 브라질 커피.

얼마 전 미나미 아오야마의 쇼조 스토어가 폐점했다.

지인인 직원은 마지막 날을 인스타그램에 올리며 기념했다. 나는 기타아오야마 점의 단골이라 그닥 상심하지는 않았지만 한국의 관광객들이 가진 도쿄 추억의 한 페이지에 분명 있었을 그곳을 떠올려보니, 괜시리 나까지 마음이 헛헛해진다.

오늘도 이곳 도치기 본점의 패이스트리와 빵이 숲과 강을 건너 도쿄점(Shozo Tokyo Store Cafe & Grocery)에 들어간다. 몰래 조용히 즐겼던 나의 기타아오야마점이 이제는 만인의 장소가 될 것이다. 한편으론 오히려 기쁘다. 야속한 시간과 세월 속에서 자신의 자리를 지킨다는 것이 얼마나 어려운 일인지, 몸소 깨닫고 있는 요즘이니까.

Nasu Shozo Cafe

Tokyo Store Cafe

Shozo Tokyo Store Cafe & Grocery

ADDRESS 3 chome-10-15 1F, Kitaaoyama, Minato-ku, Tokyo

MORE INFO shozo.co.jp

심플하고 동화적인

야에카(YAECA)에서 덴엔초후 지역에 오픈한 양과자점. 자연광이 쏟아지는 개방적인 공간에 케이크가 담긴 동글동글 유순한 맞춤형 유리 케이스에서부터 일본적 귀여움과 청초한 느낌이 물씬 묻어난다. 시로카네에 있는 라이프스타일 숍에서 맛봐온 플레인 베이커리의 실력을 워낙 믿기에 기대 만발했다.

국내 외 서양 과자 콩쿠르에서 수상 경력을 자랑하는 제빵사 오츠카 요스케를 중심으로 플레인 베이커리의 제빵사들이 협력해 레시피를 고안해 냈다고 한다. 포장지의 따뜻하고도 상냥한 그림은 화가 마키노 이사오 씨가 담당했다.

입에 넣는 순간 사르르 녹아내리는 크림 케이크도 물론 좋았지만 내 취향은 '이상한 나라의 앨리스'에서 나올 법한, 모양은 투박한데 폭신폭신한 공기를 가득 머금은 텍스처의 버터 케이크! '아 흰 우유 먹고 싶다!' 하는 생각이 절로 들었던 맛.

그런데 저 사랑스러운 린넨 유니폼은 뭐지. 집에서 머리에 흰 수건 두르고 흰 가운 입고 요리하고 싶게 만드는 비주얼이다. 모두의 기억에 있는 듯한, 그리운 양과자점을 목표로 해서일까. 심플하고 부드러운 맛이 매일매일 먹고 싶어진다.

ADDRESS 2 chome-51-1 Denenchofu, Ota-ku, Tokyo
MORE INFO saveurbonjour.com

그리운 맛

일본인은 경양식을 흔히 '나츠카시이 아지(그리운 맛)'이라고 표현한다. 어릴 때부터 먹어온 추억의 맛이라는 뜻일 것이다. 현지인이 즐겨 찾는 일본식 경양식을 먹고 싶을 때 추천하는 곳이다.

● **Café Terrace Pont Neuf** 카페 테라스 퐁 네프

직장인의 점심시간 풍경을 가장 집약적으로 볼 수 있는 동네는 신바시다. 우리나라의 종로 혹은 을지로와 같은 곳이랄까. 이 지역에 오픈 시간 11시부터 긴장감이 감돌다가 서서히 근처 직장인들로 채워지는 가게가 있다. '고독한 미식가'의 고로 씨가 열댓 명쯤 함께 앉아 똑같은 메뉴를 시키는 이곳은 신바시의 퐁 네프. 함바그와 나폴리탄 스파게티 세트가 대표 메뉴다.

먹는 순간 분명 먹던 기억이 떠오를 것이다. 어릴 적 엄마나 할머니가 해주었던 바로 그 맛. 남산돈까스와 명동칼국수가 우리에게 추억의 맛인 것처럼 일본에는 주로 쓰러질 것 같은 낡은 경양식집들이 그런 옛날 맛을 대변한다.

달큰한 양파 향과 촉촉한 육즙이 진하게 뒤섞인 함바그엔 먹어도 먹어도 결코 질리지

않을 어떤 따스한 에너지가 있다. 양파와 베이컨, 양송이, 이 기본 재료가 들어간 케찹 맛 스파게티를 싫어할 사람은 또 누가 있을까. 떡이 진 달콤새콤한 스파게티를 먹다 보면 갑자기 나도 모르게 웃음이 날 것이다.

그리하여 곧 테이블 위에 놓여진 파마산 치즈 가루와 타바스코 소스에 손을 뻗을 때가 온다. 반드시 온다. 중간부턴 더 맛있게 먹는 방법을 본능적으로 터득하게 되는데, 바로 세트로 나온 빵 안에 남은 스파게티와 함바그 조각을 넣어 먹는 것. 주위를 둘러보면 신기하게도 약속이나 한듯 모두 그렇게 먹고 있다. 그 모습에 또 한번 빙그레 웃음이 난다. 다 큰 어른의 얼굴을 한 아이들의 천진한 표정이 그곳에 있다.

맛이란 것에 아련한 기억 한 큰술, 애달픈 감정 두 큰술쯤 뒤섞여 있단 걸 깨닫기까지 꽤나 오랜 세월이 걸렸다. 어른이 되었기에 더 애틋하게 느낄 수 있는 맛이다.

ADDRESS 2 chome-20-15 Shinbashi, Minato-ku, Tokyo

● **Yoshikami** 요시카미

하이라이스라 알려진 일본의 하야시라이스는 카레보다는 맛을 내기 까다롭고 호불호가 있는 메뉴라고 생각한다. 우선 카레처럼 강황이나 가람 마살라, 큐민 같은 향신료로 적당히 묻어가는 맛의 마법을 부릴 수 없다. 자극적이고 풍부한 스파이스 특유의 맛에 기댈 여지가 없다는 건 한마디로 요리 수준이 들통나기 쉽다는 뜻이다. 소고기와 버섯, 양파, 레드 와인으로 재료 본연의 맛을 살리고, 데미글라스와 토마토만으로 적절한 감칠맛과 간을 살려내야 하기에 살짝 재료의 비율이 어긋나면 맛에 천지 차이가 난다. 아예 시큼하거나 쓴맛으로 핀트가 확 나가기 때문에 오므라이스의 모양 잡는 것만큼이나 정교한 기술과 훈련이 필요하다.

아사쿠사의 요시카미는 그런 의미에서 숙달된 장인들의 경양식 솜씨를 볼 수 있는 노포다. 제2차 세계대전이 끝나고 1951년 이후 일본인의 미각에 맞춘 경양식을 지금까지 선보여온 이곳의 맛을 어떻다 평가하는 것은 큰 의미가 없는 것 같다.

다만 오랜 시간 일본인의 입맛을 사로잡으며 남녀노소의 사랑을 받고 있다는 것, 그리고 지금까지 먹었던 하야시라이스 중에서 개인적으로 마음에 쏙 든 것만은 분명하다. 꾸덕하고 녹진한 농도, 미묘한 경계를 넘나드는 부드럽고도 달큰한 이곳 하야시라이스의 맛은 요리를 해온 사람이라면 단번에 알 수 있다. 이 맛을 내기란 결코 쉽지 않다는 걸.

ADDRESS 1 chome-41-4 Asakusa, Taito-ku, Tokyo
MORE INFO yoshikami.co.jp

● **Japone** 자포네

사실 이 집을 끝까지 공개하고 싶지 않았다. 하지만 관광객들이 가는 평범한 맛집은 시시한, 예민한 촉수를 가진 미식가나 흥미로운 탐험가를 위해 큰 마음먹고 공개한다. 럭셔리의 상징 긴자에서 유라쿠초로 가는 길 끝, 조금 허름한 상가 안으로 쭉 들어가 제일 허름한 분식집을 찾자. 오픈 키친을 두고 ㄱ자로 이뤄진 카운터 좌석이 다인 곳. 바로 자포네다. 이곳의 메뉴는 스파게티와 카레라이스가 전부인데, 와풍(일본풍), 중국풍, 서양풍으로 나뉘는 스타일이 재미나다. 오오모리(큰 사이즈) 주문도 가능하고 가격은 모두 1천엔 이하.

때로 손님을 보면 가게의 진짜 매력을 읽을 수 있다. 근처 공사 현장의 작업자부터 미팅 후 잠시 들른 듯한 슈트 입은 직장인, 유모차 끌고 오는 주부, 출출한 아이들의 손을 잡고 오는 부부까지 각양각색의 손님들이 한 끼의 맛있는 스파게티를 위해 기꺼이 기다리는 곳. 먹는 순간 이게 무슨 스파게티지? 하면서도 머릿속에 조규찬의 노래 《추억 #1》이 흘러나올 것이다.

ADDRESS Ginza Inz 3, 1 chome-2 Ginza, Chuo-ku, Tokyo

● **Renkatei** 렌가테이

렌가테이의 역사는 1895년으로 거슬러 올라간다. 기타모토 지로 씨가 돼지 고기를 이용한 커틀릿을 '포크 커틀릿'이라는 이름으로 명명하고 최초로 판매하기 시작한 것이 오늘날 돈가스의 기원이다. 세상 무엇이든 일본식으로 바꾸고 이를 오랫동안 고수하는 이 나라 사람들의 집요한 연구 근성을 엿보고 싶다면, 이곳에서 그 맛의 탐구를 시작해 보길. 가격 면에서는 여타 가게보다 비싸지만 그래도 원조는 원조다. 솔직히 맛으로만 봤을 땐 '최고'라는 말은 못하겠지만, 역사와 끈기, 정성의 시간이 빚어낸 '최선'이란 단어가 더 알맞은 공간인 건 확실하다.

ADDRESS 3 chome-5-16 Ginza, Chuo-ku, Tokyo

오므라이스의 정석

일본에 살면서 혼자만의 작은 목표가 생겼다. 오므라이스 정복하기. 어딜 가든 음식점의 점심 메뉴에는 오므라이스와 카레가 마치 베프처럼 나란히 놓여있다.

오동통통 보드랍고 두툼한 반달 모양. 오므라이스의 넉살 좋고 포용력 있는 자태는 어떤 화나 근심도, 외로움도, 슬픔도 모두 흡수시켜 버릴 만큼 자비롭고 온화하다. 노오란색 해바라기 빛깔을 품은 환한 맛은 입에서 사르르 녹아 없어지면서 마음을 한없이 너그럽게 만들어준다. 애착인형 특유의 알 수 없는 푸근한 안도감 같은 것이 오므라이스에 있다고 나는 생각한다. 그러고 보면 계란의 세계는 정말 그 끝을 알 수 없이 무한한 것이 아닐는지.

일전에 르 꼬르동 블루에서 수학한 요리 선생님은 달걀 다루는 요리야말로 난이도가 높은 것으로 꼽기도 했다.

'그런데 일본 어디서나 흔하게 먹을 수 있는 게 오므라이스잖아? 일본에 살면 오므라이스 하나는 마스터해야 살았다고 할 수 있지.'

언젠가부터 그런 생각이 마음속에 자연스레 자리잡았던 것 같다. 그러나 결과물은 매번 처참했다. '나 요리 좀 하는데' 자만했던 자신을 탓하며 마음을 다잡고는 여러 번 시도했다. 요릿집 오픈 키친에서 어깨너머 배우기도 하고, 유튜브로 복습을 했지만, 만족할 만한 결과물을 내는 건 어림도 없었다.

나의 오므라이스는 번번히 옆구리가 터지고 조금만 방심하면 얼굴이 까맣게 타버리곤 했다. 어느 날은 베이컨, 양파, 당근 등 곱게 다져 넣은 내용물이 푸악 하고 계란 지단을 박차고 나오기도.

도쿄에 오므라이스 맛있는 곳이라면 열 군데 정도 읊을 수 있다. 그래도 내가 생각하는 오므라이스의 정석은 나카메구로 '키친 펀치'의 케찹을 무심하게 일자로 바른 오므라이스.

한 치의 오차도 없는 반달 모양을 톡 하고 터트리면 은은한 케찹 향으로 감싼 볶음밥이 기다렸다는 듯 등장한다. 가히 소박하고 부드러운 계란 본연의 맛을 즐길 수 있는, 정통의 오므라이스다. 안에는 밥알이 살아 숨 쉰다. 계란 속에 너무 기대 있지도, 늘러 붙지도 않고 당당히 제 얼굴을 하고서.

오랜만에 그곳을 들른 어느 가을 날의 일이다. 가게가 한산한 틈을 타 얼른 계산을 마친 나는 오픈 키친 가까이 다가갔다. 이곳의 오므라이스를 따라 해봤으나 계속 안 된다고 고백하자, 셰프님은 허허 웃으며 별거 없다는 듯 손수 프라이팬 시범을 보였다.

キッチン
パンチ
TEL(3712) 1084

그의 무쇠 프라이팬은 반질반질 윤이 나고 손잡이가 길었다. 무라카미 하루키가 『샐러드를 좋아하는 사자』에 묘사한 적 있는 딱 그 프라이팬의 모습이다. 잘 달궈진 지름 40센티미터의 무쇠 프라이팬을 달래고 어르고 때론 협박하며 간신히 자신의 것으로 만든 것일 테다. 그 상태로 만들기까지 시간과 수고가 상당했을 오므라이스 전용의 프라이팬.

그는 팬을 세워서 계란을 위로 올리며 말아주고 한쪽으로 민 다음, 뒤집기로 한번에 뒤집으면 된다고 직접 보여주며 설명했다.

'그러니까 그게 말처럼 쉽냐고요?' 하는 망연자실한 얼굴로 웃고만 있으니까, 멋쩍어하던 셰프는 결국 부엌 안으로 직접 들어와보라고 손짓을 한다.

간단해 보이는 것이 실은 더 어렵다는 진리를 오므라이스가 말해준다. 재료가 심플할수록 실력은 적당히 뭉개거나 감출 수 없다. 방심은 금물이라고, 재료 앞에 겸허한 마음을 가지라고, 오늘도 옆구리 터진 오므라이스가 예의 푸근한 미소로 속삭인다. 하얀 그릇 위 노란 구름 같은 오므라이스를 얹고서 위풍당당 케찹 붓칠을 할 날은 언제 오려는지!

AADDRESS 2 chome-7-10 Kamimeguro, Meguro-ku, Tokyo

어른을 위한 스낵 바

인스타그램 친구분이 언젠가 내게 신주쿠 맛집을 알려달라 했던 적이 있다. 왜 신주쿠였을까. 신주쿠에 특별한 추억이 있었을까. 신주쿠라는 지역을 좋아하는 걸까. 궁금했다.

사실 개인적으로는 신주쿠 지역을 그다지 선호하지 않는다. 일본 생활의 소소한 즐거움인 숨겨진 가게도 드문 지역이다. 내게는 복잡하고, (다른 지역에 비해) 개성이 없고, 유동인구가 많아서 조금만 걸어도 사람에 치이고 한마디로 기가 빨리는 동네. 관광객이 대거 몰리는 지역이라 생각보다 누구에게나 자신 있게 소개할 만한 괜찮은 맛집도 드물다.

그런 동네인데도 내게 몇몇 오아시스 같은 곳이 있다. 그중 하나는 '베르그'. 갈 때마다 줄을 서지 않은 적이 없지만, 금방 빠지니까 다리 아프게 서 있은 적도 없다.

이런 종류의 식당을 뭐라고 해야 할까. 출출할 때 가볍게 한 끼 맛있게 배를 채울 수 있는, '어른의 패스트푸드점이나 스낵 바.' 이른 아침부

터 영업을 시작하기 때문에 간단한 아침 식사 메뉴도 준비되어 있다. 독일식 소시지, 햄, 살라미, 빵을 제공하고 맥주나 와인 한 잔도 곁들일 수 있다. 나는 이곳에서 주로 핫도그와 포크 아스픽을 먹는다. 야생 효모로 만든 빵은 매일 이곳의 제빵사가 직접 구워 낸다고.

아침에는 시간에 쫓기는 회색빛 정장 차림의 회사원들이, 점심에는 친구들과 삼삼오오 들리는 주부들과 학교 수업을 막 끝낸 젊은 친구들이, 오후에는 외근을 마친 직장인들이 잠시 한숨 돌릴 수 있는 공간으로 이곳을 찾는다.

이곳에 오면 도쿄의 일상을 관찰할 수 있다. 어떤 시간에 방문하더라도 혼잡할 수는 있어도, 대부분 매너가 좋아 혼자 오더라도 적당히 섞여 앉는 것을 자연스럽게 여긴다. 그러니 마주 보고 앉더라도 민망하지 않다.

혼술의 묘미, 혼밥의 재미를 이곳에서 시작해 보는 건 어떨까. 스낵바에서 맥주 한잔에 핫도그를 먹으며 불현듯 어른이 된 기분을 만끽하는 것. 도쿄에서 느낄 수 있는, 꽤나 기분 좋은 홀가분함이다.

제대로 만든 소시지에 시원한 맥주를 곁들이다 보면, '이 정도면 나도 잘 살았네' 하고 처진 내 두 어깨를 토닥토닥 두들겨주고 싶을 것이다. 언제나 그렇지만, 내가 나에게 해주는 위로가 때론 가장 큰 힘이 된다.

ADDRESS Lumine Est B1, 3 chome-38-1, Shinjuku-ku, Tokyo

도쿄에서 가장 좋아하는 스시

스시 토우 *Sushi Tou*

콜드플레이는 언젠가 한 인터뷰에서 앨범 전체를 하나의 스토리로 봐달라고 했다. 첫 곡부터 마지막 곡까지 리듬과 구성의 흐름을 철저하게 계산한다는 의미다. 일본에서의 스시 오마카세 또한 이와 비슷한 맥락을 가지고 있다.

끝까지 비밀에 부치고 싶었던 '스시 토우'는 도쿄에서 가장 좋아하는 스시집이다. 점심은 6천 엔 코스 하나로 13 피스를 내어준다. 숙성이 절묘하며 처음부터 마지막까지 맛의 밸런스가 뛰어나다.

"여기 올 때마다 보통 마지막에 장어를 주시잖아요. 특별한 이유가 있나요?"

"저녁은 디저트까지 여러 가지가 서빙되는데 점심은 스시로만 코스를 마무리해야 하지요. 처음엔 연한 맛으로 시작해서 점점 맛과 깊이가 진해지다가 마지막에 달달한 것으로 끝내면 좋은 것 같아요. 스시 코스 요리에선 장어가 디저트가 되는 셈이지요."

鮨
十

입에 넣자마자 스르륵 녹아내리는 장어를 맛보고 말없이 고개를 끄덕였다. 오늘도 한 수 배워간다. 참고로 여름의 스시는 청량감이 뛰어난 와인과도 좋지만 뭐니 뭐니 해도 차갑게 내어주는 니혼슈와 함께 맛볼 것.

ADDRESS 2 chome-24-8 Nishiazabu, Minato-ku, Tokyo
MORE INFO sushi-tou.com

말하지 않아도 느낄 수 있는 맛

취재를 마치고 집으로 돌아가는 길은 마음 한편에 바람이 분다. 쓸쓸하고 고독한 바람이다. 친구에게 대뜸 전화를 걸어 번개를 청하고 싶은 날. 하지만 일본에는 번개가 없다. 언제나 몇 주 전에 미리 연락을 취해 스케줄이 어떻게 되는지, 요즘은 어떻게 지내는지 안부를 묻다가 서서히 약속 날짜를 정한다. 그래서 언젠가부터는 혼자만의 외로움을 즐기게 됐다.

이대로 집에 가긴 뭔가 아쉬운 그 마음 그대로 나는 히라마쓰 요코(『술은 혼자서 밥은 둘이서』 등 맛에 대한 에세이를 씀)로 분해서 어디든 훌쩍 포렴을 열고 들어가고 싶은 욕망에 사로잡힌다. 그렇게 혼술을 즐기기 시작했다.

혼술의 장점은 사실 혼자라는 그 자체에 있다. 남의 눈치를 볼 필요가 없으니 철저히 나의 목소리에 귀기울이면 그만이다. 먹고 싶은 것, 마시고 싶은 것. 원하는 만큼 본능에 따라 먹을 수 있다. 특히 상대방에게, 혹은 술에 질척이지 않고 딱 한두 잔 가볍게 마시고 싶은 날, 혼술은 좋은 친구가 되어준다.

그날도 그랬다. 다이토구의 한 찻집에서 일을 끝낸 후 점주에게 근처 맛집을 소개해 달라 했을 때 그는 망설임 없이 이곳을 추천했다. 교토 '스시 이와'에서 10년간 수업한 교토 출신의 마스터가 2005년부터 운영하는 곳으로, 오시즈시(눌러 만든 교토식 스시)를 전문으로 한다. 산미가 나는 고등어 스시, 아나고 스시를 맛볼 수 있는 동네의 알짜배기 맛집이다. 특히 붕장어를 열어 뼈를 발라낸 후 통통하게 구워낸 구이 붕장어 스시는 고소하고도 도톰한 식감이 탄성을 불러일으킨다.

먹는 동안 여자 손님 한 명이 훌쩍 들어왔다. 주인과 그녀와 함께 이야기를 나누다가 '외국인으로서 생활하는 일본'에 대한 화두가 술 안주상에 올라왔다. 여기서부터가 혼술의 진짜 묘미가 드러나는 순간이다.

"처음에는 쉽지 않았죠. 돌려말하는 게 가장 이해하기가 어려웠던 것 같아요." 내가 말하자 그들이 이해한다는 듯 고개를 끄덕였다.

"교토 사람들은 더해요." 주인이 웃으며 거들었다.

"맞아요. 하지만 살아가다 보니까 점점 이해하게 됐어요. 한편으로는 그게 상대방의 상태와 마음을 배려하는 것이기도 하더라고요. 그중에 하나가 조명이었어요" 하고 내가 이었다.

일본에는 어딜 가든 형광등을 쓰는 곳이 생각보다 많지 않았다. 물론 요즘은 LED로 교체하는 추세지만 일본에는 선명하고 직접적으로 내리꽂는 조명보다는 은은하고 다소 어두운 조명이 대부분이다.

"요즘 『그늘에 대하여』를 읽고 있어요. 저자인 다니자키 준이치로가 도쿄는 조명이 너무 밝다고 얘기하는 부분이 있는데, 사실 서울에 비해서는 전혀 그렇지 않거든요. 서울은 24시간 새하얀 조명이 켜져 있는 걸요."

나는 저녁이 되면 깜깜하게 내려앉는 도쿄의 골목길을 이야기했다. 전기를 아끼는 것인지는 모르겠지만 늘 깊고 진한 어둠에 빨려 들어가는 듯한 일본의 밤이 길게 느껴졌다.

"일본에서 놀란 것 중에 하나가 조명에 와시를(종이) 한번 둘러서 눈이 부시지 않게 만드는 곳들이 많더라고요. 상대방을 생각하는 마음으로 느껴졌어요"라고 말하자 옆에 있던 여자가 말을 거들었다.

"아. 그러고 보니 일본인은 그윽한 것을 좋아하는 것 같아요. 사실 돌려 말하는 것도 같은 맥락이에요. 확실하게 말하지 않고 애둘러 이야기하는 거요." 앞에서 이모스이를 준비하던 주인이 대꾸했다. "그레이 존(gray zone)이라고 하죠. 하하. 말하지 않아도 다 눈치로 아는 거예요."

이윽고 이모스이가 나왔다. 도쿄에서는 좀처럼 보기 힘든 음식이라고 했다. 감자를 갈아 만든 죽 같은 것을 한입 뜨자 땅의 따뜻하고 소박한 온기가 몸속 깊숙한 곳까지 타고 내려온다. 가슴에 얇은 전기장판을 깐 것 같은 그 온기를 말없이 손에 쥐고 천천히 음미했다. 과연, 말하지 않아도 느낄 수 있는 맛이었다.

ADDRESS 3 chome-23-14 Nishiasakusa, Taito-ku, Tokyo
MORE INFO @sushi468tokyo

텐푸라와 할아버지

그도 원래부터 텐푸라를 만드는 할아버지는 아니었다. 왕년에는 신주쿠 가부키초와 시부야를 누비며 놀다가 동틀 때가 되어서야 집으로 돌아가던 혈기 왕성한 20대였다.

어느 주말, 예약 없이 들어간 나의 최애 텐동 집에는 웬일인지 손님이 한 명도 없었다.

"항상 꽉 차 있잖아요."

"허허, 그러게요. 오늘 정말 예약이 하나도 없네요."

우리는 엉겁결에 가게를 통째로 예약한 손님이 되어 할아버지가 그때그때 튀겨주는 텐푸라 코스 요리를 황송하게 대접받을 수 있었다. 능숙한 솜씨로 재빠르게 한 점씩 내어주는 텐푸라는 변함없이 맛있었다. 느긋하게 주거니 받거니 할아버지와 담소를 나누며 먹을 수 있어 그날따라 더 따뜻하고 정성스럽게 느껴졌다.

갈 때마다 내심 할아버지의 건강이 걱정되어 이곳을 이어갈 할아버지의 후계자가 있을지 궁금했지만, 실례가 될까 싶어 말을 삼키곤 했다.

"오늘 몇 점이 나오나요?"

"원하는 거 있으면 다 튀겨줄게요."

접시에 따끈따끈한 완성품이 놓여질 때마다 재료에 대한 할아버지의 설명이 더해졌다. 장어 뼈, 은행, 새우, 연근, 후키토우, 정어리, 장어……. 우리는 어미새에게 먹이를 받아먹는 아기새들처럼 끊임없이 접시를 비워나갔다. 바삭바삭하지만 깨끗하고 재료가 싱싱하게 살아있는 맛. 이런 튀김이라면 끊임없이 먹을 수 있다.

할아버지가 이곳 아오야마에서 덴푸라 장사를 하신 지 올해로 49년째가 됐다. 도쿄 올림픽이 열리는 해엔 50년이 된다며 껄껄 웃으신다.

"이 자리에서요?"

"네. 나는 이 동네밖에는 몰라요. 집도 근처인 걸. 영업 끝나면 친구들과 테니스 치는 게 사는 낙이지 뭐."

"와아, 테니스도 전문가시겠어요!"

할아버지는 테니스가 당신 체력의 비결이라는 듯 자랑스러운 표정을 지어보인다. 그는 같은 자리에서 손님에게 맛깔나는 튀김을 만들어주며 인생을 보냈다. 그리고 오늘도 가게 문을 닫고 테니스를 치러 갈 것이다. 할아버지가 부디 오랫동안 건강하게 테니스를 칠 수 있기를, 진심으로 바랄 뿐이다.

평소 맛 평가에 매우 인색한 남편이 가게를 나오며 한마디 한다.

"예전에 갔던 그 미슐랭 집보다 이 집이 더 맛있는 것 같아. 코스인데 이상하네. 입안에 남는 게 없이 깔끔해."

나는 그 이유를 알 것 같았다. 맛은 우리의 마음에 남았으므로.

ADDRESS 6 chome-1-6 Minami Aoyama, Minato-ku, Tokyo

변함없는 시간이 머무는 곳

킷사텐을 좋아한다. 싱싱한 계절의 꽃과 클래식 혹은 재즈, 깐깐한 맛의 커피, 그리고 적당한 거리감의 노주인을 만날 수 있는 곳. 동네 사랑방처럼 드나드는 아저씨 한두 명이 그곳의 그림자처럼 앉아 신문을 펼쳐 들고 읽는 곳.

오랜 액자 속 풍경 안에 내가 들어가 있는 듯한 기분이 킷사텐이 주는 매력이다. 모든 것이 격변하는 세상이지만 때로는 변하지 않는 것도 있었으면 하는 마음이 드는 날엔 동네 킷사텐을 찾는다.

킷사텐의 매력이 무엇이냐고 묻는다면 나는 '이야기'라고 말하고 싶다. 만남과 이별, 기쁨과 슬픔, 혹은 시시껄렁한 추억의 조각들이 공기 속에 떠다니며 공간만의 '이야기'를 만든다. 그곳엔 '역사'나 '유래'라는 거창한 단어를 운운하지 않고도 보통 사람들의 한숨 돌리던 휴식의 시간이 적재되어 있다. 우리가 진주회관에서 콩국수를 먹을 때 비단 맛으로만 먹지 않듯, 다음의 공간들에서 애틋한 추억을 먹고 마신다. 과거의 시간을 경험해 본 적 없어도 이상하게 편안하고 친근하다.

특히 주말에는 호텔 대신 킷사텐에서 가벼운 아점 식사를 즐겨 보기를. 주말엔 모두가 새로 생긴 곳, 화제인 곳, 특별한 곳으로 향하기 때문에 주중에 회사원들로 복작거렸던 도심의 킷사가 오히려 한적하고 느긋한 시간을 보낼 수 있는 곳이 된다. 이웃 주민들과 함께 진짜 킷사의 멋을 느끼며 어디서 먹어본 듯 그리운 맛을 천천히 음미해보길 바란다.

● **Lion** 라이온

육중한 문을 열고 들어가면 공기가 바뀌고 시간을 여행하는 듯한 묘한 기분에 사로잡힌다. 시부야의 성장과 변화를 지켜온 명곡 킷사 라이온 얘기다. 사실 현재의 도겐자카 쪽은 러브호텔들이 즐비하고, 술 취한 영혼들이 늦은 밤 흥청망청 거리를 누비는 곳이라는 인상이 강하다. 하지만 잠시 시끌벅적한 시부야에서 토끼굴처럼 숨어 들어갈 곳도 필요하다면 라이온만한 곳도 없을 것이다. 무엇보다 혼자 갈수록 좋은 공간이 있다는 건 이 번잡한 도심에서 얼마나 안심할 만한 일인지!

마음에 부담을 가지지 않아도 되는 포인트는 하나 더 있다. 풀을 맥여 빳빳하게 다린 듯 하얀 커버를 씌운 모든 좌석은 스피커를 마주하도록 일렬로 배치되어 있기 때문에 주변의 시선을 신경 쓸 필요가 전혀 없다. 이 말인즉슨 이곳은 친구와 수다를 떨러 오는 곳이 아니라는 것. 이곳에서 철저하게 보장된 것은 각자가 음악을 듣는 시간, 혹은 조용히 사색하는 시간이다. 유행하는 디저트 하나 없고, 사진도 금지이지만 커피값만 내면 우드 스피커에서 나오는 박력 넘치는 소리의 음악을 마음껏 들을 수 있다.

세월이 고스란히 느껴지는 인테리어는 이곳의 역사를 그대로 느낄 수 있는 단서이자 이 공간이 한결 매력적으로 다가오는 이유. 추후에 알게 됐지만 점내 장식이나 외장 대부분은 손기술 좋은 초대 사장 야마데라 야노스케 씨가 하나하나 직접 손으로 만든 것이라고. 오랜 시간 세대를 거치며 오늘날에도 변함없이 손님들의 소중한 아지트로 남아있다는 것은 누구나 인간은 여백이 필요하다는, 영원불멸한 삶의 진리를 증명하는 것일까. 이곳에 조용히 앉아 커피를 홀짝이며 음악을 듣고 있노라면, 애정을 갖고 보살피며 지켜낸다는 것, 조용히 천천히 자신의 속도로 무언가를 끊임없이 하는 것의 가치와 의미에 대해 생각하게 된다.

ADDRESS 2 chome-19-13 Dogenzaka, Shibuya-ku, Tokyo
MORE INFO lion.main.jp

● **Coffee Tei** 카페 테이

어둑어둑한 저녁 시간, 커피 테이는 남녀노소 사람들로 북적였다. 어둡고 차분하고 어딘가 성스러운 분위기도 난다. 주말이긴 했지만 클래식한 음악과 절제된 조명이 그러한 감성을 한껏 자아냈다. 1983년 개업해 이어져오고 있는 이곳은 실내 공간마저 커피숍의 다부진 역사를 그대로 간직한 타임 캡슐 같다. 킷사텐은 커피도 커피이지만 풍경의 일부가 되는 경험과 분위기도 한몫을 한다. 이런 풍경 안에 있는 내 자신이 마구 좋아져서, "아 정말 좋구나!" 하는 꾸미지 않은 감탄사가 나오곤 한다.

이곳은 품질이 좋은 원두를 거칠게 간 후, 물을 끊이지 않고 한번에 계속 따르는 독특한 방식으로 내린다고. 그래서 원두의 맛과 감칠맛, 향을 섬세하게 이끌어낼 수 있다고 했다. 주문 후 콩을 갈아서 정성스럽게 끓여내준 브랜드 커피는 풍부하고 깊이 있는 맛이 일품이었다. 산미와 맛, 향, 무게의 균형감이 더도 말고 덜도 말고 딱 좋았다. 추가로 커피를 한 잔 더 주문하면 300엔을 할인해 주는 서비스도 받을 수 있다.

이곳의 또 다른 인기 메뉴는 레어치즈 케이크와 몽블랑. 레어치즈 케이크가 하도 유명해서 시켜봤는데 살짝 시큼하면서 꾸덕꾸덕한 텍스처가 엄마의 치즈 케이크를 먹는 듯했다. 어릴 때부터 엄마가 많이 구워주던 치즈 케이크는 사워 크림에 필라델피아 크림치즈를 아낌없이 넣고, 위에 윤기 나는 블루베리잼을 듬뿍 얹은 모양이었다. 언니랑 둘이 그만 만들라고 해도 오랫동안 엄마의 단골 디저트 메뉴는 피칸 파이와 치즈 케이크 사이를 쉼 없이 오갔는데, 이 킷사텐에서 맛본 치즈 케이크가 지금까지 먹은 것 중 제일 가까운 맛인 듯했다. 기교나 멋을 부리지 않은, 기본에 충실하고 정성껏 만든 느낌이랄까. 그런 진심이 진하게 느껴지는 케이크였다. 부드럽고 달지 않은 몽블랑도 정말 신선해서 진한 커피와 곁들임 메뉴로 좋았다. 집 앞에 있다면 자주 드나들고 싶은, 이런 아름다운 커피숍은 부디 오래오래 남아주었으면.

ADDRESS B1~1F 1 chome-7-2 Higashikebukuro, Toshima-ku, Tokyo

● **Café de Lambre** 카페 드 람부르

일본 최고의 핸드 드립 킷사텐으로 알려진 카페 드 람부르. 긴자의 안쪽 골목에 위치한 이곳의 시작은 1948년. 좌석은 불편하고 규모도 작고 심지어 담배 냄새가 테이블 곳곳에 배어있지만 그래도 묘하고 고풍스런 분위기가 마음을 끈다.

전쟁 때문에 독일에서 공수해 오던 원두의 뱃길이 막혀, 시베리아를 횡단해 배달을 해 왔는데 그마저 러시아와 일본의 관계가 악화되어 5년이나 걸렸다고 한다. 그런데 주인장 할아버지 세키구치 이치로 씨가 그 숙성된 원두 맛에 감탄하며 그때부터 에이지드 빈(aged beans)을 사용했다는 흥미로운 스토리가 있다. 관광객부터 나이 지긋한 할아버지, 잠깐 쉬어가는 회사원까지 세대와 성별, 국적을 불문하고 오로지 커피 하나에 모일 수 있는 멋진 공간이다. 세월이 묻어나는 삶의 진짜 멋과 스타일이란 바로 이런 것 아닐까.

ADDRESS 8 chome-10-15 Ginza, Chuo-ku, Tokyo
MORE INFO cafedelambre.com

● **Chatei Hatou** 차테이 하토우

정신 없는 카오스로 대변되는 시부야 한복판에서 잠시 도망치고 싶을 때는 차테이 하토우가 정답이다. 특히 다소 산미가 있고 레이어가 많으며 프루티한 요즘 커피숍의 신과는 다르게 묵직하고 다크하며 부드러운 로스트의 커피를 선호하는 사람이라면 꼭 추천하고 싶은 가게. 블루보틀의 창업자 제임스 프리먼이 많은 인터뷰에서 자신이 지향하는 궁극의 커피숍으로 고백하기도 했다.

어두운 실내에 고상한 꽃꽂이와 로즈우드 나무 소재의 가구, 세월을 머금은 소품들이 아늑하고도 초현실적인 분위기를 자아낸다. 손님이 늘 많은 탓에 음료를 받기까지 시간이 다소 걸리지만 이곳의 향긋한 핸드 드립 커피와 시폰 케이크는 오래도록 생각날 장인의 걸작이다.

ADDRESS 1 chome-15-19 Shibuya, Shibuya-ku, Tokyo

Chatei Hatou

● **J cook** 제이 쿡

우리가 스타벅스나 블루보틀과는 달리 오래되고 촌스러운 멋의 킷사텐을 찾는 이유, 그러니까 이곳에 기대하는 것은 분명하다. 첫째는 분위기가 좋을 것, 둘째는 커피와 디저트 맛이 좋을 것, 그리고 셋째는 다시 분위기. 특히 요즘엔 인스타그래머블(instagrammable: 인스타그램에 올릴 만큼 비주얼이 상당한 것)할 것.

제이 쿡이 1987년 오픈한 이래 세대를 넘나들며 사랑받는 건 이 세 가지 까다로운 조건을 모두 만족시키는 진구마에의 숨은 보석이기 때문이다. 마음씨 좋은 친절한 노부부가 운영하는 이곳의 진짜 매력은 유리 천장에서 새어 나오는 빛과 훌륭한 재즈 선곡이 자아내는 묘한 아름다움. 귀는 음악에, 눈은 오후의 빛에 머물다보면 도쿄의 시간이 잊을 수 없는 드라마가 된다. 귀여운 강아지 모양 디저트와 짜릿한 맛의 레몬 스쿼시는 몸과 마음을 리프레시할 수 있는 최상의 조합이고 나폴리탄과 필라프도 인기 메뉴다.

ADDRESS 3 chome-36-26 Jingumae, Shibuya-ku, Tokyo
MORE INFO j-cook.jp

● Royal 로열

유라쿠초에 있는 교통 회관 지하에서 넥타이를 맨 나이 지긋한 남성 직원들의 접객을 받으며 심플한 일본식 명란 파스타를 즐길 수 있는 곳. 역시 우동의 나라 일본이 제일 잘하는 건 면발이다. 알싸하게 올라오는 매운 맛까지. 사실 제일 맛난 파스타는 별것 안 들었는데 맛있어서, '심플 이즈 더 베스트'라는 진리를 다시금 깨닫게 한다. 이것이 진짜 내공이다.

계산대에서 종업원 할아버지께 파스타가 맛있다고 칭찬했더니, 생 파스타로 만드는 오래된 메뉴라 단골 고객이 많다는 얘기를 들려주었다. 주문한 홍차에 편하게 넣으라고 숟가락 위로 올려주는 레몬 한 조각의 센스, 레트로한 쇼와 분위기의 인테리어도 정겹다.

ADDRESS B1F, 2 chome-10-1 Yurakucho, Chiyoda-ku, Tokyo

● Enseigne d'angle 안세뉴 당글

비가 세차게 오는 어느 오후 비를 피하려 들어간 지하에서 비밀스러운 공간을 만났다. 하라주쿠의 번잡스러움에서 살짝 빗겨가 있는 뒷골목의 킷사텐으로 주인의 세련되고도 섬세한 취향을 엿볼 수 있다.

카운터 자리 말고 일반 좌석은 간격이 살짝 떨어져 있어 각자의 독립적인 공간이 보장된다. 노트북으로 일하거나 개인적인 작업을 하는 사람들이 눈에 띄는 것은 바로 이 때문. 책을 읽으며 혼자만의 시간을 즐기기에 좋은 카페다. 이 곳의 시그니처 메뉴는 호박의 여왕.

ADDRESS 5 chome-15-25 Minamiazabu, Minato-ku, Tokyo

● Coffee Aloma 커피 아로마

1964년 오픈해 지역 주민들에게 변함없는 사랑을 받고 있는 곳. 커피 아로마에 가기 가장 좋은 때는 여름 한낮의 오후나 혹은 평일 이른 아침이다. 아사쿠사를 걷다가 더위에 꽤나 지쳤을 때, 혹은 아침을 일본인답게(?) 시작하고 싶을 때 아로마는 가장 완벽한 휴식 또는 정다운 하루의 시작을 선물해 줄 것이다.

살구 주스는 생살구에 얼음을 간 것으로, 눈이 번쩍 떠 지는 새콤하고도 달달하면서 아주 진한 맛이 매력적이다. 딸기 주스도 인기. 토스트는 인근 유명 펠리컨 베이커리의 두툼한 식빵을 사용한 것이 특징으로 잼과 땅콩 버터, 버터를 추가할 수 있다.

나이 지긋한 아저씨, 할아버지의 사랑방으로, 다양한 연령대의 사람들이 사이사이 앉아 야구 중계를 물끄러미 바라보거나 오손도손 수다를 나누는 모습을 보고 있자면 그런 평화로움이 내 마음에도 깃드는 것 같은 기분이 들 것이다.

ADDRESS 1 chome-24-4 Asakusa, Taito-ku, Tokyo

나만 알고 싶은 재즈 킷사

'다행이다! 오늘은 오픈이구나!'

안도의 한숨이 터져나왔다. 진보초역과 오차노미즈역의 사이쯤, 외진 골목에 '재즈 올림푸스'가 있다. 늦여름쯤이었나. 이곳을 찾은 나는 굳게 닫힌 카페 문 앞에서 아쉬워하며 발길을 돌려야 했다.

재즈를 좋아하는 사람들 사이에서 '나만 알고 싶은 재즈 킷사'로 알려져 있는 곳이 바로 여기다.

야호, 속으로 쾌재를 부르며 신난 표정으로 들어가니 주인아저씨가 나를 신기한 눈으로 쳐다본다.

자리에 앉자마자 "여기 어떻게 찾아왔어요?" 물어보는 것만 봐도 그렇다. 순간 '내가 이런 데 안 오게 생겼나?' 싶었는데, 그렇게 솔직하게 말하는 것은 도쿄 사람들에겐 실례인 것 같아 대신 이렇게 대답했다.

"재즈도 좋아하고 카레도 좋아해서요."

아저씨가 아무런 대꾸 없이 웃으며 맞이해줬다. 마치 '용케 알고 왔구나!' 하는 흐뭇한 미소였다.

아닌 게 아니라 여기는 카레의 성지, 진보초가 아니던가.

재즈 올림푸스는 아카 치킨 카레(빨간 소스의 치킨 카레)가 유명한 집이기도 하다. 카레를 먹으면서 재즈 음악을 실컷 듣는 거다. 주로 1950~60년대의 스탠다드 앨범들을 중심으로 아날로그 레코드를 3천 장 정도 보유하고 있는데, 60년대 제조한 JBL의 스피커 모델 '올림푸스'로 들을 수 있다.

내가 온 시간은 오후 1시 반쯤, 메뉴판에는 '2시 이후는 음악을 실컷 즐길 수 있도록 행복한 리스닝 타임이 시작된다'라고 쓰여있었다. 즉, 음량이 커진다는 뜻이다.

과연 그랬다. 오후 2시가 다 되어가자 어떤 손님들의 무리가 들어왔는데 주인은 문 앞에서 이렇게 말하는 것이었다.

"2시부터는 음량이 커져서 이야기를 할 수가 없습니다. 괜찮으시겠어요?"

손님들은 "아 그럼……" 하면서 가게를 나갔다.

주인은 잡지 않았다.

이곳은 재즈 음악의, 음악에 의한, 음악을 위한 가게였다. 완벽하게 음악을 들으러 오는 곳.

오후 2시가 넘어가자 신기하게도 혼자인 손님들이 한둘씩 조용히 들어왔다. 그들은 서로 멀찌감치 떨어져 앉아 신문을 펴서 읽기도 하고, 수첩을 열어 무언가를 쓰기도 하며 자신만의 시간을 즐겼다.

THE VILLAGE VANGUARD
WHY NOT
VIERD BLUES
BESAME MUCHO
WILD IS THE WIND

CHRIS CONNOR
Sings Lullabys of Birdland
RCA
Louis Armstrong
Ortofon
LIGHT-WEIGHT PICK-UP ARM

언젠가 인스타그램 어디선가 봤던, 취향 좋은 일본인들의 글귀가 떠올랐다. 시부야의 베이커리 비론(Viron)의 2층을 두고서 하는 말들이었다.

"아, 여기 제가 혼자 가는 곳인데요."

"정말요? 저도 그래요."

일본에 살다 보면 '어른의 ○○'란 단어를 자주 접한다. 잡지에도, 팜플렛에도, 방송에도 정말 많이 나오는 단어가 '어른'이다.

어른이 뭐길래. 왜 어른이라는 말에 집착할까 생각했는데 이날, 이 재즈 킷사에서 주인아저씨가 선곡한 재즈 메들리를 들으며 생각했다. 어쩌면 일본에서 어른이란, 자신만의 확고한 방을 가진 자들이 아닐까 하고. 하루 중에 꼭 한번 그 문을 열고 들어가 사색을 즐기는 사람들. 뭔가 좀 멋지지 않나. 그럴 때 일본의 어떤 숍들은 기꺼이 지지자의 역할을 자처한다. 재즈 올림푸스처럼.

이 날은 루이 암스트롱, 데이브 파이크, 빌 에반스, 크리스 코너, 니나 시몬, 아트 블레이크 음악이 나왔다. 여기, 이날 들은 이들의 음악을 소개하니 재즈 올림푸스의 온도를 가늠해 보길.

ADDRESS 3 chome-24 Kanda-Ogawamach, Chiyoda-ku, Tokyo
MORE INFO jazz-olympus.com

Louis Armstrong "Fifty-Fifty Blues"

Dave Pike "Why Not"

Bill Evans "Vierd Blues"

Chris Connor "Chiquita from Chi-Wah-Wah"

Nina Simone "A Cottage for Sale"

Art Blakey & the Jazz Messengers "The Summit"

Art Blakey "Moanin'" (from Live in Leverkusen)

카이센동 한 그릇에 담긴 수고스러움

츠지한
Tsujihan

일본 각지에서 스시, 사시미, 카이센동의 각종 해산물 요리를 먹은 지 어언 3년, 이쯤 되면 생선 자체의 선도나 식감에 감탄하기보다는 물고기의 지역별 강자와 수산물의 전반적인 유통체계, 그리고 가게의 식자재 관리 시스템이 궁금해진다.

오랜만에 카이센동의 절대 강자 츠지한에 들렀다. 사실 카이센동의 하이라이트는 마지막에 다시차즈케로 말아먹는 밥. 셰프님에게 접시를 들어 보이며 눈짓하면 알아서 다음 순번으로 넘어간다. 컨디션이 안 좋은 날 우리나라에서 삼계탕을 먹는다면 일본에는 다시차즈케나 카레를 먹는 것이 보통이다. 몹시 추운 날, 어깨에 폭신폭신 두툼한 담요를 두른 느낌이랄까. 둘 다 좋은 재료로 몸을 데워 보호해주는 고마운 음식이다.

국물을 몇 숟갈 들이키고는 몸속에서부터 "캬! 좋다" 하는 탄성이 절로 나오자 자연스레 궁금증이 샘솟는다. 저기 저 솥에서 팔팔 끓고 있는 국물 맛의 정체를, 나 오늘은 기필코 파헤쳐 보겠노라. 가게의 분위기와 손님들의 눈치를 슬쩍 본 후, 적당한 타이밍에 질문을 던진다. 셰프님의 상황도 손님의 다시차즈케를 부어 내주고 반응을 지켜보는, 약간의 휴식 시간이니 이때가 딱 좋다.

“여기 생선이 들어간 거죠?” 내가 물꼬를 텄다. 사실 도미 머리가 들어간다는 것쯤은 이미 알고 던진 질문이다. 셰프님은 “아, 네네. 도미 머리가 들어갔지요.” 대화가 끊길 새라 비집고 한 발짝 더 들어간다. “정말 맛있네요. 그런데 도미만은 아닌데. 마늘이랑 다시랑…….”

잠깐, 여기서 조언 하나. 일본에서 상대방에게 원하는 반응을 이끌어내기 위해서는 말을 한 템포 쉬어준다. 그리고 말꼬리를 살짝 끌어주고 흐려주는 말투가 필요하다. 농담 반 진담 반, ‘스미마셍, 아노, 춋토’만 알아도 밥은 안 굶고 살 수 있다.

그러자 셰프가 내 얼굴을 쳐다보더니 잠시 침묵한 후, 빙그레 미소 지었다. 무수히 많은 경험을 통해 이 웃음의 의미를 잘 알고 있다. 이건 빗장을 허무는 순간이다.

“파슬리, 샐러리, 당근, 마늘, 다시, 양파가 들어가요. 아주 오랜 시간 끓이는 거예요.”

아, 파슬리와 샐러리라……. 이탈리안에서 주로 쓰는 이 재료들이 일본의 다시차즈케에도 들어갈 수 있구나. 깊고도 깔끔한 국물의 비밀이 풀리는 순간이다. 베지터블 스톡, 그러니까 야채 육수에 들어가는 기본 재료들이 다시차즈케에도 들어가는 것이다. 결국 세계에 통하는 음식을 만들려면 모두에게 익숙한 만국 공통의 재료가 들어가야 한다는 뜻이려나.

카이센동으로 바다의 향을 가득 머금어보고, 또 이를 개운하게 비워

내기 위해 다시차즈케를 만들어낸 이곳 사람들. 이 한 그릇을 위해 얼마나 많은 노력을 투자했을까를 생각하며 우리나라의 대대손손 이어 내려오는 냉면과 곰탕 맛집을 떠올렸다.

단순해 보이는 냉면 하나, 육수 하나 만들기 위해서도 수많은 연구와 손맛의 시행착오를 떠올리면 일본에서 한국식 냉면을 잘 만들어내지 못하는 이유도 조금은 이해가 간다. 시중에 파는 육수를 공수해 쓰니, 제대로 된 냉면 한 그릇 나올 리 만무하지.

일본에서는 밥을 먹을 먹고 나서 "고치소우사마데스(ご馳走様です)" 라고 소리 내어 말한다. 우리나라의 "잘 먹었습니다"라는 말의 식사 예절로, 한국보다는 좀 더 철저하다고 할까, 몸에 새겨진 습관처럼 당연하게 지키는 분위기다. 여기서 '치소'는 흔히 '맛있는 요리', '대접'을 의미하는데 어원은 '달리다'에서 나온 것이다. 즉, 한끼의 식사에 많은 사람들이 함께 일하고 달렸다는 것이다.

이 날 나는 더욱 또렷하고 선명한 발음으로 인사했다. 좋은 재료를 찾고 손질하느라 이른 새벽부터 부지런히 움직였을 셰프님에게, 자연의 생명을 가득 머금은 다시마와 야채를 내놓기 위해 세월의 주름이 깊게 파였을 이름 모를 누군가의 거친 손에, 바닷속을 건강하게 헤엄쳐준 물고기들에게, "고치소우사마데시타!"

Kuei Building 1F, 3 chome-1-15 Nihonbashi, Chuo-ku, Tokyo
MORE INFO tsujihan-jp.com

つじ半

다 아는 맛의 깊이

일본에서 카레를 왜 이렇게 많이 먹었나 생각해 보니 카레를 다양하게 변주하는 가게가 그만큼 많았기 때문이다. 카레는 일본인의 일상이다. 통계에 따르면 일본인은 한 달에 세 번 이상은 카레를 먹고(체험상 일주일에 한 번은 될듯), 일본의 카레 루 소비량은 인도에 이어 세계 2위라고 한다.

인도 요리로 출발한 카레는 영국으로 넘어가 그곳에서 서양의 좋은 것은 무엇이든 모방하려는 메이지 시대의 일본인들을 만나 지금의 스타일로 변형되었다. 책 『카레라이스의 모험』—톰소여의 모험에서 착용했을 것이 분명한, 이 앙증맞은 이름조차 너무나 일본답다—에 따르면 카레가 국민 음식으로 전파된 것에는 군대와 학교의 역할이 컸다고 한다. 일본의 근대화 과정에서 중추적인 역할을 담당한 이 두 기관에서 카레를 처음 접한 이들이 고향으로 돌아가 영양학적으로도, 맛으로도 푸짐하고 풍부한 카레집을 냈다는 것.

얼마 전 일본인 친구가 뉴스 링크를 보내왔다. 어느 날, 내가 그녀를 데리고 갔던 진보초의 카레집 '키친 난카이'가 폐점하게 되었다는 소식이었다. 사진에는 이곳에서의 마지막 카레를 먹기 위해 긴 줄을 선 손님들의 모습이 보였다. 카레집 하나 사라지는데 뉴스에 대문짝만하게 나올 일인가. 아무렴, 여기는 미식의 나라 일본이다.

이 카레집은 1966년, 쇼와 41년에 창업해 지금까지 일본인들의 사랑을 듬뿍 받았다. 하루에 4백 그릇 이상의 커틀릿 카레 주문이 들어왔던 곳이었다. 폐점 이유는 건물의 노후화로, 날짜는 점포 계약 기간의 종료에 맞춘 것이다.

점장인 나카죠 씨는 '옛날부터 오고 있는 단골 고객이 걱정'이라 근처 진보초에 마땅한 자리를 찾아 다시 개점한다고 밝혔다. 그는 이곳을 창업한 '미나미야마 시게루' 씨의 조카로, 중학생 때부터 가게의 심부름을 하러 왔다가 20년 전부터 주방장이 되어 같은 맛을 지켜왔다. 뉴스에 나온 사진을 보니, 내가 처음 이곳을 방문했던 날 카메라를 들이대는 나를 향해 환하게 웃어 보이던 바로 그분이었다. 맛있게 먹는 우리의 모습을 흐뭇하게 지켜보던 그 다정한 표정을 기억한다.

"개점 초기, 당시 학생이던 손님이 노신사가 되어서도 찾아오는데, 변함없는 맛으로 안도한다고 말해줘요. 그게 가장 기쁩니다."

나를 기억하는 공간이 존재한다는 것은, 계산할 수 없는 안도감이다. 그는 이 장문의 기사에서 새로운 점포에 대한 의지도 밝혔다.

"변하지 않는 맛을 계속 지켜나가고 싶어요. 맛은 절대 바꾸지 않습니다. 일하기 시작했을 때부터 그렇게 생각했어요. 여기 온 손님들이 그것을 제일 걱정하는 것 같아서요."

어쨌든 키친 난카이는 처음 영업을 시작했던 곳에서 위치만 바꿔 다시 시작한다. 완전히 문을 닫는 것도 아닌데, 왠지 기사에 낚인 기분이 들지만. 옛것을 신줏단지 모시듯 하는 일본인의 정감 어린 호들갑에 당한 거겠지.

나는 어쩌다 카레에 빠지게 되었을까, 나도 모른다. 일본에서 다양한 스타일의 카레를 접하며 카레 맛의 스펙트럼을 경험하기도 했고, 야채와 고기가 듬뿍 들어간 이 한 그릇 음식이 주는 포근한 포만감이 점점 좋아졌다. 타지에 나와 살다 보면 별 게 다 감동일 때가 있다. 마음과 몸이 조금 버거운 하루 중에 만난, 카레에는 문득 사무치게 그리운 엄마의 향기가 났다.

참고로, 일본에서는 우리나라와 달리 카레 루를 밥과 잘 섞어 먹지 않는다. 조금씩 조금씩, 밥에 카레를 얹어서 먹는다. 루와 밥의 비율을 속으로 잘 생각하면서 눈앞의 그릇을 비워가는 것이다. 그 모습이 매번 재미있어서 카레집에 가면 주위의 그릇을 관찰하곤 하는데 이날은 볼 사람이 없었다. 난 아직도 이 비율을 맞추는 일에 서투르다. 언제나 내 그릇 위에는 일정량의 밥이 나머지 공부하는 학생처럼 덩그러니 남아있다. '뭐 어때, 내 식대로 먹지' 하면서 자동적으로 조금씩 비벼 먹고 있는 나를 보면 영락없이 비빔밥 문화에서 자란 한국인이 맞구나 한다.

여기에 소개하는 곳은 수십 곳의 카레 맛집을 오타쿠처럼 파고 다니면서 결론에 이른, 내가 진심으로 아끼는 가게를 엄선한 것이다. '카레 맛이 다 거기서 거기지 뭐'라고 생각하는 이들이 있다면 손잡고 데리고 가고 싶다.

● **Kitchen Nankai** 키친 난카이

일본에는 특정 음식의 성지 같은 곳이 존재한다. 카레의 격전지는 진보초다. 진보초는 중고책 서점이 몰려있는 지역인데, 거리를 걸을 때마다 먼지 가득한 책 향기 사이로 향기로운 카레 냄새가 올라오는 매우 독특한 동네다.

우리에게 김치찌개와 삼겹살이 소울푸드라면, 일본인에게 영혼을 채우는 음식은 카레와 나폴리탄 스파게티와 같은 일본식 서양 음식이 아닐까 한다. 그중에도 키친 난카이는 카츠 카레의 원조격으로 불리는 진보초의 명물.

짜장 색을 연상시키는 진하디진한 소스가 이곳의 특징인데, 신기하게 먹을수록 매운 맛이 스멀스멀 올라온다. "일본인에겐 많이 매운 것 아닌가?" 싶어 주위를 둘러보니 우리 일행을 빼고는 일본인 아저씨들이 빼곡히 앉아 카레 접시를 맛있게 비우고 있다.

식감이 살아있는 카츠 또한 씹으면 씹을수록 고소하고 담백하다. 카츠 카레에는 무조건 후쿠진즈케(잘게 썬 무 등으로 만든 일본식 장아찌)를 곁들여야 한다. 카레와 후쿠진즈케의 조합을 만든 건 대체 누굴까. 과연 천재다.

ADDRESS 1 chome-39-8 Kanda Jinbocho, Chiyoda-ku, Tokyo

● **Hatos Outside** 하토스 아웃사이드

하토스 아웃사이드의 카레는 조금 특별하다. 사람을 끌어당기는 매력이 있다고 할까. 머리에 꽃을 단 카레라고 내 마음대로 별칭을 붙었지만 비단 독특한 플레이팅 때문만은 아니다. 누구는 "그래봤자 카레일 뿐이잖아"라고 말할지 모르지만 나는 이 맛을 내기란 쉽지 않았을 거라 단언할 정도다. 일본의 수많은 카레집을 다닌 나도 "와 정말 매력있구나!" 감탄하며 이처럼 단번에 사랑에 빠진 곳이 흔치는 않다.

하토스 아웃사이드는 가쿠게이 대학의 인기점 보보(Vovo)에서 주방을 맡아온 오가와 씨가 하토스 바의 자매점으로 연 곳이다. 단맛, 신맛, 매콤한 맛, 구수한 맛, 향긋한 맛의 카레가 가진 여러 맛들이 조화롭게 균형을 잡고 있다. 진화를 거쳤다고 해야 하나. 이곳만의 카레가 가진 감칠맛이 분명하게 입안을 오래도록 감싸고 돈다.

제일 좋은 것은 역시 밥과 함께 먹을 때. 플레이트에 완만한 산을 이루는 밥에 조금씩 카레를 얹어 먹는다. “밥이 이렇게 살아있을 수 있나요? 니이가타 쌀일까요?”라고 물으니 직원의 대답은 이랬다. “네 맞아요. 니이가타인데 고시히카리는 아니고 고시이부키를 쓰죠. 스시집에서 스시 샤리(초밥에 사용되는 밥)에 주로 쓰는 품종이에요.”

아, 그래서 이렇게 꼬들꼬들하면서도 씹는 맛이 좋았던 거구나. 요리를 하는 사람은 알겠지만 단지 밥을 지을 때 물과의 밀당으로 나올 수 있는 정도의 찰짐이 아니었다. 네타(초밥에 올라가는 재료)와는 달리 카레 루와 만나면 자신의 매력을 만천하에 드러내는 것이구나. 밥의 세계란 참으로 심오하다.

비프 카레는 (매운 것에 약한) 혀가 회초리를 맞는 것처럼 매서운 매콤함이 있지만, 끊고 싶지 않을 정도로 중독성이 있다. 걸쭉하게 진한 루에는 콧물 흘려가며 계속 먹어도 입에 착착 감기는 마력이 있다. 물론 매운 것을 잘 먹는 사람이라면 거뜬히 먹을 것이다.

치킨은 보다 순하고 부드럽다. 커다란 살코기가 아낌없이 듬뿍 있어서 먹고 나면 기분 좋게 배가 불러온다.

이곳의 또 다른 매력 포인트는 크래프트 맥주를 다양하게 맛볼 수 있다는 것. 포틀랜드의 자이잰틱 브루잉을 중심으로 제공하는데, 카레와의 궁합이 깔끔하고 시원시원하다. 그밖에도 와인과 칵테일도 주문할 수 있다.

ADDRESS Ito Building 1F, 4 chome-22-5 Akatsutsumi, Setagaya-ku, Tokyo
MORE INFO hatosoutside.org / @hatos_outside

● **Curry Bondy** 커리 본디

본디는 아마도 도쿄에 사는 일본인이라면 누구나 다 아는 카레집일 거다. 일본에서 만날 수 있는 카레의 정석 혹은 교본 같은 곳이랄까.

1968년에 창업자 무라타 코이치 씨가 그림 공부를 위해 프랑스로 건너가 레스토랑에서 일하며 접하게 된 브라운 소스를 베이스로 카레의 향신료를 더해 완성한 카레로, 인도의 향과 유럽의 맛을 동시에 느낄 수 있다.

대표 메뉴는 비프 카레. 먹자마자 '흠~' 하는 소리가 절로 나온다. 전반적으로 맛이 부드러운 건 유제품을 풍부하게 사용했기 때문이다. 과일과 양파 등 야채를 버터에 장시간 볶고, 와인으로 조린 루를 만들어 그 위에 버터와 레드 페퍼 등을 활용했다고. 그래서인지 달콤함 속에 은근한 매운맛이 나오는 매력이 있다. 큼직하게 잘라 넣은 고기 또한 양이 많고 부드러워서 먹는 내내 만족감이 크다. 밥에 뿌려진 치즈와 애피타이저로 나오는 알감자와 버터는 카레와 절묘한 궁합을 이룬다.

ADDRESS Kanda Used Book Center 2F, 2 chome-3 Kanda, Jinbocho, Chiyoda-ku, Tokyo
MORE INFO bondy.co.jp

● **Ethiopia** 에티오피아

1988년 오픈한 이래 타베로그(일본의 맛집을 총정리한 사이트)에서 언제나 1-2위를 다투고 있는 유명 인도식 카레집. 야채를 장시간 끓여 걸쭉하게 만든 루에는 몸에 좋은 영양소와 식이 섬유가 가득하다. 특히 이곳에서 사용하는 12종류의 향신료는 약초로 쓰이고 있는 한방 약재라 먹으면 개운하고 신진대사가 촉진되는 느낌이다. 믹스 비프와 야채 카레를 좋아하는데, 지금껏 먹었던 카레 중에서 맛과 향의 밸런스가 가장 좋았던 카레로 기억한다. 매운맛, 단맛, 허브 맛, 감칠맛의 균형이 조화롭다. 자리에 착석하면 주는 포실포실한 알감자는 얼마든지 리필이 되며(다 못 먹는 것이 함정이지만), 함께 주는 살짝 녹인 버터의 정도(냉장고에서 갓 꺼낸 딱딱한 버터 싫잖아요, 안 그래요?)가 마음에 든다. 남은 버터는 카레 소스에 넣어 먹으면 고소함이 배가 된다. 매운 맛은 0부터 70까지 선택이 가능하다.

ADDRESS 3 chome-10-6 Kanda Ogawamachi, Chiyoda-ku, Tokyo
MORE INFO ethiopia-curry.com

● **Murugi** 무루기

쇼와 26년, 1951년 개업. 나의 부모님보다 나이가 많은 카레집은 오랜 시간 대를 거치며 일본인들의 사랑을 받았다. 대작가 이케나미 쇼타로도 이곳의 오랜 팬 중 한 명이었다고. 선대의 사장은 인도에서 직접 카레를 배워 와서 일본인의 입맛에 맞게 변형시켰다. 쓴맛과 향신료가 절묘하게 어우러진, 묽지만 진한 인도식 일본 스타일 카레. 여기에 산 모양으로 쌓아 올린 꼬들한 밥이 포인트다.

예전에는 더 매웠던 것 같은데 오랜만에 방문했더니 어쩐지 맛이 한결 순해져 있다. 이곳의 매콤한 카레 맛은 매운맛에 약한 나에게도 매력이 있다. 모두 일본산 재료를 써서 정성스레 일주일간 끓여낸, 그야말로 응축된 맛이 이 한 그릇에 담겨있다. 미각에 민감한 셰프들이 좋아한다고 꼽는 그 옛날의 루 스타일. 그때 만들었던 맛을 지금도 여전히 맛볼 수 있다는 건 어쩐지 다행스럽기도, 감격스럽기도 하다.

ADDRESS 2 chome-19-2 Dogenzaka, Shibuya-ku, Tokyo

● **Sync** 싱크

자, 카레 덕후가 있다면 이곳은 어떨까. 에비수 서쪽 출구로 나가면 조금 지저분한 레스토랑 골목이 보인다. 그 뒷골목 어딘가 2층, 미식가로 알려진 일본의 한 유명 개그맨이 강추하는 카레집이 숨겨져 있다고 해 찾아갔다. 우리나라로 치면 깔끔한 동네 분식집 같은 분위기다.(현재는 메구로 다카반으로 옮겼다.)

이곳에서 기존의 카레와는 전혀 다르지만 크리에이티브한 발상의 재료 조합이 매우 뛰어난 카레를 만났다. 시그니처 메뉴라는 굴 카레. 다소 묽지만 맛은 진한 카레 소스에 주먹 만한 굴이 풍덩 헤엄치고 있는 모양이다. 굴의 신선하고도 시원한 맛이 카레에 깊이를 더하고, 여기에 듬뿍 올려진 크레송(물냉이)이 씁쓸하고도 톡 쏘는 악센트가 되어준다. '매일이라도 먹고 싶어진다', '먹으면 힘이 난다', '결코 집에서는 먹을 수 없는 퀄리티'를 모토로 메뉴를 제공한다는 이 집의 독특한 정신이 한 그릇 카레 안에 모두 집결되어 있다는 걸 느낄 수 있다. 가게 끝에 놓인 커다란 밥통에서 밥을 먹을 만큼 알아서 뜨는 셀프 시스템도 마음에 든다.

ADDRESS 2 chome-13-9 Takaban, Meguro-ku, Tokyo

황홀한 순간이 되어주는 곳

요즘에는 노포에서 먹는 것을 유독 좋아한다. 팬시하고 고급진 음식, 기름진 음식도 먹긴 하지만. 최근 이상하게 마음이 끌리고 편안한 곳, 다시 생각나는 곳은 주로 낡고 오래된 가게들이다. 주인과 가게가 가진 특유의 에너지와 프로페셔널함, 그 속에서 엿보이는 단단한 고집이 좋다. 무엇보다 그런 곳에서 먹는 밥 한끼에는 정감 어린 사람 냄새가 났다. 어쩌면 그것이 그리웠는지도 모른다.

진득하고 묵묵하게 오랫동안 그 자리를 지키고 있는 노포는 사람을 끄는 마력이 있다. 오랜 시간 변함없이 사람들의 사랑을 받을 수 있다는 건 실로 대단한 재능이며 지구력이라는 생각이 든다. B급 구루메는 일본살이나 잦은 일본 여행이 슬슬 지겹고 지루해질 때면, 소설가 성석제가 말하는 '번쩍 하는 황홀한 순간'이 되어줄 것이다. 누구나 마음의 웃음이 필요할 때가 있으니까.

● **Onigiri Bongo** 오니기리 봉고

2대째 59년째 영업 중인 오니기리 집. 고소한 풍미가 씹을수록 살아나는 아리아케 산 김에 넉넉한 재료와 밥을 감싼 투박한 모양이 특징이다. 원하는 재료를 골라 눈앞에서 싸주는데, 초등학교 시절 부엌의 장면이 떠오른다. 타파통에서 막 꺼낸 재료들로 휘리릭 김밥을 말아주던 엄마의 재빠른 손길. 밥 양이 많기 때문에, 적은 양을 요청하면 작게도 만들어준다.(그래도 충분히 크다.) 공기가 많이 들어가 더욱 고슬고슬한 느낌.

ADDRESS Kaneda Building 1F, 2 chome-26-3 Kitaotsuka, Toshima-ku, Tokyo

● **Kamameshi Mutsumi** 가마메시 무츠미

제일 좋아하는 다이토구의 오래된 솥밥집이다. 먹자마자 울컥 눈물이 나올 뻔했는데, 대학 때부터 다닌 인사동의 '조금'이라는 오래된 솥밥집이 떠올라서였다. 이 곳의 맛이 더욱 심심하고 삼삼하다. 직접 만든 츠케모노(절인 저장 식품)와 미소 시루 맛도 일품.
먹는 내내 가게에는 예약 전화가 끊임없이 울렸는데, 따뜻하면서도 빈틈없이 일하는 직원들과 주방장 아저씨의 애티튜드가 참으로 멋졌다.

ADDRESS 3 chome-32-4 Asakusa, Taito-ku, Tokyo

● **Botan** 보탄

메이지 30년(1897년) 창업한 노포 보탄은 일본에서도 드문 닭 스키야키를 맛볼 수 있는 곳이다. 도쿄 구르메들 사이에서도 자주 회자되는 곳이자 지금은 얼마 남지 않은 쇼와 초기 시대의 건물이라 꼭 한번은 방문해 볼 가치가 있다. 특히 작은 중정이 딸린 고즈넉한 공간이며, 직원들의 유니폼과 인테리어 소품, 집기 하나하나까지 낡았지만 이야기가 담긴 것들 특유의 힘이 있다. 비장탄과 무쇠 냄비를 써서 그런지 냄새 하나 없이 쫄깃쫄깃 싱싱한 닭의 식감이 오래도록 기억에 남는다. 달짝지근한 쇼유에 푹 익힌 닭고기를 곱게 푼 달걀물에 찍어 먹다가 니이가타에서 먹는 밥맛 그대로의 찰기 어린 밥을 입안에 머금으면 눈 깜짝할 사이 밥 한 공기 뚝딱.

ADDRESS 1 chome-15 Kanda Sudacho, Chiyoda-ku, Tokyo

다정한 샌드위치

긴자에서는 샌드위치를 먹어야 한다. 샌드위치 하나에도 긍지가 느껴지는 것이 긴자의 매력이다.

80년대풍의 정겨운 찻집 하마노야 팔러. 이곳에 들어서면 그 옛날 명동의 클래식 다방이 이랬을까 싶다. 친구들과 삼삼오오 모여 조금 큰소리로 수다떠는 아줌마 무리에 우리 엄마가 껴 있을 것 같다. 넥타이 맨 아저씨가 사무실에서 몰래 빠져 나와 출출한 배를 채우기 위해 샌드위치를 허겁지겁 입속에 넣는 모습을 보면 자식들 먹여 살리느라 여기 치이고 저기 치였을 아빠의 굽은 등이 떠오른다.

이곳의 샌드위치는 특별할 것 없는 재료지만 엄마의 품처럼 포근하고 따뜻하다. 평소에 나는 이곳에서 타마고 산도를 먹곤 했는데 오늘은 좋아하는 작가가 즐겨 먹는다는 스페셜 샌드위치를 주문했다. 그녀는 이곳을 날개를 접고 잠시 쉴 수 있는 나무라 했던가.

햄의 분홍색, 오이와 양상추의 녹색, 달걀의 노란색. 주문처럼 그녀가 한 말을 속으로 천천히 읊조리며 샌드위치를 한입에 넣고서 오물오물 씹었다.

단정한 폼새에 배색이 아름다운 샌드위치 사이를 삐죽거리며 나올락 말락하는 쥬이시함. 그리고 이내 손에서 미끄러져 해체되는 겹겹의 단면들. 그 예스러운 정성이 어느새 바짝 날이 선 오전의 긴장과 스트레스를 풀어주었다.

위로가 되는 음식이란 별게 아닌지 모른다. 어떤 상황에서도 '괜찮아' 라고 다독여주는 평온한 맛. 삼삼하고 다정한 샌드위치에 작은 위로를 받은 날이다.

ADDRESS Shin-Yurakucho Building B1F, 1 chome-12-1 Yurakucho, Chiyoda-ku, Tokyo
MORE INFO hamanoya-yurakucho.com

진심의 야키자카나

도쿄에 끝나지 않을 것 같은 장맛비가 계속된다. 이젠 익숙하다. 머리로 받아들이니 마음도 이내 끄덕끄덕. 날씨도 세상도 머리로 받아들일 수 없는 것을 가슴으로 품기란 걷기를 배우지 않았는데 뛰라고 강요받는 것만큼이나 어려운 일이다. 일단 머리로 이해하면 다음 단계가 쉬워진다.

오늘은 유독 엄마가 해주던 따뜻한 된장 찌개에 윤기 좔좔 흐르는 이천 쌀로 만든 밥 한 공기가 그리운 날. 로컬들에게 사랑받는 야키자카나(생선구이) 집이라면 나의 바람을 채울 수 있을까. 오랫동안 가고 싶었던 히가시 긴자와 츠키지 사이의 '우오타케'를 오늘의 좌표를 삼았다. 긴 장마에 든든한 갑옷 같은 역할을 해주는 장화를 신고 빗속으로 씩씩하게 걸어 들어간다.

점심 시간이 끝날 무렵이라 가게 앞은 제법 한산했다. 손님들로 꽉 찬 가게 안을 빼꼼 들여다보고는 차례를 기다린다. 가게 유리창에 「단큐

(Dankyu)」 잡지 표지에 실린 가게의 대표 메뉴 사진이 보였다. '혼키(本氣 진심)의 히루메시(점심).'

'제대로 찾아왔구나' 하는 안도감과 기대감이 혹독한 장맛비에 잠시 사그러 들었던 식욕을 다시 불태운다.

이내 한 자리를 차지하고 호기롭게 연어 정식을 주문했다. 촉촉하고 튼실한 연어, 찰기 어린 밥, 맑은 미소국, 그리고 화룡점정, 사랑스러운 우메보시 한 알까지. 사진에 나온 그대로다.

두툼한 연어를 젓가락으로 부셔 입안에 한 점을 넣으니 감동은 곧바로 사진을 뚫고 나왔다. 야키자카나가 이렇게 맛있을 수 있다는 것을 알려주겠다는 듯 연어의 고소하고 생생한 맛이 입안을 휘리릭 점령한다. 여기에 담백하고 짭조름한 미소국을 더하니 긴 장마철이 끝나길 기다리는 나의 참을성에 보상을 받는 기분이 든다.

여느 일본인들처럼 그릇째 들고 먹는 내 모습을 슬쩍 본 듯 직원들의 얼굴이 자신감으로 빛난다. 이천 쌀 못지 않은 부드럽고 쫀득한 흰쌀 밥이 오카와리(한 번 더 리필)를 부르는 것은 당연지사. 밥 위에 살포시 올려진 와인빛 감도는 우메보시는 보너스처럼 소중히 다루고 싶어 끝까지 아껴둔다. 마지막 밥 두 젓가락을 남기고 입으로 쏙. 톡 쏘는 산미가 식사에 산뜻한 매듭을 지듯 혀에 기분 좋은 펀치를 날린다.

계산을 하고 나와 우산을 펼치며 생각했다.

'오늘부로 오랜 시간 나의 넘버원이었던 야키자카나 집의 왕관이 이 집으로 넘어가겠구나.'

이제 커피로 입가심을 해볼까. 근처 투렛 커피(Turret Coffee)로 발걸음을 옮기는 내 등 뒤로 일하시는 아줌마와 아저씨의 마지막 인사가 빗길 위를 경쾌하게 튕겨간다.

"또 오세요."

데시벨이 유난히 높은 인사는 다른 말로 자신의 일을 진심으로 좋아하고 있다는 뜻이라는 걸, 이제는 안다. 이 집은 보석이다.

ADDRESS 1 chome-9-1 Tsukiji, Chuo-ku, Tokyo

충분한 한 끼

심플하게 먹는 즐거움을 터득한 것은 일본에서 살게 된 후부터다. 그리고 잘 조리된 싱싱한 생선의 맛을 제대로 음미하게 된 것도 모두 일본 생활이 알려준 소소한 기쁨이다.

햇볕이 뜨거웠던 11월의 어느 날, 신바시역 허름한 상가 건물 뒷편으로 들어가 비좁은 엘레베이터를 탔다. 공교롭게도 엘레베이터에 탄 모두가 같은 층을 향하는 모양이다. 생선요릿집 '토토야'에서 점심을 먹으려는 것이다.

엘레베이터 문이 열리는 순간, 어라, 누가 먼저 내려야 하지, 머뭇거리며 눈치를 보는데 중년의 여자가 엘레베이터 버튼을 누르며 먼저 내리라고 손을 내민다. 양보와 예의 DNA가 장착된 나라, 나홀로 당황할 때마다 깨닫는다. 여기는 일본이지.

이곳은 방어, 연어, 꽁치, 고등어, 삼치, 금눈돔, 가자미 등 제철의 생선을 시오야키(소금구이), 테리야키(양념을 발라 굽기), 사이쿄야키 등의 생선구이, 카이센동과 치라시로 즐길 수 있는 생선 전문 음식점이다.

이날 나는 은대구의 사이쿄야끼 정식을 주문했다. '사이쿄야끼는 집에서 만들기 번거로우니까' 하는 속내가 있다. 교토의 흰 된장에 생선을 절여 굽는 방법이다.

식욕을 돋우는 반찬이 먼저 나왔다. 톳과 당근, 유부를 간장과 사케, 참기름을 넣어 조린 반찬과 보드라운 식감의 차완무시. 특히 이곳의 차완무시는 웬만한 고급 가이세키 요릿집에서 맛보아온 차완무시 그 이상의 맛이다. 도톰한 표고와 은행이 어우러져 씹을 때마다 "와아 이게 별미네!"를 외치며 먹게 된다.

우리나라의 달걀찜과는 성향도 매력도 다르다. 포슬포슬함 뒤에 따라오는 짭쪼롬한 부드러움과 고소함이 폭탄처럼 터지는 우리나라 계란찜과는 달리 차완무시는 혀 위에서 스르르 없어지는 말랑말랑한 푸딩의 식감을 한껏 살렸다. 풍요로운 볼륨감으로 가득 채우는 전자의 확실한 자기표현보다는 읊조리듯 나긋하고 조금은 수줍은 은밀함이 일본식 달걀찜이 자신을 드러내는 방법이다.

함께 간 일행은 숟가락이 입속으로 들어갔다 그릇에서 나왔다 바닥이 보일 때까지 쉼 없는 진자 운동을 하더니 만족스러운 얼굴로 불쑥 내게 묻는다.

"대체 이런 곳은 어떻게 찾는 거야?" 후후, 아직 본론이 시작되기도 전이라고요.

정식의 화려한 서막이 끝난 후 나온 오늘의 하이라이트는 뭐니뭐니 해도 사이쿄야키다. 반지르르 숙성된 된장의 윤기를 머금은 은대구의 향긋함이 코끝에 닿으니 나도 모르게 침이 꼴깍. 보들보들한 속살에 밥 한 숟갈 두 숟갈 먹다보니 대학생 때까지 엄마가 생선살을 하나하나 발라 밥그릇 위에 놓아주던 장면이 오버랩된다. 어느덧 “아 우리 유주(조카) 이거 먹이면 정말 좋아하겠다!” 외치는 어른이 되었다.

함께 나온 미소시루는 내가 제일 좋아하는 미역이 들어가 시원함이 배가된다. 하얀 대구의 청순한 속살에 흡족하며, 미소시루를 후루룩 들이키면 오장육부을 개운하게 헹궈주는 느낌이 든다.

정신없이 먹다 고개를 돌려보니 근처 직장인들로 꽉 찼던 8평 남짓한 공간이 텅 비어있다. 만족스러운 포만감에 웃으며 주방에 인사를 하니까 머리가 희끗희끗한 할아버지가 넉넉한 미소로 화답해 주었다.

꾹꾹 눌러 담은 흰쌀 밥과 정성껏 구운 생선 한 마리, 소박한 자연의 향이 깃든 미소시루 한 그릇. 그리고 한두 개의 반찬. 세상에 우리를 행복감에 젖게 하는 것은 이 한 끼의 식사로도 충분하다는 생각이 든다.

ADDRESS Kashikei Building 4F, 2 chome-19-6 Shinbashi, Minato-ku, Tokyo

다섯 사람人인

스타일을 만든 크리에이터들과의 대화

일본에는 '나미(なみ, 파도)'라는 단어가 있다. 무언가의 높낮이, 굴곡, 기복, 성쇠를 이야기할 때 주로 '파도'로 표현한다. '파도가 있으니까'는 일본인들을 인터뷰할 때 한 번씩은 빼놓지 않고 듣는 문장이었다. 가게 주인과 이야기할 때, 무수히 보았던 아트 작품의 제목에서, 매일의 식탁에서. 섬나라답게 파도 혹은 바다와 관련된 단어들이 자주 등장한다. 그래서 이곳 사람들의 마음속에는 늘 바다가 있다는 생각을 하곤 했다.

존경하는 디자이너를 만났던 지난가을, 마음이 복잡했던 내게 그가 푸근한 테디베어 같은 얼굴로 이렇게 말해 주었다.
"하나가 오면 또 하나가 이어져요. 그러니까 그냥 파도의 흐름에 몸을 맡기고 가보세요."

여기, 각자의 위치에서 오늘을 멋지게 살아가는 도쿄의 대표 크리에이터들과 나눈 소통의 기록을 남긴다. 이들의 이야기에서 현재 일본의 모습을, 창의적인 사람들의 오늘을 만나볼 수 있기를. 그리하여 내가 그랬듯이 당신도 각자의 일상에 힌트 하나 혹은 삶에 작은 불씨 하나를 발견할 수 있다면 좋겠다.

인터뷰를 시작하면서

돌아보면 기자로서 인터뷰를 처음 시작했을 때가 스물세 살이었으니 꽤나 오래됐네요. 화보, 비주얼과 함께 글을 직조하는 일은 여전히 좋습니다. 어릴 때의 마음 그대로 사람들의 생생한 이야기를 채집하는 일을 소중히 여깁니다.

모든 인터뷰가 나름대로 의미가 있고 좋지만 일본에서 일본인들과 일본어로 하는 인터뷰는 한국어나 영어로 하는 인터뷰보다 여러 면에서 사실 조금 더 쫄깃한 맛이 있어요. 특히 일본인은 의외로 어디로 튈지 모르는 속성이 좀 있고 전혀 생각지도 못한 얘기가 많이 나오기도 하고요. 아무래도 라이프스타일 이면에 정신적인 부분이 상당히 얽혀있는 것 같고, 종종 한일 관계 이야기가 나오지 않을 수 없거든요.

여전히 공부를 계속하지 않을 수가 없습니다. 언젠가 이런 비하인드 스토리도 들려드릴 자리가 있었으면 좋겠습니다.

오늘의 인터뷰이는 말을 유창하게 잘하거나 그럴듯하게 포장하지는 못했지만 사실 저는 그런 대화를 더 흥미로워하는 편입니다. 오히려 포장하거나 과장해서 말하면 진짜 모습이 후에 들통나기도 하거든요.

담담하고 솔직하게 말할 때 상대방의 생각과 철학이 울림 있게 전달되기도 하고요. 어느새 그 사람의 마음을 마주하고 있다는 느낌이 듭니다. 제 역할과 인터뷰이의 철학이 서로 유기적으로 끌고 당기는 힘이 자연스럽게 이어질 때의 희열은, 마치 어떤 노래를 함께 완성해 나가는 그런 기분이에요.

언젠가 여러분의 이야기도 제가 인터뷰하는 그날이 오면 좋겠어요!

이것으로도 충분한 것

비올라 소리가 들려오는 작은 갤러리의 철문을 조심스레 열고 들어가자 긴 머리의 남자가 연주하고 있던 악기를 멈추었다. 계속 연주해도 괜찮다고 하니, 수줍게 손사래를 치며 악기를 치운다.

그 날은 언젠가 친한 친구가 우리 집에 놓여 있던 우아한 백색의 티팟과 찻잔을 보고서 마음에 든다고 했던 말이 기억나 그녀를 위한 선물을 사러 간 날이다. 영롱한 빛과 유려한 형태의 티 세트는 평소 오랫동안 흠모했던 디자이너 사루야마 오사무의 작품이다. 그의 작품들은 '타임 앤 스타일'이라는 일본의 대표적인 가구 편집숍에서 소개하고 있지만, 어쩐지 그 날은 자주 가던 곳 대신 아자부주반 골목 주택가에 숨어있는 작은 갤러리를 방문하고 싶었다.

한눈에 들어오는 공간은 우리가 흔히 알고 있는 갤러리라기보다는 개인의 작업실 같아 보였다. 곳곳에 세월을 머금은 빈티지와 앤티크 소품, 가구 사이에서 사루야마 오사무의 작품이 말간 빛을 발하고 있었다.

작업실 겸 집

물건들은 그냥 오래된 골동품이 아니라 굉장한 존재감을 지니고 있었다. 놓여진 배열 방식과 분위기에 압도되어 마치 조르지오 모란디의 그림이나 세잔의 아틀리에 일본 버전을 보고 있는 것처럼.

사려던 것이 있어서 찾아왔다고 설명하자 그는 별말 없이 주섬주섬 물건을 꺼내 보여준다. 그러다 그간 볼 수 없던 독특한 물건들이 눈에 띄어 이런저런 얘기를 나누는데, 뭔가 이상하다.

"이건 제가 최근에 만든 건데 아직 매장에는 정식 오픈하지 않았어요. 판매는 좀 더 후에 될 텐데……."

알고 보니 내 눈앞의 이 분이 언젠가는 꼭 만나고 싶었던 디자이너 사루야마 씨가 아닌가! 결국 만나게 될 사람은 언젠가는 만난다. 너무 놀라고 신기해서 나는 그에게 덜컥 기념 사진을 찍자고 했다. 그리고 실례를 무릅쓰고 연주를 다시 청했는데 처음에는 쑥스러워하다가 이내 비올라를 꺼냈다. 관객 나 하나만을 위한 작은 연주였다.

잠시 이야기를 나눠보니, 그는 비단 그릇만을 만드는 사람이 아니었다. 가구도 만들고, 음악도 하고, 음반의 CD 재킷을 디자인하는 전방위 아티스트였다. 이곳은 갤러리 겸 작업실로 쓰이는 공간이라 그의 센스와 생활감이 묻어나는 것은 당연했다. 어린 시절 어떤 부모님 밑에서 어떤 경험을 하며 자랐으면 이렇게 다양한 작업을 하는 사람이 되었을까, 그의 발자취가 궁금해졌다.

그 후 언젠가 갤러리에서 그를 다시 만났다. 폐점을 앞두고 소박한 세일 행사를 하던 날이었다. 그의 소장품 중에서 나는 바하 음반과 손수 디자인한 버터나이프, 그리고 아이보리 빛의 그릇 하나를 샀다.

여기까지가 그와 나의 특별한 만남 스토리다. 그리고 1년 후 우리는 인연을 이어 아사쿠사 근처, 그의 새로운 작업실 겸 집에서 이렇게 다시 조우한다.

"주로 아즈마야(azmaya, 일본의 장인, 디자이너와 협업해 제품을 생산하는 라이프스타일 브랜드)와 함께 테이블웨어 관련 제품 개발을 하고 있어요. 그래픽 디자인도 오랫동안 해온 일이고요. 아즈마야와 함께 생산한 것은 '타임 앤 스타일' 외에도 일본의 여러 곳에서 판매하고 있죠."

미술을 전공해 아티스트의 수순을 밟은 것처럼 보이지만 사실 그는 음악을 좋아하는 법대생이었다. 갤러리에 틀어놓은 음악이며 연주하던 악기가 비범했던 이유가 있었다. 밴드 활동을 하다가 활동을 위한 무대를 디자인하게 되었고, 우연히 블라우스를 디자인하는 회사에 잠깐 근무했다가 점차 포스터와 앨범 재킷 등 그래픽 디자이너로서, 테이블웨어를 중심으로 한 제품 디자이너로서 자신의 영역을 확장시켜 온 것이다. 오랜 시간을 거쳐 그의 안목을 선망하는 팬들이 서서히 늘어간 것을 보면 세상 일이란게 물 흐르듯 자연스럽게 이어지고, 그곳에서 남들과는 다른 자신만의 가치와 세계관이 피어난다는 생각이 든다.

화로, 꽃병, 앨범 재킷, 플레이트……. 그가 디자인한 것을 보고 있으면 매일의 물건 너머 미학적 차원으로 승화된 추상적인 아름다움이 느껴진다. 거쳐 온 삶의 흔적, 정신의 작용이 반영된 것이리라. 분명한 형태를 추상적으로 바꾸는 감각과 더불어 쓰임은 명확하다. 사루아마의 디자인이 일상의 예술이 될 수밖에 없는 이유다.

함께 일본 디자인의 뿌리를 거슬러 올라가 봤다. 그는 예로부터 유럽과 중국, 한국 등의 동아시아에서 건너온 문화가 일본에 한데 모인 것이라고 했다.

“일본은 섬이기 때문에 나가는 것이 자유롭지 않았잖아요. 그래서 일본식으로 재해석되어 아름답게 정제된 것이지요. 많은 정보가 모이면 번잡스러울 수밖에 없으니 조용하게 통일하는 무의식의 체계가 발달한 것 같아요. ‘세탁’한다고 해야 할까요? 그것이 섬으로 떨어져 있지만 다른 세계와 연결하는 일본만의 독특한 소통 방식이 된 것이지요. 제가 볼 땐 발명하고 발견하기보다는 선택하고 편집하는 것에 능한 민족으로 진화된 것 같아요.” 그 이야기는 『디자인의 디자인』에서 봤던, 하라 켄야가 서술한 내용과 비슷하다.

버블 시대는 들뜬 경제와 더불어 국민의 호화로운 삶에 맞춘 화려하고 힘찬 디자인, 현란한 가공 기술이 인기를 끌기도 했다. 그래도 일본은 예부터 일상에서 쓸 수 있는 심플한 도구에서 미학을 느끼는 민예를 중시했다. 조선보다 조선을 더 사랑했다고 하는 야나기 무네요시의 민예 정신이 현대까지 이어져 오는 것일지도 모른다.

그런데 심플하다고 해서 제작 과정이 간단하다는 것은 아니다. 뭐든 더하는 것보다 덜어내는 것이 더 어려운 법이니까.

“간단해 보이는 이 제품을 만들기까지 정말 오랜 시간이 걸렸어요. 일본인은 보통 숟가락을 쓰지 않기 때문에 밥그릇을 직접 대고 사용하잖아요. 또 손으로 잡아야 하니까 모양뿐만 아니라 촉감, 무게 등을 계속 생각하며 고치고 또 고치는 거예요. 주전자의 주둥이 모양은 고치다가 심지어 10년이 걸린 거예요.”

그가 자신의 대표작 하나를 들어 보이며 설명하는데, 문득 그릇을 한 손에 들고 식사하는 이곳 사람들의 실루엣이 그려졌다. 그릇과 밀착하는 생활을 하기 때문에 손에 닿는 느낌을 중시할 수밖에 없고, 이러한 식문화의 배경이 일본의 테이블웨어 발전에도 지대한 영향을 끼쳤을 것이다.

또한 그가 만든 작품이 예술이 될 수 있었던 토양은 멋들어진 디자인 감각만이 아니라 수년이 걸릴지라도 자신이 납득할 만한 무엇을 내놓을 때까지 끊임없이 반복하는 근성인지도 모른다. 적당히 타협하지 않고 굴복하지 않는 정신이다.

도쿄에 살며 배운 것 중 하나는 그릇 쇼핑하는 방법을 제대로 익힌 것이다. 매장에서 두리번거리고 있으면 직원이 다가와 마음에 드는 것을 들어보라고 한다. "손으로 만든 것이니까 조금씩 다 달라요" 하며 그릇에 담긴 스토리며 작가를 설명해 주고, 조명 아래 색을 비추어 보라고 권한다. 너무 어둡다고 말하면 매장 문을 열고는 자연광에서 마음껏 보라고 안내하기도 한다.

단순히 예쁜 디자인을 고르는 것이 아니라 뭐라 설명할 수는 없지만 내 손에 전해지는 감촉과 끌림을 본능적으로 느끼며 그릇과 대화해 보는 것. 같은 디자인이라 하더라도 자세히 관찰해 보면 빛깔과 마무리 터치에 미묘한 차이가 있다. 그 속에서 장인의 손버릇이라던가 약간의 뒤틀림, 유약의 흔들림 같은 것을 감지해 낼 수 있다. 그러다 보면 신기하게도 '이거다!' 하는 순간이 기필코 온다. 마치 내가 그릇을 선택하는 것이 아니라 그릇이 나를 찾아 먼 길을 찾아온 듯한 운명 같은 느낌.

우연히 읽었던 과거의 인터뷰에서도 그는 이런 말을 했다.

"비슷하게 만들어도 한 개씩 달라지는 게 있어요. 그런 것에 사람들은 끌리지 않을까요? 어쩌면 산이나 강에 가고 싶은 감정에 가까울 수도 있어요. 신앙으로 이어진 것인지도 모르고요. 이런 느낌들이 소용 없다 생각하는 사람이 많을지도 모르지만, 손으로 작업하는 것들이 없어지지는 않을 거라 생각합니다. 전 세계에 이런 것이 남아있고 일본은 특히 더 그러하지요."

언젠가 그가 디자인한 찻잔을 만지작거리던 내가 "찻잔이 너무 작은 거 아니에요?"라며 딴지를 걸었던 적이 있는데, 그때 그가 이렇게 말했다.

"아니요, 차 마시는 데는 이거면 충분해요."

지금도 아끼는 그 잔에 차를 따라 마실 때마다 그의 말이 떠오르곤 한다.

"이거면 충분해요."

나는 당시 그 단호한 대답이 멋지다고 생각했다.

그땐 그저 일본인스럽지 않은 곧고 확실한 그 한마디가 그의 간결한 취향과 디자이너로서 신념을 드러내준다고 생각했다.

하지만 이곳에서 차를 자주 마시면서 깨닫게 되었다. 이것으로도 충분하다는 것을. 차는, 본디 그런 것. 그의 말처럼 작은 컵을 사용하는 것만으로 자신에게 더 큰 자유를 주는 듯한 느낌이 든다.

최근에 그는 향로를 제작했다. 여기에는 마보로시(즉시, 덧없이 사라지는 것)라는 이름을 붙였다.

그가 생각하는 향기란 전후의 체험도 포함한 것이다. 뚜껑을 열어 촛불을 세팅하고 불을 켠다. 뚜껑에 향을 담는다. 그리고 천천히 감돌기 시작한 향의 이동과 함께 불빛의 움직임을 지켜본다. 이 모든 것이 향기를 체험하는 것이라 말한다. 마음에 침착함과 편안함을 안기고 그 후 태어나는 기쁨들을 즐기는 것. 향 문화의 한 단면을 자신과 마주할 수 있는 시간으로 삼는 것.

이러한 이야기는 그의 평소 디자인 철학과도 연결되어 있다.

"디자이너의 역할이랄까…… 글쎄요, 집에 머무는 시간이 길어지는 요즘이야말로 오래 함께하고 싶은 좋은 품질의 물건이 필요하다고 생각해요. 쓰기 편하고, 우리의 시선이 오래 머물고, 그 안에서 즐거운 시간을 보낼 수 있는 기물들을 만들고 싶을 뿐이지요."

30여 년의 디자인 경력에도 그는 자신의 이야기를 함부로 주장하지 않는다. 다만 이따금씩 이런 식으로 일본에 관해 신랄한 비판을 던졌다. "그래도 노벨상을 탄 일본인이 많잖아요. 우리는 그걸 얼마나 부러워한다고요"라고 말한 내게 이렇게 대꾸했다.

"지금까지는 그랬죠. 열심히 살았던 선대의 사람들은 치열하게 연구했으니까요. 하지만 정부는 교육과 연구에 예산을 계속해서 삭감하고 있어요. 인구는 점점 줄어들고 있고요. 자, 10년 20년 후에는 어떻게 될까요?" 이 말은 우리의 지금을 돌아보게 했다. 우리의 상황도 별반 다르지 않다.

요즘엔 나가노와 같은 지방을 돌아다니며 새로운 터전을 물색하고 있다고 했다.

"도시와 좀 더 떨어져 있고 싶은 마음이에요."

"도시에 있지만 코로나 때문에 이미 고립된 기분이 들잖아요"라는 나의 말에 그가 웃으며 대답했다.

"그래도 뭐랄까, 자연과 친해지고 싶어요. 자연스러운 흐름이 있는 삶을 살고 싶네요."

그는 지금쯤 원하는 자연 속에서 집을 찾았을까.

오늘도 그가 만든 그릇에 김치를 담았다. 그릇을 들었는데 내 손에 착 붙듯 기분 좋게 감겼다. 유기적인 모양과 질감은 손에 쥐었을 때 비로소 빛을 발하는 법. 예쁜 그릇 위에 김치를 소복하게 쌓아 식사를 하니 어쩐지 나를 아끼는 마음이 든다.

오랜 시간 탐구하며 만든 것들이 주는 기쁨은 생각보다 크다. 내 앞의 자연이 만들어준 맛있는 음식에 대해 더욱 감사하게 된다. 주어진 것들을 건강하게 먹을 수 있음에 안심한다. 물건은 인간의 정신과 연결되어 있다고 믿는다. 우리의 일상에서 물건이 중요한 진짜 이유는 이 때문일지도 모르겠다.

©Gen Gen An 제공

태도가 문화를 만든다

마루야마 치히로 *Maruyama Chihiro*

때때로 어떤 장소가 좋아 그 도시 전체가 좋아질 때가 있다. 내게는 프렌치 비스트로 아에루(Aelu)가 그랬다. 친구들을 데리고 가면 내 취향과 감각에 대한 칭찬으로 어깨가 으쓱해졌던 곳도, 맛있는 내추럴 와인을 신명나게 마신 곳도, '카키(화기, 꽃을 꽂는 그릇)'란 단어를 처음 배운 곳도 아에루다. 무엇보다 그곳엔 언제 가든 기분 좋게 맞이해 주는 사람들이 있었다.

너무 깍듯하지도, 그렇다고 너무 건성이지도 않은 적당한 접객은 의외로 일본에서 흔치 않다. 척하면 척, 비슷한 취향을 공유하는 로컬들과의 시간은 도쿄 생활의 깨알 재미를 안겨주었는데, 아에루의 온도가 나에게는 가장 좋았다.

"이거 한국이 더 쌀 걸요. 한국에서 사요." 하나라도 더 팔아야 할 직원이 이러질 않나. 선물을 사고 나가려는데, 마침 가게에 잠시 들린 오너와 오랜만에 마주쳐 한참을 서서 이야기할 수 있는 곳이다. 손님에 대한 으레 친절한 대우가 아니라, 도쿄에 살고 있다는 일종의 안락한 소속감을 안겨주는 곳.

“기억해요! 오늘 거기 가서 내가 말한 미소 큐리(오이에 미소 소스를 곁들인 음식) 꼭 먹어야 해요. 곧 또 친구들이랑 만나요!”

두 눈을 찡긋거리며 경쾌하게 사라지는 대표 마루야마 치히로 씨. 아에루는 그가 경영하는 F&B 회사 셰르셰(Cherche Inc)에서 2017년에 오픈한 프렌치 베이스의 캐주얼한 비스트로다.

근처에 클래식한 프랑스식 가정요리 레스토랑 메종 상캉트 상크(Maison Cinquante Cinq), 캐주얼한 펍 랜턴(Lanterne), 신센의 이자카야 이고르 코지(Igor Cosy)도 모두 그의 작품이다.

(왼쪽부터) 아에루 갤러리 디렉터 마나코 타쿠야, 셰르셰 대표 마루야마 치히로 씨

내가 가장 좋아하는 곳이 '저녁의 아에루'인 이유는 명백하다. 쉽게 다가갈 수 있는 맛 좋은 일식 프렌치 음식은 물론이요, 그와 어울리는 탁월한 내추럴 와인, 과하지 않으면서도 정감 있게 아름다운 인테리어, 따뜻한 조도, 그와 어울리는 음악. 이 모든 것이 모난 구석 없이 조화롭고 친근하게 다가오는 이곳만의 공기가 좋았다.

티키타카의 자연스러운 대화 속에 흐르는 가벼운 공기, 그 유연한 거리의 소중함을 선물해 주는 곳이라 내게는 더욱 특별하다. 음식 자체에서 끝나는 것이 아니라 식당과 그 안에 모인 사람들이 자아내는 특유의 분위기에 취해 매력적인 저녁을 보내고, 달빛 아래 집으로 돌아가던 수많은 밤을 기억한다.

"아에루는 새로운 형태의 비스트로를 지향해요. 일본의 좋은 것들을 퓨전 느낌으로 표현한 곳이죠. 외국인들이 와서 일본에서밖에 경험할 수 없는 분위기를 느낄 수 있다면? 하는 물음에서 시작했거든요. 미소나 간장, 다시 같은 것들을 살짝 조합하기도 하고요. 모든 그릇은 작가들이 만든 거예요. 비스트로 하면 고정관념이 있잖아요. 와인, 재즈, 테이블보, 소믈리에가 있는 풍경을 예상하죠. 그런 것들을 보다 자유롭고 캐주얼한 느낌으로 표현하고 싶었어요."

아에루에서 가장 높이 사고 싶은 것 중의 하나는 조도다. 빈티지 조명도 있지만 중간중간 테이블 위에 꽃과 함께 놔둔 초에서 비추는 희미한 불빛들이 공간을 아늑하게 만들고, 상대방을 더욱 예뻐 보이게 한다.

근처 음식점들이 모두 맛있다고 가정하면 내게 있어 예약 1순위는 좋은 조도를 가진 공간이다. 요리도, 음악도 중요하지만 조명은 공간의 무드를 만드는 주요한 요소. 마루야마 씨도 이에 동의한다. 무엇보다 그는 레스토랑은 경험이라는 측면에서 바라봐야 한다고 했는데, 이런 경향은 몇 년 새 더 짙어지고 있다.

마루야마 씨는 음악, 요리 하나만이 아니라 손님들이 왔을 때 좋은 그룹으로 만들어지는 것이 중요하다고 했다. 자신에게는 그것이 '밸런스'라고. 하지만 직접 손님을 고를 수는 없는 일이지 않냐고 물었다.

"그럴 수는 없죠. 하지만 그래서 좋아하는 레스토랑에 들러 계속 연구를 거듭하고 있어요. 여기는 왜 좋지? 음악이 없어서 오히려 사람들이 이야기를 나누며 더 좋은 분위기를 만들고 있다는 것을 깨달을 때도 있고요. '어떤 요소가 있으면 손님이 모여 식사를 즐겁게 할 수 있을까'를 끊임없이 고민해요. 레스토랑은 비단 음식을 돈 주고 사 먹는 게 아니라, 공간을 체험하는 것이거든요. 조명도 그중 하나지요. 초는 어찌보면 원시적인 도구예요. 하지만 문명이 아무리 발전을 거듭해도 바뀔 수 없는 좋은 것들이 있으니까요."

그는 빛과 음악, 요리, 그리고 사람, 이 모든 것이 합쳐진 곳을 레스토랑이라 부른다. 오래전 맨 처음 아에루를 찾았을 때가 생각났다. 메뉴 커버에는 이곳의 요리, 음악, 플레이팅 등을 담당한 각 디렉터의 이름이 쓰여 있었다. 그것은 책임을 의미한다. 아에루가 지향하는 레스토랑의 방향성을 표현하는 아이덴티티와 같은 것.

몇 년 사이 일본의 레스토랑 흐름을 어떻게 바라보고 있을까요.

"와和와 서양의 것이 장르 구분 없이 섞이고 있어요. 와인을 내세우는 음식점도 많고요. 와인 자체도 내추럴 와인이 계속해서 확장되

©Aelu 제공

면서 크로스오버 되는 추세잖아요."

일본은 뭐든 일본식으로 만드는 것에 능하다. 설령 어떤 것이 외국에서 들어오더라도 서울처럼 유행으로 번지고 사라지지 않는다. 반드시 일본 라이프스타일의 한 부분으로 스며들어 남는다. 인구든, 다양한 취향이든, 민족적 특성의 영향이든 내 식으로 동화시켜 버리는 것. 일본이 이 세상에서 살아남는 법이자 자신을 잃지 않기 위한 삶의 방식이다. 나는 그런 방식이 늘 부러웠던 사람 중 하나다. 자신의 것에 자신감이 없어서는 안 되는 일이다.

"요즘 주위를 둘러보면 의상을 좋아하던 사람들이 의자나 그릇에도 관심이 많아졌어요. 옷뿐만 아니라, 전반적인 생활 양식을 업그레이드하고 싶은 기분이 커지는 느낌이에요. 모든 감각은 결국 연결되어 있는 거니까 음악도 영화도 자신만의 취향이 점차 뚜렷하게 드러나고요. 이케아도 여전히 좋아하지만 디자이너와 작가가 철학을 가지고 제대로 만든 가구를 선호하는 경향이 짙어졌지요. 저는 그게 모두 자신의 삶의 밸런스를 좋게 하고픈 의지처럼 보여요."

옆에서 아에루의 갤러리 섹션을 담당하는 마나코 씨가 말했다.

레스토랑 입구에 소규모로 선보이던 그릇 갤러리가 최근 4층의 넓은 공간으로 이전한 것도 이러한 경향을 아에루답게 표현해 보려는 차원의 변화. 갤러리도 그릇 숍도 아닌, 누군가의 거실을 연상케 하는 이 공간만이 가진 독특한 분위기가 있다.

"갤러리라고 하면 화이트 큐브 상자들이 연상되잖아요. 그런데 집에는 그런 화이트 큐브가 없죠. 일상적인 물건이니까 테이블이나 선반 위에 리얼한 모습으로 보여줘야 한다고 생각했어요. 우리 생활에서 아름답게 공존할 수 있도록요. 물론 온라인으로 무엇이든 손쉽게 구입하는 시대지만 어떤 식으로 놓여있느냐에 따라 물건이 전하는 체감이 전혀 다르다고 생각해요. 우리는 그릇만 나열하는 것이 아니라 작가의 세계관을 전달하고 싶었어요." 마나코 씨가 말했다.

이들이 말하는 작가의 세계관이란 일방적으로 보여주는 것이 아니라 함께 작업하면서 일궈나가는 능동적 형태의 것이다. 콜라보레이션 과정을 통해 아에루에서만 볼 수 있는 특별한 아이템이 탄생하기도 한다. 또한 작가의 브랜드를 같이 제작한다는 책임을 갖게 된다.

"대화를 통해 이 작가는 이런 걸 잘하니까 좀 더 이런 쪽으로 개발할 수 있도록 협의도 하고요. 때로는 우리 쪽에서 작가에게 요즘 소비자들의 니즈를 전하면서, 어떤 작품을 만들어보라고 요청하기도 해요. 반대로 작가가 작품을 특정한 방식으로 보여달라고 요구하면, 최대한 작품이 돋보이도록 예쁜 공간을 재구성하기도 하지요. 대등하지만 열린 마음으로 아이디어를 교류하고 가능성을 키워나가는 관계입니다." 마루야마 씨의 말이다.

리얼하지만 예쁘게 보이는 것. 그 두 가지를 해내는 것은 지금 아에루가 가진 힘이다. 숍도 갤러리도 아닌 어떤 것, 기존의 그릇 숍이 가진 경계를 무너뜨리며 자신을 새롭게 정의하고 있다. 이들에게 지금 일본의 식문화 관련 디자인은 어느 때보다도 풍성한 붐을 맞이한 듯했다.

"요리나 음식으로 한정해 말하자면 사계절을 느끼고, 자연의 아름다움을 흠뻑 받아들이면서 일본식으로 표현하고 있죠." 마루야마 씨의 말에 마나코 씨가 더했다.

“요즘은 뭐든지 섞이는 양상이에요. 특히 흙을 가지고 유럽풍의 플레이트를 만드는 작가가 정말 많고요.”

“서양의 것을 받아들이는 힘도 있지만, 우리만의 필터를 가지고 손맛 좋은 작가들이 부지런히 발산하는 힘도 뛰어난 것 같아요. 그 안에 탄탄한 기술력이 받쳐주는 거고요.”

언제나 궁금했던 것은 일본의 테즈쿠리(손으로 만드는 것)에 관한 것이었다. 그것이 어째서 어떻게 일본의 힘이 되었는지는 책을 통해 많이 접하곤 했다. 하지만 나는 그보다 현지 사람들이 자국의 것에 대해 실제로 어떻게 평가하는지가 궁금했다. 분명 이들도 인정하는 부분이라 생각했기 때문이다.

마나코 씨는 ‘무언가에 잘 빠지는 습성’ 때문이라고 했다. 오타쿠가 많아 무언가를 시작하면 계속 빠져 하는 사람이 많다는 것. 집중력에 관련한 것인지는 모르겠지만, 물건을 집요하게 모으는 것도 그런 성향이라고 했다.

마루야마 씨는 일본인에게는 다른 사람들을 위해 일하는 것 자체를 좋아하는 민족성이 있다고 했다. 헌신적인 환대(hospitality)도 다 그러한 성향에서 비롯된다는 것이다.

“어릴 때부터 나보다는 누군가를 위해 무언가를 하거나 누군가에게 폐를 끼치지 말아야 한다고 먼저 생각하는 환경적 토양이 손으로 만드는 것에 능한 문화를 만들었다고 생각해요.”

그도 자신은 멀찌감치 제쳐두고 상대방을 먼저 생각하는 가치관엔 좋은 점도, 물론 나쁜 점도 존재한다고 인정한다.

일본에서 자주 쓰는 말로 ‘테이네이(丁寧)’가 있다. 우리말로 직역하면

주의 깊게 정중하고, 공손하다는 표현이다. 그러나 이렇게 단정짓기에는 어딘가 부족하다. '친절하고 깍듯하다'보다는 좀 더 복합적인 의미를 내포해, 물건뿐만 아니라 음식, 일, 사람 관계에 있어서도 매우 광범위하게 사용되는 말이다. 이 단어를 듣고 쓸 때마다 '애티튜드'라는 영단어를 번역할 때처럼 난처하다.

태도가 문화가 될 수 있는가. 누군가 묻는다면 나는 일본에서는 그것이 가능하다고 답하겠다. 일본에서의 마음은 말이 아니라 디테일로 표현된다. 그것이 이 나라의 의사소통 방식이다.

"확실히 물건 포장도 고객에게 폐를 끼치지 않겠다는 오모테나시의 표현이에요. 누구나 집에 돌아가서 오늘의 쇼핑 아이템을 열어보는 그

©Aelu 제공

시간의 기대감과 즐거움이 있잖아요. 새로운 물건을 만나는 두근거리는 마음을 소중히 하고 싶은 거거든요."

마나코 씨가 이야기할 때 나는 마음 한구석에 언젠가 무라카미 하루키가 「무라카미 라디오」 방송에서 했던 말을 떠올렸다.

"세상이 바뀌어도 친절심은 남아있어야 한다고 생각한다."

환경이 중요한 이유는 주변의 무수히 많은 자극과 경험에 우리는 조금씩 영향을 받게 되어 있기 때문이다. 각자의 일상생활 어느 순간에 반드시, 무심코가 나오게 된다. 그런 점에서 미루어 짐작해 본다. 아에루의 모습도 마루야마 씨 안에 축적된 수많은 기억이 투영된 증거물임을.

"오래전 하라주쿠 레코드 숍에서 카페를 같이 했는데 저는 그때 카레를 만들곤 했어요. 지금 생각해 보면 당시 오너가 제게 영향을 많이 주었던 것 같아요. 안목이 아니라 무언가를 선택할 때의 방법을요. 예를 들면 그분은 음악을 중시했는데 언제나 새로 나온 음악을 함께 듣자고 했어요. 런던에는 지금 이런 밴드가 떠오른다거나 하는 것들을 알려줬죠. 세계적으로 무슨 일이 일어나고 있는지 의식하며 사는 것은 정말 중요해요. 나이가 들면 지식이나 기술은 늘겠지만 자신이 표현하고 싶은 것 안에서 유스 컬처(Youth Culture, 젊은이 문화)를 유연하게 사고하고 받아들이는 사람은 드물거든요. 에디 슬리먼도 쇼에서 음악을 굉장히 중요시하잖아요. 음악에는 흐름이랄까, 신(scene)이 확 바뀌는 순간이 있어요. 음악은 소리로 표현하기 때문에 가장 원초적이고 빠르고요. 그다음에 패션과 라이프스타일이 따라오는 것 같아요."

그에 따르면 음악에서처럼 요리도 신이 있고 트렌드가 있어서 변화의 징조를 섬세하게 인식하는 것이 중요하다. 예민한 촉수를 가진 일본인이 만든 음식점이 왜 전 세계에서 가장 많은 미슐랭 별을 획득했는지 이해가 되는 대목이다.

2020년, 레스토랑에 예기치 않은 변화의 흐름엔 코로나19가 큰 몫을 했다. 아에루도 본질적인 것에 대해 고민하고 있다. 반짝 유행이 아니라 더 길게 성장하는 브랜드, 생산자와 손님을 모두 기쁘게 할 수 있는 브랜드를 꿈꾼다. 그 안에서 순환할 수 있는 에너지를 생각하지 않으면 언제든 사라질 수도 있다는 위기감도 갖고 있다. 나 혼자 성공하는 것이 아니라 주변인이 기뻐할 수 있는 것들에 대해 의식하는 것은 모두 그 때문이다.

손에 잡히지도, 보이지도 않는 것을 꿈꾸며 안개 속을 헤쳐 나아가는 건 나도 당신도 마찬가지.

다만 헤매는 시간에도 나만 생각하면 안 되겠다고 마음을 고쳐먹는다. 당신을, 그리고 조금은 지구를 배려하는 방향으로 가겠다고. 오늘도 이들과의 대화를 통해 배운다.

(2022년 여름, 아에루는 리뉴얼을 거쳐 새로운 브랜드로 재탄생할 예정이다.)

유리가 그리는 조용한 빛

다니구치 요시미
Taniguchi Yoshimi

10월의 이른 아침, 전철을 타고 다마강을 건넌다. 창문 너머 정겨운 일본 가옥의 풍경을 넋 놓고 구경하다 보면 어느 순간, 시간의 감각이 사라지는 듯한 기분이 들곤 한다. 쏟아지는 빛과 사람들이 내는 일상적 소음, 전철 안의 안내 방송이 뒤섞이면서. 눈 깜짝할 사이 도착한 곳은 요미우리 랜드마에역. 지난여름 긴자의 한 갤러리에서 인사를 나눈 유리 작가 '다니구치 요시미' 씨의 작업실이 이곳에 있다.

시골길 골목에 위치한 8평 남짓한 작은 집, 간이 테이블에 얼굴을 마주하고 앉자마자 어디선가 중고 고물을 매입하는 트럭이 요란한 방송을 시작했다.

"고물 컴퓨터 삽니다." 눈이 마주친 우리는 순간 빵 터지고 말았다. "괜찮아요. 한국과 똑같으니까요." 이 상황이 재미있지만 익숙하다는 듯 내가 말했다.

지금 내 앞에 수줍게 앉아 있는 그는 「카사 브루투스(Casa Brutus)」 잡지가 '일본에서 주목해야 할 인기 작가' 첫 페이지에 소개할 만큼 요즘 가장 눈에 띄는 유리 공예 작가 중 한 명이다. 다마 미술대학에서 유리를 전공한 후, 나가노현 아즈미노 유리 공방에서 5년 동안 일했다. 그리고 본격적으로 유리 작가로 활동한 지는 이제 5년째. 2016년 처음 그릇 전시를 준비하기 전까지는 주로 유리를 활용한 순수 미술 작업을 했다.

"어릴 때부터 그림보다는 뭔가 만드는 공작을 좋아했어요. 대학 시험에서 도예과는 떨어져서, 그다음으로 작업이 재밌어 보이는 유리를 택한 거예요." 인생은 역시 한 치 앞도 모른다. 때론 우연한 선택이 이토록 예기치 않은 길로 우리를 인도하기도 하니까.

언젠가 긴자의 한 갤러리에서 그의 작업 세계를 처음 마주했을 때 정말 놀랐던 기억이 난다. 얇고 가벼운 형태, 유리 표면에 서린 희미한 흔들림, 선과 면의 섬세한 반복이 예리하면서도 미묘한 긴장감을 자아냈다. 그렇게 입체적이고 단정하면서도 한없이 여린 유리 작품은 난생처음 보았다. 유리가 표현할 수 있는 청아한 매력을 극대화한 작품이었다. 한참을 들여다보던 중 갤러리 대표가 옆에 있던 작가를 소개시켜줬을 때, 한 번 더 놀랐다. 남자라니.

"보통 유리 그릇은 입으로 숨을 불어서 하는 추부키(宙吹き, 주취) 기법을 사용하기 때문에 깨끗하고 동그란 느낌이 많죠. 저는 그렇게 하면 다른 작가들과 차별점이 없을 것 같아 '먼저 틀을 만들고, 그 틀을 이용해 변형하면(가타부키)' 더 개성있는 작품이 나오지 않을까 생각했어요. 전시를 하고 나서 주변을 돌아보니 저와 비슷한 작업을 하는 사람이 거의 없더라고요."

이리저리 여러 작업을 시도하다가 탄생한 것이 다각형을 가진 기하학적 유리 그릇이다. 모두 부피를 가진 틀을 이용해 형상화했다. 작업대 위에는 마치 건축가의 책상 위에 어울릴 법한 모형들이 가지런히 놓여 있었다.

"유리의 질감이 일본 고택에서 마주한 유리 창문의 결처럼 주름이 있어요. 앤티크한 느낌이라고 해야 하나"라고 말하니 그가 웃으며 고개를 끄덕였다.

"맞아요. 그 느낌을 의식하면서 만들고 있어요. 물론 당시 일본 창문 중에는 가타부키를 하는 경우도 있었지만 대개는 품질이 안 좋아서 희뿌연 유리가 나올 수밖에 없었지요."

그의 유리 작품에 희미하게 흔들림이 느껴지는 건 유리와 틀이 접촉하는 면으로 생기는 자연적인 현상이다. 표면에 남아있는 아스라한 표정은 유리 특유의 재질에 독특한 매력과 시적인 분위기를 더해 준다. 작가는 빛이 강하면 그림자가 더 멋지게 들어온다면서 최근 작업한 꽃병을 들어 보여주었다. 꽃병을 투과한 오전의 빛들이 길고 얇은 그림자를 만들어냈다. 그렇지, 일본인이란 빛과 그늘을 이해하는 사람들이다. 다니자키 준이치로의 저서 『그늘에 대하여』의 구절들이 생각났다.

지난 전시에서 내가 구입한 꽃병은 조선 시대의 달항아리를 연상시켰다. 넉넉한 품의 도자가 유리로 치환되어, 마치 비 온 뒤 처마 끝에 매달린 물방울처럼 보이기도 한다. 특히 항아리의 주둥이 입구 부분이 독특하다. 손목의 스냅으로 팔레트에 물감을 짜 돌렸을 때의 율동감이 느껴진다고 해야 할까. 애써 꾸미지 않은 양감이 느껴진다. 여기에 물을 가득 채워 넣으면 더 영롱하고 입체적으로 보인다고 했던 긴자 갤러리 대표의 말이 생각났다. 그가 제안한 꽃병을 즐기는 이 신선한 방법은 그것이 투명한 유리이기에 가능하다.

"어느 날 갤러리 대표가 작업실로 찾아왔어요. 그릇을 만들고 있는 도중이었는데, 가타부키 형태 위로 유리를 부은 그 중간 과정의 형태 자체가 예쁘다는 거예요. 보세요, 여기서 이 부분을 잘라야 기하학적인 형태의 그릇이 되는 거거든요. 그런데 이대로 윗부분만 잘라서 전체를 꽃병으로 만들면 어떠냐며 아이디어를 내주었어요. 그래서 굽고 녹여봤더니 입구 부분이 이렇게 자연스럽게 오므라들면서 자연스러운 형태가 된 거예요."

때론 내가 보지 못하는 부분을 가까운 주변 사람이 대신 봐주기도 한다. 일본 작가의 세계에도 이런 일은 비일비재하다. 아이디어란 때로 생각지 못한 길에서 마주치는 옛 친구 같은 것.

그의 디자인에는 요즘 일본의 모던 디자인을 대표하는 요소가 모두 담겼다. 한 손에 쏙 들어오는 작은 사이즈, 각이 져 있지만 어딘가 둥글려진 정제된 형태, 서정적인 정물화 같은 미감이 그러하다. 이 그릇들로 식탁을 꾸미면 일상을 채우는 음식들도 전부 예술의 경지로 업그레이드될 것만 같다.

그야말로 현대 일본 디자인이 가진 매력을 가장 잘 설명해 줄 수 있는 사람일지 모른다.

"일본 디자인의 매력이라…… (오래 뜸들이며) 애써 굳이 드러내려 하지 않지만 그곳에 분명히 있다고 해야 할까, 그런 조용함인 것 같아요. 물론 화려한 것도 있기는 하지만 저는 주로 차를 마실 때 느끼는 와비사비의 순간이나, 신사나 절의 작은 정원에서 영감을 받거든요. 일본의 물건을 보면 그런 특유의 조용한 분위기가 있는 것 같아요."

그는 단어와 단어 사이 여백을 두며 아주 느린 속도로 말했다.

그릇의 생명과 가치는 만지면 만질수록 쓰면 쓸수록 더해진다. 그는 그런 그릇을 만들기 위해 오늘도 부지런히 유리를 불고 다듬는다.

"유리 그릇은 보통 무거운 것이 많잖아요. 물론 어느 정도는 도톰해야 쓰기 편한데 개인적으로는 무거운 것을 선호하지 않아서요. 앞으로도 가볍고 쓰기 좋은 것을 만들고 싶어요. 디테일에 너무 집착하지 말자고 해도 어떻게든 디테일에 집중할 수밖에 없게 되는 것 같은데 그게 공예를 하는 사람들의 숙명이 아닐까 싶어요. 하하."

일본에 살며 깨달은 것 중 하나는 '물건을 아껴 쓰는 태도란 무엇인가'에 대한 것이었다. 작가가 열과 성의를 다해 만든 품위 있는 그릇들이, 또 그것을 애지중지 사용하는 동네 카페들이, 오래된 민가의 깨끗한 화장실이 내게 무언가를 소중히 다루는 손길이 얼마나 중요한 것인지 보여주었다. 주변의 것들을 내 몸의 일부처럼 다룬다는 것은 대체 어떤 마음에서 비롯되는 걸까.

"서비스인 것 같아요. 말의 표현을 넘어 내 마음을 써서 하는 것. 물론 어릴 때 엄하게 가르치는 부모나 선생님들은 있긴 하지만, 일본인은 대체적으로 내가 아닌 상대방을 위해 애쓰는 것을 체득하고 있는 사람들 같아요. 한국은 어떤가요?"

"한국은 어떤가요?"라는 이 질문에 나는 별다른 대답을 할 수 없었다.

나부터 물건을 함부로 쓰면서 감히 다른 한국인의 수준을 평가할 깜냥이 내게는 없다.

우리는 춥고 남루한 작업실에서 한참 대화를 나누다가 딱 한 번 동시에 목소리가 격양되었는데, 모노하 작가 '기시오 스가' 이야기를 할 때였다. 그의 얼굴에서 날카롭게 반짝이는, 확고한 어떤 빛을 본 것 같았다.

"그의 작품은 조용하고, 쓸데 없는 것이 하나도 없어요. 이렇게 늘어뜨리는 배열 방식도 좋고요. 설치 작업은 일반인이 구입하기도 어려운 것일 텐데, 참 멋지죠." 기시오 스가의 작품집을 넘기던 그가 사뭇 진지한 목소리로 말했다. 순간 그가 어떤 작가를 지향하는지 느낄 수 있었다.

그는 매주 금요일이면 다마 미술대학에서 학생들에게 실기를 가르치는 선생님이자, 이른 아침과 저녁 시간은 반드시 가족과 함께하는 시간을 가지려 노력하는 젊은 아빠이기도 하다.

"요즘은 SNS에서 자기 홍보를 열심히 하는 작가들이 '잘 팔리는 작가'가 되는 시대인 것 같아요. 하지만 저는 그렇게 하기가 두렵더라고요. 매일 정해진 루틴이 있기 때문에 터무니없이 쥐어짤 수가 없어요. 지금 제 그릇들을 위탁 판매해 주는 갤러리와 숍을 좀 더 소중히 하고, 천천히 저의 속도대로 집중해 작업하고 싶어요."

그의 말은 느렸지만 겸손하고 꾸밈이 없었다. 무언가를 그럴 듯 포장한다거나 덧칠하려는 느낌이 전혀 없이, 보여지는 게 다인 사람. 그저 좋아하는 일을 담백하게 성실히 해온 작가. 그가 만드는 가볍고 맑은 유리 작품이 그의 투명한 성품 그대로를 빼닮았다고 생각했다.

집에 돌아와 일찍 침대에 누웠는데 이상하게 작업실에서 본 작가의 낡은 장갑이 떠올랐다. 오전의 빛을 가득 흡수한 유리 작품들 사이에 그림자처럼 가지런히 놓여있던 것. 구멍도 나고 보잘 것 없는 보통의 장갑이라며 그는 부끄러워했지만 나는 그것이 근래 본 일상의 물건 중에서 가장 멋지다고 생각했다. 그가 만드는 평온하고 아름다운 유리의 세계는 그 장갑에서 시작된다는 것을, 나는 안다. 고단하고 정직한, 외로운 노동의 결정체. 눈을 감으니 어쩐지 반 고흐의 작품 '한 켤레의 신발'이 오버랩된다.

MORE INFO yoshimitaniguchi.com

이탈리안 오마카세 교향곡

도모리 도시지
Tomori Toshiji

'살면서 무엇이 중요한가'라고 묻는다면 당신은 무엇을 꼽을까. 누군가는 성공이나 명예를, 건강을 말할 것이다. 굉장히 어이없을 수 있겠지만, 나는 먹는 것이 중요하다.

13년간 직장인으로 살면서 나의 현실적인 고민은 '오늘 뭐 먹지?'로 시작해서 '내일 뭐 먹지?'로 끝났다. 그건 함께 일한 동료들이 안다. 내 머릿속은 일과 음식, 사람들과 술로 대부분 채워져 있었다. "다 먹고 살자고 하는 건데"가 나의 입버릇이었다.

그렇다고 내가 대단한 맛집만 고집하거나, 미슐랭만을 다니는 까다로운 미식가인가 하면 그건 또 아니다. 단지 손맛 좋은 엄마의 딸로 자라 먹는 것에 조금 후할 뿐이다.

좋아하는 사람들과 맛있는 음식을 나누어 먹는 것을 인생의 크나큰 즐거움이라 여긴다. 그리고 생긴 것과는 달리 식탐이 많다는 정도. 맛난 음식은 열심히 하루를 사는 사람에게 응당 주어져야 하는 보상이라 여긴다.

사실 패션 에디터답지 않은 말일 수 있지만 나는 맛있고 훌륭한 음식이 명품 가방보다 좋다. 오늘 내가 먹는 맛있는 음식이 주는 만족도와 활력이 찰나의 기쁨을 안겨주고는 허망하게 떠나가는 가방의 존재보다 크다.

특히 숱한 출장길과 여행길에서 만난 이탈리아의 음식을 가장 좋아했다. 이탈리아 음식이 우리나라 사람들 입맛에 잘 맞기 때문만은 아니다.

포지타노의 절벽 아래 작은 호텔에서 머물며 먹던 소박한 남부 음식들과 쨍한 레몬 엑기스를 담은 리몬첼로, 고단한 밀라노 패션위크 출장길에 먹었던 싱싱한 해산물 요리와 넘치는 와인, 로마의 길 한복판에서 먹었던 잊을 수 없는 맛의 피자.

이탈리아 사람들은 맛에 진심이었다. 그들의 음식엔 사랑이 있었다. 그들은 때와 장소를 가리지 않고 조리법을 논하고 비법을 공유한다고 한다. 인생의 맛을 아는 사람들의 그런 정감 있는 모습들을 많은 책에서, 영화에서, 그리고 이탈리아 곳곳의 길에서 경험했다. 사랑하는 가족과 친구들과 그런 맛있는 음식을 통해 따뜻한 오늘을 나누는 것이, 나에게도 행복이고 성공이다.

자신에게 성공적인 밤을 선물해 주고 싶은 그런 기분이 드는 날, 나는 어김없이 시그날레 에노티카(Cignale Enoteca)로 향한다. 일본에는 동네마다 정말 맛있는 이탈리안을 맛볼 수 있다. 굳이 멀리 갈 것도 없다. 구글 지도에 살고 있는 동네 혹은 잠시 머물고 있는 호텔을 입력하면 근방에 가장 맛있는 이탈리안 음식점을 재빨리 찾아주는 시대다.

그럼에도 시그날레를 최고로 치는 이유는 하나다. 그곳의 모든 음식엔 수고로운 사랑과 흔치 않은 감동이 있으니까. 이탈리아에서 느꼈던, 음식을 향한 곰탕 국물처럼 진한 진심이 그곳에는 있다. 레스토랑을 단지 '맛'이 아니라 분위기, 정서, 에너지가 어우러진 '경험'이라는 측면에서 바라봐야 한다고 생각하는 내게 최고의 이탈리안은 일본에 처음 살기 시작한 2016년에도, 지금도 여전히 시그날레다.

일본어로는 '치냐레'라 부르는 이곳은 '도모리 도시지' 셰프가 재패니스 이탈리안을 선보이는 작은 레스토랑. 2016년 「모노클」 잡지가 선정한 1위 레스토랑으로 정평이 나 있지만, 일본인 미식가들 사이에도 유명 스시집에 버금갈 만큼 예약이 하늘의 별 따기인 곳이기도 하다.

대학 때 아르바이트로 요리를 시작해 이제 막 30년이 넘었다는 도모리 씨. 20대 중후반에 4년 동안 이탈리아 피에몬테와 토스카나의 유명 레스토랑에서 수련했고, 도쿄로 돌아와 가쿠게이다이가쿠역 근처에 대여섯 명이 겨우 들어갈 작은 레스토랑을 차린 것이 2011년의 일이다.

그리고 2015년, 공간을 넓혀 고마바 지역으로 이전했다. 가쿠게이다이가쿠의 자리는 비노 앤 파인(Vino & Pine)이라는 캐주얼 바 형태로 수제자들이 도맡아 운영하고 있다.

"이탈리아에서는 새벽부터 밤까지 요리하랴 언어 공부하랴 정말 힘들었지요. 90킬로그램에 육박했던 몸무게가 67킬로그램까지 빠졌으니까요. 일본에 돌아와서는 카메라에 관심이 생겨 푸드 전문 포토그래퍼로 일하기도 했어요. 그때 음식을 담고 표현하는 방법을 좀 더 세세하게 익혔고요."

부푼 꿈을 안고 떠났던 이탈리아에서 그가 배워온 것은 요리를 대하는 태도일지 모른다. 지금도 그는 내가 아는 일본 지인들 중에서 최선을 다해 하루를 사는 사람 중 한 명이다. 내가 어느 순간 그의 음식을 사랑하는 손님에서 가까운 친구가 된 것도, 그가 부엌에서 보여준 한결같은 꾸준함과 근면함 때문이다.

그는 매일 새벽 6시에 기상해 도요스의 피시 마켓으로 향한다. 그날 가장 신선한 재료를 구하고, 츠키지로 넘어가 원두와 와사비, 콘부를 사기도 한다. 우수한 품질의 농산물을 사용하기 위해 농장과 직접 제휴도 한다.

매장에 돌아와 재료 준비와 스태프 미팅을 시작하는 것이 대략 아침 9시 반. 점심과 약간의 휴식을 빼면 저녁 6시부터 시작되는 영업을 위해 꼬박 하루를 서서 보내는 셈이다.

“그날의 재료는 그날 끝내는 것이 원칙이에요. 오늘 쓸 소스면 대접하기 직전 만들죠. 물론 미리 만드는 것이 좋은 경우엔 그렇게 할 때도 있지만요.”

신선함을 최고로 하는 곳인만큼 이곳에서는 매일 세 가지 종류의 빵부터 전채, 메인 디쉬, 파스타, 바질과 살사 베르데 소스, 리몬첼로와 칵테일, 디저트까지 모두 직접 손으로 만든다. 대접할 음식을 바라보는 출발점이 다르기 때문이다.

“저는 제가 하는 일이 레스토랑의 시코미(요리를 위한 밑준비)라 생각하지 않아요. ‘우리 집에 누군가 놀러올 때 어떤 준비를 할까’라는 감각에서 시작합니다. 친한 친구가 왔을 때 별로인 것을 내보이고 싶지 않잖아요? 강낭콩을 샀다고 칩시다. 친구가 저녁에 오는데 아침에 삶으면 맛이 없어지겠죠? 샐러드를 준비할 때 친구가 오기 직전에 콜리플라워를 데쳐

바로 먹어야 맛있잖아요. 현장에서 갓 만든 것을 주고 싶어요." 그것이 그가 매일을 사는 최선이다.

레스토랑에 앉아있으면 코스 처음부터 끝까지 곳곳에서 탄성이 터지는 소리를 들을 수 있다. 메뉴는 따로 없이 그날 셰프가 구한 최고의 재료로 만드는 오마카세가 제공된다.

먼저 예약한 자리에 착석하면 셰프의 프레젠테이션이 시작된다. 커다란 바구니에 담은 그날의 싱싱한 재료들을 원산지부터 시작해 어떻게 요리할 것인지 투명하게 설명해 준다. 홋카이도 참치, 도야마의 털게 등이 테이블 위에 떡 올려져 있는 모습을 보면 먹기 전부터 침이 고인다. 마치 고급 로바다야키에서 착안한 듯한 화려한 식재료 디스플레이는 명화 속의 정물화처럼 예쁘다. 자세히 들여다보면 색과 구성 면에서 면밀히 세팅했음을 알 수 있다. 역시 훌륭한 비주얼이야말로 우리의 상상력을 자극하는 최고의 마법이라는 사실을 깨닫게 된다.

특히 중간에 생선 요리가 나올 때 누구든 어김없이 "스고이!"를 외치며 사진을 찍게 될 것이다. 그날의 생선 요리는 시그니처 소스인 바질 소스와 상큼한 라임이 곁들여져 먹음직스러운 상태 그대로 테이블 위에 놓여질 테니까. 이는 음식 소재의 형태와 특징을 최대한 남기고 최소한의 조리를 하는 이곳의 요리 스타일을 명확히 보여주는 예다.

"좋은 재료는 사람의 손을 많이 탈 필요가 없어요. 저는 초대 손님들에게 최대한 최상의 재료로, 최소한의 조리를 해서 내어주는 사람입니다. 예를 들어 생선의 토막을 내버리면 보기에도 즐겁지 않죠. 생선이나 고기나 남기고 싶은 것은 자연스럽게 남긴 채 조리해야 합니다."

그는 그것이 음식에 대한 자신의 변치 않는 철학이라고 했지만 나는 제철 재료 본연의 맛을 살리는 데 중점을 두는 일본 특유의 방식과도 연결되는 부분이라 생각했다. 그의 요리 신념을 듣고 있으면 음식이란 눈, 귀로도 먹는 것이란 생각이 든다. 포토그래퍼로 일했던 감각과 경험이 묻어나는 것일 테다.

뭐라고 해도 내가 최고로 치는 이곳의 매력 중 하나는 현장의 라이브한 분위기다. 오픈 키친에서 달그락달그락 만들어내는 부엌의 분주한 열기가 근사한 음식으로 창조되는 모든 과정을 손님들은 즐겁게 관찰할 수 있다. 자신의 입으로 들어갈 요리가 어떻게 만들어지는지 두 눈으로 확인할 수 있다는 건 안심되는 일인 동시에 기대감을 증폭시키는 설렘의 시간이기도 하다.

"카운터 좌석은 손님들의 반응을 바로 알 수 있어 좋지요. 중간중간 대화를 나누는 것이 즐거워요. 하나의 플레이트에 주면 나눠 먹기도 힘들잖아요. 두 명이면 두 명의 접시에, 네 명이 오면 네 명의 접시에 각각 드립니다. 고객의 표정과 상황을 보면서 양을 조절해 드리기도 하지요."

물론 안쪽에 6~8명을 수용할 수 있는 룸이 있기는 하지만 그때그때 대응하는 카운터 좌석이야말로 시그날레만의 최대 강점. 그렇게 셰프와 스태프들은 손님들과 자유로이 대화하며 코스를 유려하게 이끌어나간다. 마치 유럽의 시장 안에 있는 바에서 갓 건져 올린 해산물로 요리해주는 주인과 대화를 나누는 것 같은 자연스러운 풍경이 이곳에 있다.

신기하게도 이런 경험은 우리가 돈을 냈으니 일방적으로 대접을 받는다는 느낌이 아니라, 함께 이 멋진 정찬을 완성해 가는 듯한 참여자의 기분을 맛보게 해준다.

코스와 코스 사이의 시간, 빵이 보너스 선물처럼 등장하는 중간, 직원들이 식사하고 있는 손님들에게 말을 걸고 다음 잔을 채워주는 타이밍, 모든 것은 물 흐르듯 연주된다. 눈앞의 작은 부엌에는 무언가 특별한 리듬이 있는 것이 분명하다. 오랜 시간 호흡을 맞춰온 듯한 사람들의 몸에 밴 조화로운 화음이랄까. 스태프의 얼굴에는 기분 좋은 긴장이 흐른다.

"우리가 생각하는 오모테나시는 메뉴, 소재만이 아니라 소소한 것들에 마음을 쓰는 것입니다. 손님들이 우리가 만들어내는 것으로 그날의 기분이 좋아질 수 있도록 모든 상황을 상상하고 헤아리려고 노력합니다."

상대방의 생각을 상상하고 헤아린다는 것은 사실 많은 에너지와 배려가 필요한 일이다. 로컬과 외국인 모두에게 이곳이 오랫동안 사랑받는 이유 중의 하나는 이처럼 다정하고 열정적인 이탈리안 요리에 일본만의 섬세한 감성을 덧입혔기 때문이 아닐까. 그 한끗은 마음이다.

한 편의 잘 짜여진 교향곡 같은 코스의 끝은 비알레띠에서 내린 커피 한두 잔과 럼주가 들어간 모나카 아이스크림. 아쉬운 두 시간을 뒤로 한 채 이곳의 문을 나설 때는 오늘의 호스트였던 도모리 씨가 주방에서 나와 빵과 특제 소스를 담은 작은 종이봉투를 내밀며 작별 인사를 한다. 마치 친구 집에 놀러온 이를 배웅하며 그의 손에 선물을 안겨주듯이.

오모테나시적인 성실함

어린 시절, 그녀의 부모님은 맞춤 양복점을 운영했다. 남성 슈트를 주로 만들던 장인들은 때때로 소재가 남으면 양복점 사장 딸을 위해 재킷과 스커트를 만들어주곤 했다. 회색, 남색과 같은 칙칙한 남성복 컬러로 만든 옷이 썩 마음에 들지 않아 입을 삐죽거리곤 했던 아이는 세월이 흘러 일본의 패션 홍보 에이전시를 운영하는 패션계 구루(Guru)가 된다. 20년이 넘는 오랜 시간 동안 일본의 하이패션 시장을 탄탄하게 지탱해 온 인물, 스테디 스터디(Steady Study) 에이전시의 '요시다 미즈요' 대표다.

오모테산도 아오야마 북 센터 뒤쪽, 그녀의 사무실이 있다. 하얗고 깨끗한 건물 3층, 가을의 햇살이 잘 들어오는 회의실은 한국의 PR 에이전시와는 사뭇 다른 분위기다. 먼지 하나 없는 하얀 테이블 뒤쪽으로는 유리 꽃병에 커다란 백합 한 송이가 꽂혀있다. 꽃병에도 물 얼룩 하나 보이지 않는 걸 보니 평소에 부지런히 관리를 해온 것이 분명하다.

스테디 스터디는 현재 몽클레르, 알렉산더 매퀸, 더 로우, 세르지오 로시, 레포시, 리모와 등 약 25개 정도의 브랜드 PR 마케팅을 담당하고 있는 일본의 대표적인 패션 에이전시다. 생 로랑 맨즈와 클로에를 비롯해 무수히 많은 해외 브랜드를 일본에 성공적으로 론칭시킨 회사이지만, 스테디 스터디의 시작은 생각지도 못한 우연에서 출발했다.

"그때 지병이 있는 아버지를 돌봐야 해서 회사에 근무할 수 없는 상황이었어요. 갑자기 파리에 있는 친구가 일본의 브랜드 론칭을 도와달라고 해서 6개월만 돕겠다고 했죠. 그게 벌써 20년 전이네요." 그녀가 회사의 출발을 떠올리며 호탕하게 웃었다.

일본은 아날로그의 나라이지만 획기적이고 독보적인 행방을 보여주는 곳도 있다. 스테디 스터디는 코로나가 터진 직후 디지털 쇼룸을 준비, 2020년 여름부터 운영하며 업계의 화제가 되었다. 일본 패션업계로서는 최초의 시도다.

"패션 관계자들이 굳이 우리 사무실을 찾지 않고도 인터넷상에서 옷을 손쉽게 홀딩할 수 있는 시스템을 개발했어요. 한 번 등록하면 24시간 안에 수정할 수도 있어요. 아무래도 서로 대면이 부담스러운 시기잖아요."

코로나가 전 세계를 강타하면서 패션 업계도 흐름이 급격하게 바뀌었다. 사람들은 재택 근무를 하게 되면서 외출복을 점차 사지 않게 되었고, 이는 전체적인 패션 브랜드의 매출 급감과 시장의 위축으로 이어졌다. 그러나 한편으론 이와 같은 소극적인 소비 패턴이 패션 업계의 나아갈 방향을 진지하게 논의할 수 있는 방아쇠 역할을 했다. 사람들은 보다 가치 있는 소비, 지속가능성(sustainability)이라는 새롭게 대두된 기준에 관심을 보이기 시작했다. 올 것이 왔는지도 모른다.

요즘 패션 비즈니스의 흐름에 대해서는 어떻게 생각하나요.

오늘 아침 업체와의 미팅에서도 얘기했는데 세계적으로 록 다운이 계속되는 상황에서 이커머스(E-commerce) 시장이 확대되는 건 맞지만, 100퍼센트 그쪽으로 바뀌는 건 아니지 않겠냐는 얘기가 나왔어요. 물론 모두가 수익 창출을 고민하는 어려운 시대죠. 매장 수도 현저히 줄고 비즈니스를 접는 곳도 많으니까요. 하지만 그럴수록 그 매장에서만 느낄 수 있는 경험이 더 중요해지고 있어요. 그곳에 갈 수밖에 없게끔 만드는 무언가 강력한 것이 필요하게 됐죠.

코로나로 인해 브랜드 자체뿐만 아니라 매장의 존재감과 역할에 대해 다시 생각하게 된 것 같아요.

예를 들어, 세 개를 운영했던 매장을 하나로 줄였다 칩시다. 그러면 그 공간을 아예 쇼룸처럼 꾸밀 수도 있는 거예요. 상품을 많이 넣어서 손님들이 시착을 편하게 할 수 있도록 만드는 거죠. 구입은 인터넷에서 하더라도, 최대한 많이 입어보고 시간을 보낼 수 있는 공간으로 재편하는 거예요. 그런 가능성에 대해 생각하는 브랜드가 많아질 거라 생각해요.

실제로 「매거진 B(Magazine B)」의 『The Shop』 일본 편 취재를 담당할 때 업계 관계자들과 이런 이야기를 많이 나누었다. 제한된 일상을 겪으며 깨달은 것은 우리는 오프라인의 경험으로부터 삶의 에너지를 발견한다는 것이다. 이를 테면 좋아하는 사람들과 맛있는 음식을 맛보며 레스토랑의 온도를 즐기는 것. 신상 자체를 손에 넣는 쾌락보다 매장에 놓여진 수많은 물건 중 자신의 취향을 발견해 나가는 기쁨을 만끽하는 것. 온라인이 아무리 발달해도 오프라인을 대체할 수 없는 건 결국 인간만이 가진 원초적인 오감과 감성 때문인지도 모른다.

경험이라는 측면에서 볼 때 눈여겨보는 브랜드가 있나요?

저는 더 로우(The row)가 떠오르네요. LA에 위치한 더 로우 플래그십 스토어는 아트와 가구, 의상이 한데 어우러진 진정한 럭셔리 라이프스타일을 제안하고 있어요. 매장을 둘러보는 것만으로도 영감과 휴식이 되죠. 옷 자체만이 아니라 그들이 평소 소중히 여기는 것들에 대해 말하고 있어요.

말씀하신 것처럼 여러 면에서 기분 좋은 자극이 되는 브랜드를 성공적으로 선보였던 경험도 있을 것 같은데요.

라이프스타일 측면에서 보았을 때는 역시 랄프 로렌이죠. 아주 오래전 이야기지만 도쿄에 플래그십 스토어를 처음 선보였을 때를 잊지 못해요. 디스플레이, 가구, 인테리어, 마감재까지 매장에 발을 디딘 순간부터 설레는 경험을 주었지요. 앞으로는 이런 감각이 모든 브랜드에 더욱 중요해질 거라고 생각해요. 공간에서 소비하는 시간의 즐거움이 소비자에게도 브랜드에게도 우선시 될 요소일 거예요.

그녀의 이야기는 브랜드가 당장 무엇을 생산하느냐가 아니라, 무엇을 지향하고 있는 지가 중요해질 거란 의미로 들렸다. 브랜드의 아이덴티티와 현지화가 더욱 중요해질 것이다. 때로 우리가 쇼핑백에 담고 싶은 건 신상 컬렉션이 아니라 누군가의 남다른 시선과 취향인 것처럼.

코로나가 가져온 변화는 새로운 시대에 걸맞는 매장의 정체성만이 아니죠. 당장 옷 트렌드의 흐름도 바뀐 것 같아요.

꾸밀 일 자체가 없어졌으니 옷이 별로 필요 없게 됐어요. 예전처럼 드레스를 차려입고 파티나 행사에 갈 일도 없지요. 물론 계속 지금과 같지는 않겠지만 재택 근무가 어느 정도 일상화가 되면 패션의 흐름에도 당연히 영향을 미칠 거예요. 지금 제가 입은 것은 파자마 팬츠에 니트 가디건이잖아요. 이 위에 코트만 걸쳐도 포멀한 느낌으로 연출할 수 있어요. 지난 파리 출장 때 이런 일이 있었어요. 자려고 누웠는데 갑자기 호텔에 비상 알람이 울린 거예요. 파자마를 입고 있었기 때문에 위에 캐시미어 니트 가운을 걸치고 나갔죠. 이런 식으로 이제 우리의 일상 자체가 안과 밖이 분리되지 않고 이어지게 될 거예요.

그렇게 입고 나가도 전혀 부끄럽지 않을 룩이죠. 집에서도 밖에서도 유연하게 입을 수 있는 스타일이 더욱 각광받겠어요.

물론 기분을 내기 위해서 가끔 장식적인 옷을 입고 싶을 때가 있지만요. 소비의 흐름은 확실히 좁혀질 거란 생각이에요.

그런 의미에서 요즘 본인의 스타일을 표현하자면요.

어른이 되면 자신의 스타일이 나오는 것 같아요. 저는 감촉이 좋은 옷을 선호해요. 디자인의 감도가 좋은 디자이너 브랜드 옷을 베이직한 스타일과 섞어 입죠. 예를 들어 유니클로의 스웨트팬츠와 더 로우의 스웨터를 매치하는 식이에요. 더 로우는 심플해 보이지만 디테일에 정말 신경을 많이 써요. 거의 오더 메이드의 느낌이 나

죠. 물론 저널 스탠다드(Journal Standard)나 빔즈(Beams), 론 하먼(Ron Herrman), 드로어(Drawer's), 블래밍크(Blamink)처럼 지금 당장 일본인들이 사 입을 수 있는 옷을 판매하는 편집숍도 이용하고요.

스테디 스터디가 더욱 특별한 건 해외 유명 패션 브랜드를 홍보하면서도 일본 전통을 언제나 잊지 않는 행보 때문이다. 460년의 역사를 가진 기모노 브랜드 '치소우'의 홍보를 맡은 건 고유의 문화를 소중히 하는 대표의 생각에서 비롯되었다.

"일본도 장인의 수가 줄고 있어요. 치소우라는 기모노 브랜드는 지금 사장이 16대째인데 고민이 많죠. 기모노 입는 사람들이 적어지니까 장인도 같이 줄어드는 거거든요. 기모노의 기술을 사용해서 다른 것을 만들 수는 없을까 싶어 서핑 보드 같은 전혀 다른 현대적 물건을 만들고, 전시를 연 적이 있어요. 무엇이든 손을 쓰지 않으면 무뎌지게 되어 있지요. 새로운 세대가 새로운 형태로 전통을 계승하고, 계속 진화시켜야 해요."

어쩌면 그것이 지금 시대를 사는 우리의 역할이지 않을까, 생각했다. 나는 나로서 존재하는 것도 중요하지만, 나뿐만 아니라 내 주변과 사회, 국가를 위해, 다음 세대를 위해, 지구를 위해, 작게나마 어떤 의미 있는 일을 할 수 있을지가 요즘의 고민이다. 당장 '무엇을 하고 싶나'보다는 '어떻게 살고 싶은가'로 나의 시선이 조금 옮겨간 건지도 모른다.

그녀는 앞으로 일본 패션 디자인의 흐름을 크게 두 방향으로 바라봤다. 꼼데 가르송처럼 여전히 획기적이고 드라마틱하게 폭발적인 에너지를 발산하는 브랜드가 있을 것이고, 또 다른 축에는 매우 실용적인 일상성을 추구하는 브랜드가 있을 거라고. 실제로 세계적인 패션계의 추세이기도 하다. 그럼에도 우리는 동시에 패션에는 반드시 '브라보'가 있어야 한다고 웃으며 소리쳤다. 패션은 모두의 꿈이니까.

하지만 안타깝게도 현실은 조금 다르다. 자유로운 외출이 꺼려지고 있는 요즘, 사람들은 대부분 집에 머물며 집의 시간을 즐기려고 한다. 일본은 특히 먹는 것에 더욱 몰두하고 있다. 일본 전국 각지에서 고품질의 농산물을 주문해 먹는 사람들도 급속도로 늘어났다.

"시간이 생기니 사람들은 검색을 하기 시작했어요. 조미료에 자신만의 코다와리(고집)가 생겼고요. 일본 전국에서 좋은 것을 찾는 사람들이 늘었죠. 물론 가족의 건강에 신경을 쓰는 노력이기도 하지만. 사실 그보다는 집에서 요리해 먹는 것 자체의 즐거움을 발견한 것 같아요."

나만의 라이프스타일을 즐기는 느낌이에요. 기왕 집에 있을 거라면 즐거운 시간을 보내자, 뭐 이런 거죠.

예를 들어 옛날에는 '이 땅콩 좀 비싸지 않아?' 했는데, 이젠 자주 안 나가니까 '조금 비싸도 차라리 좋은 거 먹자' 이렇게 되는 것 같아요. 요즘은 친구들끼리 서로 하는 질문이 "이 옷 어디서 샀어?"가 아니라 "이 조미료 어디서 샀어?" 하니까요.

저도 옷 매장보다는 잇트립 소일(Eatrip Soil) 같은 조미료 숍을 더 자주 가게 되는 것 같아요. 당장 먹고 살아야 하니까요. 하하.

나도 거기 좋아해요. 거기 물건이 싸지는 않지만 아이템에 대한 믿음이 있으니 사게 되요. 그런데 생각해 보면 맛있는 것들에 대해 의견을 나누는 그 시간이 일상에 활력을 더해주는 것 같아요.

요시다 씨는 자신이 지금껏 걸어온 길이 순전히 우연으로 시작됐다고 했지만, 스포츠에서 우리가 배우는 교훈처럼 어떤 승리에도 우연은 없다. 양복점 딸로 자란 어린 시절, 무의식적으로 좋은 소재에 대한 감각과 오더 메이드의 섬세한 디테일을 그녀는 눈으로 귀로 익혔을 것이다. 이는 자연스레 패션에 대한 관심으로 이어져, 지금의 길로 인도한 자양분이 되었을 테고.

대화 내내 수다를 떠는 듯 편했지만 그녀의 말 끝에는 언제나, 오랜 경험과 시행착오에서 비롯된 지혜의 빛이 반짝였다. 마치 오래전 장미희 선생님과 하와이에서 화보 촬영과 인터뷰를 했을 때의 그때 그 느낌처럼. 가르치려는 말투나 근엄한 표정 하나 없이도 인사이트를 전달할 수 있는 건 연륜이다.

자신의 분야에서 정상에 오른 사람과 대화할 때 우리는 그의 무엇에 감흥을 느낄까. 말의 깊이에서 느껴지는 내공 자체보다 훨씬 선연하게 다가오는 지점은 스치듯 사라져버리는 아주 작은 디테일에 있지 않을까. 이를테면 상대방의 거짓 없는 눈빛과 웃음, 순수한 호기심을 담은 표정, 전문가의 모습과 살짝 어울리지 않는 듯한 아이 같은 귀여운 제스처, 무언가를 진심으로 강조할 때 생겼다 없어지기를 반복하는 이마의 주름, 우연히 마주친 고객을 대할 때의 태도, 첫 인사와 마지막 인사를 나눌 때의 온도. 숨길래야 숨길 수 없는 것들이다.

우리는 마리아주 프레르의 차와 일본의 녹차, 또 다른 이름 모를 과일차까지 세 잔이나 연거푸 마시며 이야기를 나눴다. 도중에 비서가 조용히 문을 두들기고는 노오란 포스트잇에 적은 쪽지를 대표에게 내밀었을 때 깨달았다. 우리가 꽤 오랜 시간 교감을 나눴다는 것을. 그리고 이 회사가 부침 많은 패션 업계에서 20년 이상이나 정상의 자리를 굳건하게 지킬 수 있었던 이유에 대해서도. 보일 듯 말 듯한 작은 차이가 큰 간극을 만드는 건 상대방을 향한 순간의 '배려'에 그 비밀이 있다.

그녀는 일본이 디테일의 나라인 이유에 대해 설명하며, 성실함이라는 단어를 언급하기도 했다. 그동안 만난 디자이너들이 빠짐없이 해준 이야기였다. 여기에 나는 한 가지를 더해야겠다. 그건 상대방을 먼저 헤아릴 줄 아는 '오모테나시'적인 성실함일 거라고.

계산하지 않는 자유

나카무라 케이스케
Nakamura Keisuke

언젠가부터 츠타야 다이칸야마 서점에서는 내가 찾는 책들을 쉽게 찾을 수 없게 됐다. 품절일 때도 많았고, 손님이 많으니 정신이 없기도 했고, 어쩌면 나의 미의식이 조금 다른 세계와 방향으로 흘러가 버렸는지도 모르겠다는 생각을 할 때쯤 아주 만족스러운 공간이 등장했다.

미나미 아오야마에 위치한 스쿼트(Skwat). 최근 가장 재미있는 도쿄의 공간을 뽑는다면 나는 주저 없이 이곳을 소개하고 싶다. 설계사무소 다이케이 밀스(Daikei Mills)의 프로젝트 중 하나로 도쿄의 빈 공간을 점거해 문화예술의 발신 거점으로 만든다는 획기적인 기획의 팝업이다.

서점(2층)이면서 패션 브랜드 르메르의 매장(1층)이기도, 스튜디오나 전시장처럼 기능하기도 하는 열린 공간 파크(지하 1층)는 다이케이 밀스의 나카무라 케이스케, 패션 에이전시 에드스트롬(Edstrom)의 에드스트롬 요시코, 트웰브 북스의 하마나카 아츠시가 의기투합한 결과물이다.

지난 「매거진 B」의 『The Shop』 인터뷰 건으로 만난 이들에게서 매장에 관한 여러 흥미진진한 이야기를 들을 수 있었다. 나카무라 씨는 영국에서 공부할 당시 영국, 독일 등지에서 비어있는 부동산이나 버려진 토지를 점거해 스튜디오로 사용하는 행위인 '스쿼팅(squatting)'에서 착안해 이 공간을 구성했다. 도쿄 올림픽이 끝나면 빈 공간이 많아질 거라 생각했고 그런 공간을 빌려 재미있는 프로젝트를 기획하면 어떨까 싶었다는 것. 아오야마 동네 전체를 활성화하는 데 기여하고 싶은 바람도 컸다.

10여 년 동안 공간 설계를 해오면서 일본 공간 디자인이 유행을 따라간다거나 외국 것을 그대로 받아들이는 부분이 많아 재미가 없었다고도 했다. 그래서 이번 프로젝트는 이 건물 자체가 가진 장점을 최대한 살리는 데 중점을 두었다는 것이다.

"'최소한의 것을 더해 최고의 스페이스를 만들자'가 디자인의 기본 토대입니다. 예를 들면, 처음 이곳에 왔을 때 곳곳에 빨간색 페인트가 흔적처럼 남아있었어요. 그래서 공간의 특징을 빨간색으로 잡고 디자인적으로 효과를 내기 위해 케이블, 카펫을 빨간색으로 통일했고요. 천장의 조명과 책장은 예전 시보네(Cibone, 도쿄의 대표적인 편집숍으로 그가 인테리어 디자인을 맡았다) 매장에서 쓰던 것을 그대로 가지고 왔어요. 최대한의 미니멀한 보수를 거쳐 최고의 결과를 내도록 덧입힌 디자인이라 할 수 있죠."

나카무라 씨의 말에 이어 여기, 「매거진 B」에 실리지 않은 대화의 일부를 공개한다.

무엇보다 앉을 수 있는 공간과 구석이 여기저기 눈에 띄어요. 마치 전체 공간에 제약

이 없는 것처럼 느껴집니다.

네. 사실 일본에서는 돈을 지불하지 않으면 편하게 앉아 쉴 수 있는 공간이 호텔 로비 외엔 잘 없거든요. 누구든지 여기에 와서 자신만의 시간을 자유로이 쓸 수 있다면 좋겠다고 생각했어요. 책을 보다가 지하 키오스크에서 스낵도 사 먹을 수 있고, 서류 작업도 아무 데서나 할 수 있고요. 나카무라

특히 2층의 트웰브 북스에서 취급하는 아트북의 종류와 스타일이 다양하고 재미있습니다. 책 큐레이션의 기준이 있다면요.

제 자신이 책 수집가이기도 하고 도쿄 아트북 페어의 집행위원이기도 합니다. 주로 제가 좋아하는 책을 고르는데, 전 세계 50여 개의 출판사와 거래를 하고 있어요. 희귀 서적을 발견하는 것이 저만의 힘이라고 생각하기도 합니다. 물론 유명한 아티스트의 책들도 취급하지만 가급적 잘 알려지지 않은 젊은 작가들을 발굴하려고 해요. 작가와 출판사 모두 메이저와 독립, 신인의 균형을 잘 맞추려고 노력합니다. 하마나카

스쿼트의 경우 코로나가 퍼지고 있는 와중에 생긴 숍이죠. 이번 팬더믹이 숍의 역할에 영향을 미친 것이 있을까요.

최대한 외출을 자제해야 하기 때문에 사람들은 선택에 더 예민해진 것 같아요. 이곳에 오는 손님들의 반응을 들어보면 공간도 넓고 의자가 많아 편안하면서도 자유롭다는 느낌을 받는데요. 집에 계속 갇혀있다 보면 아무래도 힘들잖아요. 여기서는 말 그대로 신체적인 감각으로도 해방된 기분을 만끽하나 봐요. 이동에 제한이 없던 시

절에는 어디든지 자주 들렀지만 이제는 꼭 반드시 갈 필요가 있을 때만 움직이게 됐잖아요. 물건은 인터넷으로 얼마든지 살 수 있기 때문에 더욱 특별한 체험이 가능한 공간성이 중요해지고 있는 것 같아요. 하마나카

도쿄의 최근 숍 등지에서 읽혀지는 경향이 있나요.

돈을 많이 투자해 럭셔리한 이미지를 추구했던 것과 반대로 가고 있지 않나 하는 생각이 듭니다. 몇 년 동안 일본은 경기가 나빴어요. 이번에 올림픽 수혜를 보기 위해 호텔이 많이 생겼는데 다수의 인원을 수용할 수 있는 공간을 목표로 싸게 지어진 것이 대부분이죠. 예산 책정이 빽빽할 수도 있겠지만 점점 디자인에 돈을 들이지 않기 때문에 선택 또한 줄어들고 모두 비슷비슷한 스타일만 생겨서 재미가 없어졌어요. 그래서 저는 막대한 부를 들이지 않아도 디자인력과 아이디어, 본질적으로 공간을 이해하는 힘이 있다면 조금만 수정하고 다듬어서 얼마든지 특별한 공간을 만들 수 있다는 걸 제안하고 싶었어요. 그러니까 스쿼트의 존재는 앞으로의 가능성을 강조하기 위한 프레젠테이션 모델이라고도 할 수 있겠네요. 나카무라

좋은 숍의 기준은 무엇이라고 생각하나요.

'나만 돈 벌면 그만이지'라는 편협한 시각이 아니라 좀 더 넓은 시야로 도쿄, 일본, 세계, 디자인, 아트 등 전체적인 것을 생각해서 솔직하게 표현할 줄 아는, 보다 열린 태도를 가진 숍이 좋은 것 같아요. 우리가 이런 프로젝트를 하는 이유도 결국엔 침체된 동네를 다시 살려보고자 하는 마음과 노력이거든요. 이런 시야를 포함해서 사람

©Komatsubara Eisuke 제공

들에게 메시지를 전할 수 있었으면 좋겠어요. 나카무라

상품의 퀄리티가 높고 좋은 서비스도 중요하지만, 스트레스가 없는 공간도 중요해지는 것 같아요. 사람이 지나치게 많으면 아무리 좋아도 다시 그곳을 찾고 싶어지지가 않거든요. 오너와 스태프의 캐릭터가 잘 엿보이는, 재미있는 요소가 많은 곳이 좋은 가게라고 생각합니다. 하마나카

이야기를 나누다 보니 그들이 이 독특한 공간을 통해 전하고 싶은 메시지가 무엇일지 궁금했다. 그들은 한목소리로 '예정되어 있지 않고 계산하지 않은 자유'라 이야기했다. 뜻밖이었다. 철저하게 정제된, 일본의 지나친 완벽함이 이들에게조차 갑갑함으로 다가왔던 걸까.

에드스트롬 씨가 말을 거들었다.

"일본은 언제나 친절하게, 실수 없는 과잉 서비스를 하죠. 하지만 우리가 풀어내는 오모테나시의 방식은 그런 것이 아닙니다. 무엇인가를 제공해야 하는 의도 자체보다 사람마다 다르게 느낄 수 있는 다양한 감각을 소중히 하고 싶어요."

흥미로운 공간에 가면 저절로 그곳을 만든 오너가 궁금해진다. 그의 삶의 태도나 가치관이 실제 공간에 묻어난다고 생각하기 때문이다. 하마나카 씨는 지나치게 카탈로그적이거나 정석대로 집을 꾸미는 요즘 사람들을 언급하며 나카무라 씨의 집 얘기를 꺼냈다. 디자이너의 오리지널 제품과 리사이클 숍에서 싸게 구입한 것들을 자유롭게 매치해 놓았는데 그게 또 엄청 멋지다고, 한참 웃으며 얘기했다.

"그러한 삶의 방식이 아마 일적인 감각에도 투영된 것이 아닐까요."

나카무라 씨에게 지금 당장 당신의 집에 갈 수 없으니까 도쿄에서 특별히 좋아하는 공간을 말해달라고 했다.

“히로오 중앙 도서관이요. 정말 평범한 곳이에요. 공공적인 성격이 짙은 공간을 좋아하는데 의외로 젊은 사람들이 없고 혼자 생각하고 싶을 때 찾으면 좋아요.”

그래서 어느 날 가봤다. 그가 일주일에 두 번은 찾는다는 그곳. 결론부터 말하자면 나는 한 시간만에 나왔다. 역시 나는 도서관 체질이 아니다. 하지만 공원 깊숙한 언덕 위에 자리한 도서관의 입지와 그곳을 매운 사람들의 느낌은 묘했다. 그가 이 도서관의 무엇을 좋아하는지는 어렴풋이 알 것 같았다.

얼마 전 흥미로운 전시 하나가 스퀴트의 지하 파크 공간에서 열렸다. ‘Material Matters’란 주제 아래 그간 다이케이 밀스가 진행한 공간 설계 작업에서 쓰고 남은 샘플들을 한 사람 당 세 점까지 누구나 자유롭게 가져갈 수 있도록 한 전시였다. 타일, 종이, 돌, 메탈 등 폐기 처리되는 것이 당연한 수순으로 여겨지던 그들의 작업 샘플들이 누군가에게는 영감, 인테리어 소품이나 새로운 창작물의 소재가 될 수 있다는 가능성을 보여준 것이다. 이토록 재기발랄하고 또 지속가능한 아이디어가 근사한 전시로 탄생할 수 있다니, 스퀴트의 행보는 정말 남다르다.

문득 지난 인터뷰에서 나카무라 씨가 스치듯 했던 말이 떠올랐다. 일본은 공예는 잘하는데 공간이 커지면 잘하는 건가 영 모르겠다고. “너무 만들기에 집중하나?” 그가 웃으며 말했다. 그 말인즉슨 디자인이 답답하단 얘기일까 되물었더니 이런 대답이 돌아왔다.

"공예와 같은 감각으로 공간을 바라보기 때문에 디테일은 완벽하지만, 모든 곳을 빽빽이 계산하고 채우기 때문에 그 안에 편안한 느낌이나 자유로운 감성이 있는지는 모르겠어요."

물론 현업에서 활발하게 활동하는 전문 설계자의 지극히 개인적인 생각일지도 모른다. 이에 대해 당신은 어떻게 생각하는지. 나는 인테리어 디자인, 건축 전문가가 아니라서 견해도, 식견이랄 것도 없지만 하나는 단언할 수 있을 것 같다. 나카무라 씨가 일본에서 그 숨통을 틔우는 역할을 할 것이라는 것.

얼마 전에는 에비수의 주택을 점거해 누구나 이용할 수 있는 탁구대를 설치했다. 현장에서 초크, 테이프, 그 외 소품을 구입해 자신만의 인스턴트 코트를 만들고 친구들과 게임을 즐길 수 있게 했다.

도심에 활력을 불어넣어 주는 이들의 프로젝트는 가벼운 호기심에 들어가 보면 그 끝엔 늘 심도 있는 여운을 남긴다. 매번 프로젝트를 기획한 분명한 의도와 목적이 있으며 그것이 완벽한 설득력을 지니기 때문이다. 도심의 아픈 부분을 건드리고 가려운 부분을 긁어주는 역할을 총대 매고 하는 느낌이랄까.

다만 그 여정을 풀어내는 방식이 심각하지 않고 오히려 발랄하고 역동적이라 신선한 느낌을 준다. 공간에 게릴라성으로 모이고 흩어지는 이들의 콘텐츠는 시민들에게 자극과 휴식, 창조적인 에너지를 끊임없이 제공하는 도시의 중요성, 그러한 도심의 동력이 되는 공간 디자인의 가능성에 대해 다시금 생각하게 한다.

©Komatsubara Eisuke 제공

일본인에게 재즈란

구스노세 가즈마사
Kusunose Katsumasa

일본인만큼 재즈를 좋아하는 국민이 있을까. 일본에 살다 보면 동네 우동집, 허름한 중고 가구 숍, 팬시한 카페, 현대적인 갤러리 그 어디를 가더라도 적어도 매일 한 번은 들을 수 있는 음악 장르가 바로 재즈다. 도쿄에만 재즈 전문 카페나 바가 1백 개 이상이라고. 배경음악이 좋아서 매장 주인에게 곡명을 물어본 횟수는 셀 수 없을 정도다.

왜일까, 나는 궁금했다. 국민 전체가 재즈에 아주 특별한 차원의 지위를 부여하는 것만 같은 정서는 도대체 어디에서 비롯되는 것일까. 모든 것이 풍요로웠던 1980년대 버블 경제 시대에 재즈와의 각별한 인연이라도 쌓은 것일까. 아니면 재즈가 갖고 있는 본성이 일본인의 그것과 맞닿아 있는 걸까.

재즈를 사랑하는 작가 무라카미 하루키는 내 질문에 명쾌히 대답해줄까. 아니 혹여 물어본다 해도 그는 내가 상상하는 이대로 대답할 확률이 높다. "글쎄요, 그건 재즈에게 물어봐야 할 것 같은데요?"라고.

그래서 나의 궁금증을 대신 해소해줄 재즈 전문가를 찾았다. 「GQ Japan」의 전 부편집장이자 「Figaro」, 「Newsweek」, 「Pen」 등의 잡지 별책호 편집장으로 오랜 시간 일했고, 현재는 나고야에서 '재즈 시티 LLC' 회사를 설립하여 재즈 전문 잡지 「#VINYL」을 선보이고 있는 구스노세 가츠마사 씨다.

ⓒKusunose Katsumasa 제공

코로나 중 창간한 「#VINYL」은 평소 그가 하고 싶었던 일본의 재즈 이야기를 담고 있다. 단순히 레코드를 틀어주는 가게를 소개하거나 레코드나 오디오 사양 같은 걸 파고드는 잡지가 아니라, 재즈 음반이 있는 삶의 즐거움과 라이프스타일을 말하고자 한다. 실제로 읽어보니 그가 지향하는 콘텐츠의 성격은 재즈 그 자체에 있기보다는 일상에서 재즈를 향유하는 사람들의 생생한 이야기에 초점을 맞추고 있는 듯했다.

50년대 후반 출생인 그가 재즈에 빠지게 된 건 대체 언제부터였을까. 그의 기억을 거슬러 올라가면 일본 재즈 역사의 한 단면을 볼 수 있을 것이다. 그 어딘가에 재즈 카페를 운영한 하루키의 흔적도 있을 테고.

"재즈에 빠진 건 재즈 킷사에서 시작됐을 거예요. 처음 재즈 킷사에 들어간 건 17살 때지만 대학에 진학하면서 매일 도쿄의 재즈 카페를 들락날락했지요. 당시 살고 있던 곳은 기치조지였는데, 그때 그곳에만 10개 가까운 재즈 카페가 있었어요. 아침에 일어나 게이오 이노카시라선을 타고 기치조지에서 시부야로 갑니다. 당시 시부야의 '햐켄다나' 지역에 재즈 찻집이 10개 정도 있었어요. 저는 그중에서 '블레이키(Blakey)'라는 가게에서 브런치를 먹곤 했지요. 믹스 샌드와 검은 잼이 들어간 러시안 티 세트를 항상 주문했어요. 제가 다니던 와세다 대학교 옆에 '모즈(Mozz)'라는 재즈 킷사가 있었는데, 하루 중 그곳에 있는 시간이 가장 길었지요. 저는 '현대 재즈 애호회'라는 대학 동아리에 속해 있었고 '모즈'는 그 동아리의 거점이었어요. 실제로는 수업에 가지 않고 그곳에서 보내는 일이 더 많았어요. 주인이 눈감아준 덕분에 주문을 한 번만 하면 나가서 수업을 듣거나 밖에서 식사를 하고 돌아오는 것도 가능했어요. 모즈에 밤 9시 경까지 있다 간신히 기치조지로 돌아가면, 거기엔 오전 4시까지 영업하는 재즈 카페가 또 있었어요. 잠이 올 때까지 거기서 보내는 일이 잦았습니다."

그는 70년대 후반부터 80년대, 시위로 수업을 빠진 당시 우리나라의 청년들과는 이질적인 시간을 살고 있었다. 마치 화면 분할 기법으로 두 나라의 전혀 다른 시간이 머릿속에 펼쳐지자 기분이 조금 이상했다.

재즈 동아리를 통해 재즈 페스티벌이나 콘서트 스태프로 아르바이트를 했고, 37살에 「GQ」 편집진이 된 후부턴 계속 음악 관련 기사를 맡았다고 했다. 지금도 재즈 다방을 소개하는 인스타그램 @jazz_kissa를 운영하고 잡지를 제작하고 있으니 그의 인생사에 재즈가 깊이 들어와 있다고 말하는 것은 턱없이 부족한 표현일지 모르겠다. 재즈가 그의 생을 이끌어왔다는 편이 아마 더 정확할 것이다.

재즈 음반에는 백년의 역사가 있다. 그중 그가 가장 먼저 듣기 시작한 것은 1950~60년대의 모던 재즈, 그다음으로 재즈의 뿌리를 알고 싶어 30년대, 20년대까지 거슬러 올라갔다고. 지금 자주 듣는 것은 현대의 재즈다.

“화음이나 리듬, 사운드 디자인 등 지금의 재즈가 지금의 제 감성에 가장 잘 맞기 때문이에요. 많은 재즈는 노래 없이 악기 연주만으로 이루어지는데요. 이 때문에 말로 표현할 수 없는 미묘한 감정이나 추상적인 아름다움이 느껴집니다. 다시 말하면, 말로는 다 할 수 없는 ‘기분’을 표현하고 있지요. 재즈는 항상 그 시대의 감성과 밀접한 관계가 있지만, ‘지금의 기분’을 가장 잘 표현해 주는 것이 ‘지금의 재즈’가 아닐까 생각합니다.”

이제 본론으로 들어갈 차례다. 가장 물어보고 싶었던 것들. 여기 잠시 그와 나눈 대화를 소개한다.

그럼 일본인들이 특별히 재즈를 좋아하는 이유도 감성과 관계가 있을까요? 혹시 버블 시대의 시티팝처럼 시대 상황과 연관이 있지는 않을까요?

일본에서도 자주 논의가 되지만 명확한 답을 도출하지 못하고 있습니다. 제 생각엔 재즈가 일반적으로 가진 ‘고급한’ 정서나 ‘멋진 느낌’이 가장 큰 것 같아요. 예를 들어 수준 높은 가게라는 걸 고객에게 어필하고 싶을 때 하나의 도구로 재즈가 적절하다고 생각하는 경영자가 많지 않을까요? 사실 재즈는 어느 정도 훈련과 경험을 거듭하지 않으면 좀처럼 좋은 점이나 매력을 알아채지 못하는 음악이라고 생각하거든요.

공부가 필요하다는 뜻이겠죠.

한국인도 그럴지 모르지만 일본인은 공부를 좋아한다고 할까, 공부함으로써 자신의 지위를 올릴 수 있다고 믿고 노력하는 부류가 많은 것 같아요. 이러한 상승 지향성과 재즈의 소위 문턱의 높이가 결합되어 있는 것은 아닐까 합니다. 단, 대중적인 음식점에서 재즈가 나오는 건 일본인도 똑같이 신기해 합니다. 주인 중에 오디오 마니아와 음반 마니아가 있어 기호에 따라 재즈를 틀 수도 있겠지요. 록이나 가요보다 시끄럽지 않고 왠지 멋진 공간이 될 수 있다고 생각하는 것일 수도 있고요. 버블 시대의 시티 팝은 틀림없이 가게에서 틀면 근사한 공간을 연출할 수 있다던가, 듣고 있으면 자신이 멋진 인간이 된 것처럼 생각할 수 있는 이유가 큽니다. 그러고 보니 비슷한 매커니즘인 것 같네요.

어린 시절에 대해 말씀하셨지만 일본에는 독특한 '재즈 킷사' 문화가 있습니다. 정확히 언제 어떻게 시작된 건지요.

재즈 킷사는 '차를 마시며 재즈를 듣는 가게'를 의미합니다. 1929년 도쿄에 개업한 '블랙 버드(Black Bird)'가 일본에 등장한 첫 재즈 킷사로 알려져 있어요. 이 다방 붐을 타고 도쿄와 요코하마, 고베에 차례로 재즈 카페가 생겨나게 되지요. 제2차 세계대전이 시작되면서 재즈가 적국의 음악이라는 이유로 듣지도, 음반 소유도 금지되던 시절도 있었어요. 이 때문에 전쟁 중에는 재즈 카페도 사라져요. 그러나 전후 1945년부터 도쿄에 재즈 카페가 부활하고 50년대는 상당한 수의 가게가 생겼습니다.

폭발적인 붐을 맞이한 건 1961년이었어요. 아트 & 브레이키 & 더 재즈 메신저스의 방일이 그 계기가 되었지요. 호레스 실버, 마일스 데이비스, 세로니아스 몽크 등 위대한 재즈 음악가들이 일본을 속속 찾게 됩니다. 하지만 그들의 라이브 연주를 들을 수 있던 사람은 대도시의 일부 층뿐이고 대부분은 그림의 떡이었죠. 대신 큰소리로 마치 눈앞에서 연주하는 것 같은 체험을 할 수 있는 재즈 찻집이 생겨나게 된 거예요. 또 당시에는 음반 값이 너무 비싸서 한 장 값이 대졸 직장인 월급의 25퍼센트에 해당했습니다. 그래서 젊은이들은 커피 한 잔으로 레코드를 많이 들을 수 있는 재즈 킷사를 다닌 거예요. 이렇게 재즈를 들을 기회가 소중했기 때문에 재즈 킷사에서 들을 땐 다 같이 귀를 기울이고 집중해서 듣는 분위기가 자연스럽게 만들어졌습니다. 당시 많은 재즈 카페에서 '대화는 금지'라는 규칙이 세워졌는데 지금 일본에는 약 6백 개의 재즈 카페가 있지만, 대화 금지 규정이 있는 곳은 3-4개로 극히 일부입니다.

그럼 재즈 킷사의 정의는 어떻게 내려야 할까요?

엄격하지는 않지만 나름대로의 오디오 장치로 음반 또는 시디를 틀어 놓는 가게입니다. 고객은 자신이 듣고 싶은 시디나 레코드를 요청할 수 있어요. 1회 요청으로 레코드의 한쪽 면, 시디면 20분 정도의 연주를 들을 수 있습니다. 예전에는 1회 주문에 1회 요청이 일반적인 규칙이었지요. 그리고 킷사는 지금 틀고 있는 음반이나 시디 커버를 고객이 보이는 곳에 반드시 제시하는 것이 관례입니다. 도쿄에는 약 백 개의 재즈 카페와 재즈 바가 있어요.

물론 그중 가장 추천하고 싶은 곳이 있겠지요.

전통 재즈 카페 중 가장 추천하는 곳은 요츠야에 있는 '이구루'입니다. 오너는 재즈 평론가로 활동하고 있고요. 그가 감수한, 시디가 부착된 잡지 「재즈 100년」 시리즈는 누계로 2백만 부가 넘는 베스트셀러지요. JBL의 거대 스피커에서 엄청난 양의 재즈가 흘러나와 전성기 재즈 다방의 모습을 지금도 경험할 수 있습니다. 젊은 오너가 경영하는 곳 중에서는 시모키타자와의 '하야시'와 '마사코'가 있겠네요. 1953년 창업해 2009년에 폐업한 재즈 킷사 '마사코'의 직원이 각각 오픈한 곳이에요. 음식 메뉴도 좋고 음악도 모던 재즈부터 소울, R&B까지 다양합니다. 또 다른 한 곳은 '노 룸 포 스퀘어'(No Room for Squares) 입니다. 전통적인 바와 재즈 카페의 스타일을 융합시킨 가게로, 30대 초반의 오너가 경영하죠. 라이브도 많이 하고요.

가장 좋아하는 재즈 뮤지션은 누구인가요?

마일스 데이비스요. 그처럼 많은 모순을 안고 시종일관 새로운 음악을 추구하면서 명연주, 명작을 남긴 재즈 뮤지션은 없을 겁니다. 모순을 안고 시종일관 계속하는 것이야말로 재즈의 본질이기에, 그는 재즈 그 자체라고 해도 무방하지요.

일본의 재즈 뮤지션도 많잖아요. 추천할 만한 사람이 있나요?

와타나베 사다오가 제일이죠. 올해(2020년)로 87세가 되지만 그의 연주 의욕과 기술은 아직도 쇠퇴하지 않았어요. 1961년부터 지금까지 거의 매년 발표해온 작품은 일본인 재즈 뮤지션의 역사 그 자체이자 산 증인입니다.

그는 도쿄에서 바이닐을 쇼핑하기 좋은 장소로 오차노미즈에 위치한 '디스크 유니온 재즈 도쿄'를 추천했다. 일본에서도 유일하게 재즈에만 전문화된 레코드 숍이다. 도쿄, 요코하마, 오사카에 매장이 있는 디스크 유니온은 사실 재즈뿐 아니라 질과 양 모든 측면에서 일본의 레코드 체인 중 최고로 인정받는 곳. 그런가 하면 바이닐로 뜬 지역은 젊음의 거리, 시모키타자와다. 현재 시모키타자와에는 20개가 가까운 레코드 숍이 포진해 있다.

마일스 데이비스는 "재즈라고 부르지 마라. 소셜 뮤직이라 불러라"라는 명언을 남긴 바 있다. 구스노세 씨도 그의 말에 동의한다. "재즈에 있어서는 뮤지션들끼리의 커뮤니케이션, 즉 소통이 가장 중요하죠. 그건 단지 사이좋게 지내는 걸 의미하는 게 아니라 자연 발생적인 음악적' 교환에서 나오는, 예측 불가능하고 스릴 있는 긴장 관계가 생겨나는 것을 가리켜요. 그것이 재즈의 묘미이고 본질입니다. 뮤지션과 뮤지션, 뮤지션과 청중, 그들의 모든 상호 관계에서 나오는 음악이 재즈입니다. 그러니까 재즈에서는 누구나 중요합니다."

모두가 주인공이자 참여자이고 주체자가 되는, 재즈가 일본인에게 유독 사랑받는 이유는 이렇듯 소통이 활발한 평등한 음악이기 때문이 아닐까. 관계와 화합을 중시하는 일본인에게 각자 다른 소리를 내면서도 서로 조화롭게 융화되는 재즈라는 음악 장르야말로 그들이 삶에서 지향하는 선(善)이자 목표일지 모른다.

실제로 나는 2020년 코로나가 한창이던 어느 날, 무료함에 몸부림치다가 하루키 작가가 진행하는 Tokyo FM 「무라카미 라디오」에 사연을 보낸 적이 있다.

"일본에 사는 한국인입니다. 일본 어딜 가나 재즈가 흐르던데, 일본인이 재즈를 유독 좋아하는 이유는 무엇이라고 생각하시나요?"라고 정중히 물었다.

하지만 사연은 방송에서 확인할 수 없었다. 맙소사, 소개되지 않은 것이 아니라 다음 방송일을 깜박 놓친 것이다. 추후에 찾아보니 청취자의 사연이 소개되는 방송이 있고, 아닌 방송이 있는 것 같았다. 제작진 누군가가 내 메시지를 받았다면 작가에게 전달했을까. 그는 그것을 읽어보았을까. 그렇게 소개 여부는 미궁에 빠져버렸다. 하지만 왠지 알쏭달쏭한 이런 상태가 싫지는 않다. 나와 하루키의 일방적인(?) 추억이 생긴 것이다. 살면서 발송 여부를 알 수 없는 편지, 부치지 않은 편지가 몇 개쯤 있는 것도 나쁘지 않다.

계절별로 추천하는 음악과 뮤지션

● **봄**

Chick Corea 《Return to Forever》(1972)

건반 주자 칙 코리아가 발표한 음반으로 크로스오버/퓨전의 대표적인 명작. 브라질 음악의 영향을 강하게 받은 밝고 자유로운 사운드가 춥고 긴 겨울로부터 해방되어, 이른 봄 햇살을 받고 있는 것 같은 감각을 전해준다.

● **여름**

Marc Johnson 《Sound of Summer Running》(1998)

빌 에반스의 마지막 트리오의 베이시스트 마크 존슨의 대표작. 현대를 대표하는 기타리스트 팻 메스니(Pat Metheny)와 빌 프리셀(Bill Frisell)의 공동 연주가 돋보인다. 여름의 정경을 담은 수채화 같은 타이틀 곡으로 파란 하늘 아래 시원한 레모네이드를 마시는 듯한 상쾌한 기분을 선사한다.

● **가을**

Sarah Vaughan 《Crazy and Mixed up》(1982)

재즈계를 대표하는 가수 사라 본이 절정기에 남긴 명작. 그중에서도 'Autumn Leaves'의 경우 오리지널은 샹송이지만 사라는 가사를 일절 부르지 않고 인트로부터 엔딩까지 스캣으로만 풀어낸다. 그 기교에 압도되기도 하고, 늦가을의 정감이 느껴지기도.

● **겨울**

Keith Jarett 《Still Live》(1986)

키스 자렛과 개리 피콕(Gary Peacock, 베이스), 잭 드 조네트(Jack De Johnette, 드럼)의 이른바 '스탠다드 트리오'에 의한 독일 뮌헨에서의 1986년 라이브 녹음. 키스 자렛의 단정한 멜로디와 깊은 울림은 추운 겨울밤을 생각하며 보내기에 좋다.

풍경을 만드는 사람

나카하라 신이치로
Nakahara Shinichiro

마음에 드는 가구 숍, 전시, 쌀국수 집, 커피와 카레. 이 모든 것의 교집합에 한 사람이 있었다. 그의 이름 나카하라 신이치로. 어떤 사람일까? 도쿄에서 그가 만든 것을 먹고 마시고 즐기면서, 이 모든 것의 배경에 있는 그를 언젠가 꼭 한번 만나 보리라 다짐했다.

2020년 봄, 다이칸야마에서 '풍경을 만드는 눈'이란 제목으로 자신의 전시를 열었을 때 그를 처음 만났다. 우리는 잠시 서서 이야기를 나눴는데, 그때 그는 대뜸 내게 후쿠오카에서 페리를 타고 부산에 가는 것을 좋아한다고 했다. "4천 엔이면 갈 수 있어요! 하하." 특유의 너털웃음을 지으며 소탈하게 했던 그 말이 집 앞의 바다를 볼 때마다 계속해서 귓가에 맴돌았다. 그렇게 계절이 지나고 어느 날의 이른 아침, 그의 사무실 문을 두들겼다.

"19살 때 영국 앤티크 가구 숍에서 아르바이트를 시작했어요. 주인이 저를 영국에 데리고 갔는데 그때 세계관이 확 열렸던 것 같아요. 대학 때는 앤티크 가구에 관심을 쏟았고, 가구 숍을 거쳐 인테리어 디자인 일을 시작했죠. 2000년 회사를 세우고 타스 야드(Tasyard)를 만들었어요."

성공한 사람의 시작치고는 드라마틱하지도 화려하지도 않다. 실제 그는 대학 시절, 학교에 잘 나가지 않고 별 생각없이 노는 학생이었다. 그러니 '반드시 성공할 거야' 같은 대단한 목표도 포부도 없었다고 한다. 다만 매일의 작은 것이 차곡차곡 모여 지금의 거대한 그를 만든 것뿐이다.

"모두 우연이었어요. 하나씩 하다 보니 다음이 보이더라고요. 저는 스태프의 재능이나 캐릭터가 중요하다고 생각하는 사람이거든요. 내가 하고 싶은 것보다 스태프를 발견해서 만드는 것이 재미있었던 것 같아요. 그렇게 조금씩 키워나간 뿐이에요."

관광객들에게도 친근한 타스야드, 비 어 굿 네이버 커피 키오스크(Be a Good Neighbor Coffee Kiosk), Pho 321 누들 바, 인테리어 편집숍 플레이마운틴(Playmountain)이 그가 전개한 곳이다.

그 외에도 템베아(Tembea), 파피에 라보(Papier Labo), 타루이 베이커리(Tarui Bakery), 토라야 앙 스탠드(Toraya An Stand), 머스터드 호텔 아사쿠사 2(Mustard Hotel Asakusa 2)의 공간, 수많은 개인 주택의 인테리어 디자인이 모두 그의 손을 거쳤다.(현재 그는 일본 콘란숍 대표도 겸임하고 있다.)

최근작은 교토 에이스호텔의 인테리어 디자인(미국의 디자이너 팀과 협력해 공동 작업)과 미에현의 비숀(Vison) 호텔 디자인에서 확인할 수 있다. 그러니까 그는 단순히 물건이나 가게가 아닌, 일본의 지도를 그리는 사람이다. 회사 이름인 '랜드스케이프 프로덕트'가 의미하는 것처럼.

"가장 중요했던 것은 어떤 풍경을 만들고 싶다는 거였어요. 2000년대부터 초창기에 만든 것이 모두 센다가야에 모여있는 것도 그런 이유였

Toraya Café An Stand Kitaaoyama

©Nakahara Shinichiro 제공

Ace Hotel Kyoto

고요. 집안을 설계할 때도, 숍을 만들거나 고객이 일을 할 때도 일에 임하는 방식은 똑같아요. '이곳의 풍경을 좋게 만들기 위해 어떻게 움직일까'를 생각하죠."

그런 그가 생각하는 일본의 디자인이란 뭘까. 그는 부족한 것에서 찾는 아름다움이라고 말했다. "우리는 불완전한 것에서 좋은 것을 보는 눈을 갖고 있어요. 낡은 것, 깨진 것 등에서 아름다움을 느끼는 것이죠. 민예 운동과도 관련이 있고요."

"맞아요. 민예 안에 일본인의 정신이 스며들어 있는 것 같아요. 저는 그러한 디자인 안에 어떤 여백이나 공백 같은 걸 느끼는데요. 꼭 물건이 아니더라도 일본의 문화에는 직접적으로 말하지 않고 침묵으로 이해하는 무언가가 있는 것 같아요." 내가 말했다.

"말하지 않아도 눈치채고 알 수 있는 것이요? 그것도 맞아요. 디자인에도 사상에도 다 이어져 있다고 생각해요. 조금 부족한 것에서 만족을 느끼는 것 같고요."

최근 일본의 디자인 흐름은 전통적인 공예를 중시하는 경향이 짙어지고 있다. 정제된 디자인이라고 규정짓기보다는, 좀 더 내추럴한 느낌과 손으로 만들어지는 공예적인 에센스가 물건에서 강하게 느껴진다. 그도 이러한 트렌드를 주목하고 있다.

"제가 느끼기에 한국은 아트 피스(art piece)적인 것이 많다면 일본은 더 일상적인 도구를 만드는 장인이 많은 것 같아요. 아주 특별한 것은 아니지만, 지금 당장 생활에서 쓸 수 있는 다감한 도구를 만드는 사람이 많죠. 지극히 일상적인 것들 안에서 정신성을 추구한다고 해야 할까요?"

그의 말처럼 내가 만난 일본인은 오늘의 일상에 집중하는 이가 많았다. 오늘 보내는 하루, 오늘 만나는 사람, 오늘 너와 내가 먹는 것들. 먼 미래보다 내 앞에 놓인 현재를 바라보는 사람들은 그래서 더 여유 있어 보였던 걸까. 그렇게 일상을 아름답게 가꾸는 비결들을 조금씩 터득한 것이 아닐까.

일본이 일상적 아름다움에 천착하고 있는 것은 장인이 많은 덕분도 있을 것이다.

"예로부터 섬에서 나갈 수가 없으니 태어난 곳에서 일을 계속했던 거지요. 그리고 사람들 마음 안에 역사적인 것을 보호하는 마음이 기본적으로 있는 것 같아요. 집안이 하던 일을 숙명으로 받아들이고 물려받은 사람이 많았죠."

왜 그런 당신은 부모가 하는 일(케이터링 사업)을 물려받지 않았냐고 내가 묻자, 그는 또다시 사람 좋은 너털웃음을 지었다.

"음식 관련 일을 하는 것도 있으니 다른 형식으로 이어가고 있다고 볼 수 있지 않을까요?"

일본에서 만난 물건, 메이드 인 재팬은 완성도가 대체로 높다. 어릴 때 쓰던 소니 시디 플레이어도, 지금 쓰는 젓가락 하나도 정말 잘 만든 물건이라는 건 쓰면 쓸수록 알 수 있다. 하물며 자신의 혼을 담아 만든 장인의 물건은 오죽할까.

"일본에는 계급의 피라미드 같은 것이 있어서 좋은 물건을 만들어 위에 바치는 문화가 있었어요. 그래서 자연히 장인들 사이에는 경쟁이 있었고 그 안에서 미의식이 싹텄지요. 아마 사계절에 맞춰서 물건을 만드는 문화도 한몫했을 거예요. 시기에 따라 다르게 사용하는 도구들이 다양하거든요. 미국 같은 나라처럼 원 플레이트로 끝나는 것이 아니라 그릇에도 각기 다른 의미가 있고 사용처가 다 다르고요. 그러한 의식과 풍습이 꼼꼼한 마무리랄지, 전체적인 디자인 완성도를 더욱 높인 것이 아닐까 해요."

완성도가 높은 건 그가 플레이마운틴에서 선보이는 가구와 리빙 소품, 그릇도 마찬가지. 어떻게 이렇게 좋은 감각들을 선별해 한곳에 다 모아 놨을까 싶을 정도로, 그와 그의 팀이 국내외에서 모은 물건들은 가치와 쓸모가 있고 또 아름답다. 그곳에 가면 물건이 보이는 것이 아니라 탁월한 안목에 감탄하게 된다. 진짜 탐나는 건 지난 전시 제목처럼 풍경 그 자체가 아니라, 그것을 만들어나가는 그의 특별한 '눈'일지도 모른다. 나카하라 씨의 이야기를 듣고 있으면 그런 감각의 눈은 오랜 세월 부지런히 움직이며 닿은 새로운 인연과 만남을 통해 비로소 갖게 된 보배 같다는 생각이 든다.

“여행을 많이 하세요. 지금은 코로나로 어렵지만 인간의 여행이란 끝나지 않을 것이니까요. 저는 멕시코와 브라질을 좋아하는데, 뭐라고 말할 수 없는 분위기가 참 좋았어요. 인간의 근본적이고 근원적인 것에 대한 생각을 많이 하게 되었지요. 움직이는 것에서 무언가를 느낀다는 건, 알게 모르게 자신의 일이나 생활에 영향을 줘요. 인간은 죽을 때까지 무언가를 ‘알고 싶은’ 존재잖아요. 여행을 통해 꼭 무언가를 이루려는 것이 아니라 그저 가서 보고, 느끼고 쇼핑하고, 소통하는 것이요. 그곳에서 산 것을 집 안에 놓고 사용하는 자체에서 생활이 바뀌고 생각이 바뀔 수 있는 것이거든요.”

더 이루고 싶은 것이 있을까 묻는 내게 이제는 적당히 움직이고 싶다고 했다. 대신 살고 싶은 곳에 정착해 살면서 하지 않았던 것에 도전해 보고 싶다고. 그러고는 닮고 싶은 사람으로 도치기현의 스타넷(Starnet, 자연과 토지, 현대 생활의 조화를 알리는 테마로 운영되는 편집숍)을 이끌었던 고(故) ‘바바 히로시’ 대표를 언급했다.

“마을과 물건에 대한 철학도 애정도 확고했던 분이셨죠. 공예에 대해 발전시킬 것은 발전시키면서 마을의 매력을 만들고, 작가들의 잠재력을 이끌어내 좋은 물건을 만들 수 있도록 돕던 분이었어요. 저도 지킬 것과 발전시킬 것의 균형을 잘 잡아가면서 일본의 지역과 마을을 위해 할 수 있는 것에 집중하고 싶어요.”

인터뷰 끝까지 그는 움직임을 강조했다. 호기심을 가지고 매일을 살며 주어진 것들을 열심히 하다 보면 다음이 보일 거라고, 그것이 자연적인 흐름이라고 말해주었다. 자신이 마음을 다해 하는 것들을 어디선가 지켜봐 주고 연결해 주는, 세상의 보이지 않는 끈이 있을 거라고. 그러니 물처럼 파도처럼 상황에 맞게 흘러가면 된다고.

누구나 살아가는 모습도, 추구하는 방향도 제각각이지만, 그가 강조했던 이 한마디만큼은 우리 모두에게 공통의 진리처럼 다가온다. 누구도 아닌 자신의 목소리에 귀기울일 것. 쉼 없이 나아갈 것. 자연스럽게 항해하며 그 여정을 즐길 것.

얼마 전 그가 오픈한 바 워크(Bar Werk)에 낮술을 하러 갔다. 소시지 롤과 와인 한 잔에 행복이 별 것인가 싶었다. 집 앞에 딱 이런 공간 하나만 있으면 좋겠다고 오랫동안 생각했다. 소품부터 플레이팅, 인테리어까지 그는 언제나 머릿속에 상상하던 풍경을 눈앞에 펼쳐 보인다. 풍경을 만드는 사람이다.

디자이너의 꿈

구로고우치 마이코
Kurogouchi Maiko

일본살이가 좋은 이유를 백만 스물한 가지 정도 댈 수 있는데, 전직 패션 에디터로서 생활하는 측면으로는 2백 퍼센트 좋다고 하겠다.(물론 안 좋은 이유도 열 개쯤 거뜬히 댈 수도 있다.) 일본의 패션은 다양성을 인정한다. 하이패션이나 명품족도, 빈티지 룩도, 미국 카우보이 스타일도, 갸루(독특한 화장법) 스타일도, 이곳에는 모두 다양한 결로 함께 존재한다.

서로를 비난하거나 손가락질하지 않는다. 처음엔 '뭐 저런 옷을 입고 다녀?' 싶어 뚫어져라 쳐다보기 일쑤여도 1년쯤 살면 곧잘 익숙해진다. 도쿄의 거리가 재미있는 것은 비단 근사한 건축물이나 예쁜 골목길, 눈이 시린 파란 하늘 때문만은 아니다. 사람 구경에 하루가 금방 가는 도시다. 뻔하지 않기 때문이다.

아름다움의 기준은 누가 정하는가. 그것이 예쁜 거라고, 이것은 추하거나 난해하다고 누가 규정하는가. 어떤 도시의 여행이 3일짜리, 5일이면 충분하다고 누가 결정지을 수 있을까. 기준은 다 다를 수 있다는 걸 일본에서 배웠다. 다양성의 가치가 사이좋게 공존하고 납득되는 곳이 살기 좋은 풍요로운 사회란 걸 알게 되었다.

현재 일본의 패션을 말할 때 가장 돋보이는 브랜드를 생각해 보니, 한두 군데가 있다. 그중 다른 브랜드에는 느껴지지 않는 독보적인 개성과 일본의 강점인 디테일로 승부하는 곳을 추려보니 그 교집합에 딱 하나의 이름이 걸렸다. 마메 구로고우치(Mame Kurogouchi)다.

구로고우치 마이코 씨는 이세이 미야케에서 기획과 디자인을 경험한 후에 2010년 자신의 브랜드 마메 구로고우치를 설립했다. 전통적인 기법을 적용해 표현하는 오리지널 텍스타일과 자수가 특징이다. 매년 파리에서 자신의 컬렉션을 선보이고 있으며, 2020년에는 이탈리아 브랜드 토즈와 협업한 컬렉션으로 세계적으로 큰 주목을 받기도 했다. 여기까지가 외부에 알려진 브랜드의 이야기.

코로나19로 일터의 큰 변화를 강요당한 건 일본도 마찬가지다. 일본의 긴급 사태 선언으로 구로고우치 씨도 재택근무 중이다. 그녀와 조심스레 나눈 이야기를 소개한다.

브랜드 론칭 후 10년이 흘렀어요. 돌이켜보면 이룬 점도 있고 전보다 개선된 점도 있겠죠. 론칭 당시 10년 후의 목표가 있었나요?

브랜드를 시작했을 당시엔 많은 사람들에게 알려졌으면 좋겠다며 밖으로 눈을 돌리곤 했어요. 하지만 10년 동안 행복하게 지속할 수 있었던 지금, 앞으로의 10년은 제 자신의 내면에 투자해 브랜드의 핵심을 강하게 하고 싶어요. 이 방법이 패션 업계 전체에도 좋은 순환을 촉진한다고 믿고 있고요. 지난 10년간 함께 옷을 만들어온 공장과도 잘 협업하면서, 이 나라가 가진 문화를 마메 구로고우치(이하 마메)의 강력한 무기로 살릴 수 있도록 나아가고 싶습니다.

코로나 이후의 작업 환경에서 요즘 가장 많았던 생각은 무엇인가요?

지금 이 상황이 반드시 나쁜 것만은 아니었어요. 오히려 이런 적이 없을 정도로 천천히 시간을 들여 창작할 수 있어서 복된 시간이었다고 생각해요. 바쁜 일상에서 급격하게 찾아온 고요한 일상은 그 어느 때보다 제 자신을 되돌아 볼 수 있는 시간이었거든요.

패션 에디터로 일하는 동안 수많은 디자이너를 만나면서 매번 흔한 질문 하나를 던질 수밖에 없었다. 디자인의 영감을 어디서 찾느냐는 질문이다. 물론 일상에 숨어있다는 한없이 클리셰다운 대답이 약속처럼 돌아와도 해야만 했다. 이 질문은 디자이너와 보다 깊은 이야기로 들어가는 관문이자 그의 입장이 되어보겠다는 인터뷰어의 의지를 보여준다. 그녀의 대답 또한 다른 이들과 크게 다르지 않았다.

일본과 중국, 한국 같은 동양적인 정서가 묻어나는 옷들은 과연 어디서 오는 것일까. 구로고우치 씨는 주로 우연히 방문한 곳이나 나날의 루틴에서 영감을 찾는다고 했다. 2021년 S/S 컬렉션에서는 커튼과 창문에 주목했다고 한다. 집에서 근무하며 창밖에서 매시간 바뀌는 빛의 변화나 완만한 봄바람에 커튼이 부드럽게 오르는 것을 보면서 내내 창문을 응시하고 있는 자신을 발견했다는 것.

"태양에 오랫동안 노출되어 변한 커튼의 색은 기술을 통해 복제할 수 없는 빛깔입니다. 이 톤들은 삶의 이야기를 들려주고 있어요. 저는 항상 그렇게 시간을 함께 보낼 수 있는 옷을 만들고 싶었어요. 그러다 할머니 댁의 빛바랜 커튼이 떠올랐죠. 오랜 시간, 세대를 거치면서도 패브릭의 아름다움을 유지할 수 있고, 그래서 어떤 세대라도 같은 커튼을 감상할 수 있다는 건 어떻게 보면 참 이상한 일이에요. 또 커튼이 있건 없건 사각형, 원형, 프랑스 식처럼 다른 집의 창문을 보면 이 사람들이 어떤 삶을 살고 있는지 궁금해져요. 저에겐 또 다른 형태의 여행이었어요."

여기에는 브랜드의 PR을 담당하는 코지마 씨의 설명이 곁들여졌다.

"구로고우치 씨는 늘 창문에 관심을 가지고 있어요. 밖에서 안을 들여다보며 내부에 있는 어떤 사람의 삶을 상상하는 것을 좋아하죠. 하지만 코로나로 인해 밖에서 안으로의 상상이 아니라 반대로 안에서 밖을 생각하게 되었어요. 일본인은 조금 독특한 습성 같은 게 있는데요. 사람들이 새로운 집에 이사를 가면 제일 먼저 사는 게 커튼이잖아요. 그런데 이사갈 때는 그 커튼을 그 자리에 그대로 두고 가곤 해요. 아마도 오랜 시간 함께 했던 존재를 잊어버리는 것 같은데, 구로고우치 씨는 그런 커튼을 보면서 시간의 경과에 따른 노스탤지어를 떠올린 것이죠."

특히 컬렉션 준비 과정에 대한 이야기가 흥미로운 브랜드입니다. 직접 현장에 나가 퍼즐을 맞춰나가는 것처럼 일을 한다고 알려져 있는데요.

이번에는 집안의 커튼을 직접 몸에 걸쳐가며 멋진 의상을 상상했어요. 메인 컬러 팔레트는 오프화이트부터 순수한 빛의 화이트까지, 여기에 옅은 노란색이 시간의 경과에 따른 인상을 보여줍니다. 일본 전통 레이스 테크닉에서 영감을 받은 화이트 자수 드레스는 섬

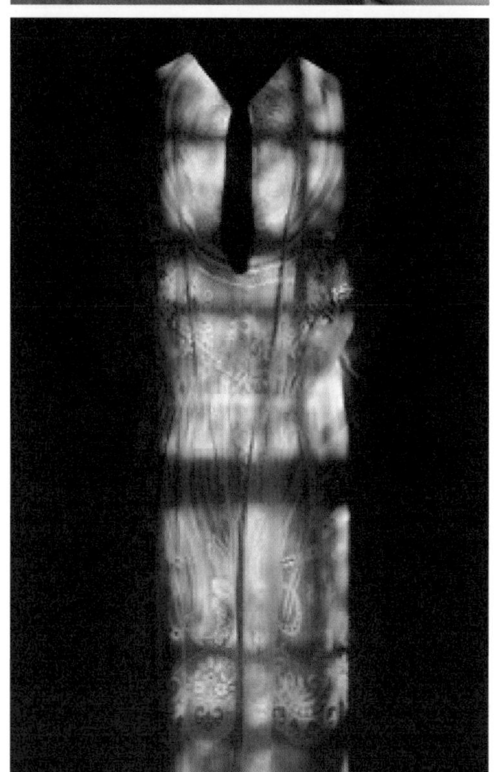

©Mame Kurogouchi 제공

세한 커팅과 절제된 볼륨을 살렸어요. 레이스 코트와 드레스는 직접 그린 오리지널 그래픽으로 완성했고요. 많은 주름을 넣은 재킷, 셔츠는 창문에 커튼이 쳐지는 모습에 대한 저의 해석입니다.

디테일의 완성도가 눈에 띄어요. 전통과 장인 정신에 집중하면서 그것을 현대적으로 해결하려는 노력도 보입니다. 그러나 최근 패션계의 흐름은 스타일 면에서는 스트리트성이 강하다고 볼 수 있죠. 마메와는 방향성이 다소 다른 것 같은데요.

우리는 마메를 통해 시간에 구애받지 않는 가치를 제공하려고 합니다. 솔직히 제 자신도 일본의 모노즈쿠리(일본의 장인 정신)라는 것에 매일 감동하고 있어요. 그리고 일본의 기술로 아름다운 것을 만들 수 있다는 걸 의상을 통해 말하고 싶고, 그 모든 걸 아우르는 일본의 정신성을 표현하고 싶어요. 세상에는 다양한 브랜드가 존재하죠. 그 가운데 우리가 지금 표현해야 할 가치는 그런 것이라고 생각해요.

일본은 디테일의 기술이 뛰어난 나라라고 생각해요. 작은 것에서도 높은 완성도를 느낄 수 있죠. 일본인의 성향과 관계가 있을까요?

일상에서의 세심한 시선은 매우 일본적이라고 말할 수 있네요. 민예라 하더라도 일상 생활에서 사용하는 도구이면서 독자적인 아름다움을 갖고 있거든요. 어쩌면 '지금 거기에 있는 것'을 잘해 나가려는 마음가짐이 일본인에게 있을지도 모르겠어요.

그런 마음은 다시 오지 않을 오늘을 알고, 가늠할 수 없는 내일을 받아들이는 것이다. 지금을 소중히 다루겠다는 의지다. 시간에 쫓겨 눈앞에 있는 것을 해치우는 데 급급하지 않고 마음을 다해 내게 주어진 것을 갈고닦으며 광을 내는 일이다.

삶을 대하는 나의 자세가 산만하고 흐트러질 때면 그녀의 이야기가 어디선가 종소리처럼 울렸으면 좋겠다. 그러고 보니 브랜드명 마메는 '콩'으로 번역하지만 일본에서 종종 성실하고 진지한 모습을 일컫는 표현으로 쓰이기도 한다. 귀찮아하지 않고 세세한 일을 하는 것. 그녀의 브랜드를, 동시에 일본인의 국민성을 드러내는 표현으로 이렇게 찰떡 같은 말이 또 있을까.

컬렉션에도 전통과 예술, 문화적인 다양한 요소들이 보입니다. 어린 시절이 영향을 미쳤을 거라 보는데 어떤 시간을 보냈는지, 그것이 패션 디자인에 어떻게 반영되고 있다고 보나요?

저는 나가노의 시골에서 자랐습니다. 어린 시절 할머니가 야채를 직접 기르고 쌀을 경작하는 모습을 가까이 보고 자라면서, 좋은 것을 만드는 데는 오랜 시간과 꾸준한 노력이 필요하다는 걸 배웠어요. 할머니는 일상의 도구를 정성스럽게 사용하는 분이었어요. 정원에서 기른 화초의 꽃을 집안에 꽂기도 했지요. 일상에 미를 도입하는 방법, 시선을 던지는 방법에 있어서 할머니와 보낸 시절이 매우 큰 영향을 주고 있다고 생각해요. 구체적인 디자인으로 예를 들자면, 투명 PVC로 만든 시그니처 백이 있어요. 어릴 때 보았던 집의 지붕에서 내려오는 고드름을 아름답다고 생각한 적이 있는데, 그 고드름처럼 아름답게 빛을 반사하는 얼음 같은 가방을 만들어야겠다는 생각으로 제작한 것이죠.

토즈와의 콜라보레이션 작품이 매우 잘 어울린다고 생각했어요. 이탈리아의 장인 정신과 일본의 장인 정신은 어떻게 다르다고 생각하는지요.

토즈와의 협업은 매우 자극적인 경험이었어요. 두 브랜드에 공통되는 세 가지 키워드인 크래프트맨쉽, 타임리스, 트래블을 축으로 제작했는데 토즈의 장인 없이는 불가능한 컬렉션이었죠. 주어진 조건 안에서 최선을 목표로 하는 자세는 이탈리아의 장인도 일본도 매한가지더군요. '보다 나은 제조'라는 공통의 목표 아래 언어를 초월한 커뮤니케이션을 할 수 있었던 것은 정말 근사한 경험이었어요. 그 결과 제가 모두 갖고 싶을 정도로 멋진 제품이 출시될 수 있었다고 생각해요.

마메다운 여성은 어떤 여성이라고 생각하나요? 여성스럽지만 동시에 당당한 파워가 느껴져요.

자신의 의사를 가지고 각각 놓여진 환경에서 활약을 하되, 폭넓은 일에 관심을 가지고 행동하는 여성에게 경의를 품고 있어요. 그런 분들에게 사랑받는 브랜드가 되고 싶어요.

주말에만 오픈하는 가게의 운영방식이 독특합니다. 특별한 이유가 있을까요?

하네기에 있는 숍은 첫 직영점으로 매우 좁은 매장이에요. 우리는 작업실 근처에 가게를 내고 싶었거든요. 우리 옷들이 태어나는 곳 근처에서 가게를 차려놓고 직접 우리 고객들과 소통하고 싶었어요. 주말에만 오픈하는 건 이곳이 평일에는 유동인구가 적은 사람들이 적게 모이는 특수한 지역이기도 하지만, 지금 할 수 있는 범위 내에서 운영하고 싶다고 생각했기 때문이에요. 매장에서는 매주 아이템을 교체합니다. 최신 컬렉션을 갖추고 실제 시즌과 기후에 맞게 큐레이션하기도 하고요.

자신의 스타일에 있어서 영향을 크게 받은 사람이 있나요?

제조에 있어서는 '이세이 미야케'의 영향이 매우 큽니다. 그가 만들어낸 다양한 소재, 실루엣은 많은 여성을 해방시켰다고 생각합니다.

일본 패션 업계의 흐름을 어떻게 보고 있나요?

코로나 이후 밖에서도 안에서도 편하게 입을 수 있는 것, 오래 사랑할 수 있는 것으로 옷의 가치가 변화하는 것 같아요.

코로나 종식 이후 패션 디자이너의 역할은 어떻게 바뀔 것으로 보는지 마지막 질문을 던졌다. 단호하지만 정결한 대답은 내 예상을 뛰어넘었다.

"변하는 것도 필요하지만 변하지 않는 것도 필요하다고 생각해요."

패션은 마음에 영양을 공급하는 것이고, 생산하는 인간으로서 책임감으로 만들어낸다는 생각을 대전제로 한다고도 했다. 그러니 코로나가 종식되어 우리에게 평온이 찾아왔을 때, 디자이너란 합당한 가치가 있는 옷으로 사람들에게 기쁨을 주면 되는 존재라고 했다.

어려운 상황에서 가장 중요한 것은 쉽게 흔들리지 않는 뚝심일지도 모른다. 그것이 부침 많은 패션계에서 10년을 버텨낸 젊은 디자이너의 패기다. 이는 비단 옷을 만드는 디자이너에게만 해당하는 말은 아닐 것이다. 자신이 애쓰고 있는 직무의 본질을 파악하고 묵묵히 정진하는 성실함. 때로 세상이 우리의 노력을 배신하는 일이 있더라도 요즘 같은 시대, 그러한 자세는 필요하다고 믿는다. 적어도 자신에게 정직한 삶을 살 수는 있을 테다.

그녀와의 인터뷰를 곱씹어보니 '패션이란 과연 무엇일까' 고민하고 허우적대며 버텼던 11년의 패션 에디터 시절이 스친다. 패션과 유행이라는 것이 지닌 덧없음과 허무함. 그럼에도 꿈꾸며 매달리는 대상. 어딜 가든 곳곳마다 패션과 관련한 일과 사람은 계속 이어져 이제 내 안에는 패션이라는 것이 다른 형태로 존재하는 것인지도 모른다.

화려한 조명 아래 무대, 모델들이 새로운 의상을 선보이는 캣워크만이 패션을 의미하지는 않는다. 파리 쇼장 앞에 서서 차갑게 식은 샌드위치 하나로 끼니를 때우고, 화보 촬영을 위해 2박 4일 일정으로 LA를 다녀오곤 했던, 치열했던 시절의 패션(passion)만이 패션(fashion)을 대변하지는 않는다.

잡지 에디터 시절부터 줄곧 '패션은 잠깐의 트렌드가 아니라 가구나 리빙처럼 라이프스타일' 측면에서 이해해야 한다고 의식했는데, 지금에서야 내 삶이, 우리의 세계가 그렇게 움직여진다는 것을 느끼고 있다.

지난가을 오모테산도역 내에 새로운 알렉산더 맥퀸 광고를 보고는 나도 모르게 울컥했다. 지나가는 사람들도 순간 멈칫하며 이 아름다운 광고를, 그 안의 옷을 바라보았다. 패션은 발걸음을 멈추게 하는 힘이다.

코로나 시대일수록 패션은 힘차게 꿈을 노래해야 한다고 생각한다.

꿈이 없다면, 판타지가 없다면 이 지리멸렬한 세상을 우리는 무슨 수로 어떻게 견딜 것인가.

BEYOND Tokyo

언젠가 도쿄에 다시 온다면,

하루쯤 느긋한 여정을 경험해 보길.

그리고 나만의 비밀스러운 장소를 찾을 수 있기를.

'클래식 호텔'이란 명칭

일본에는 '클래식 호텔'이란 명칭을 쓸 수 있는 호텔이 따로 있다. 단지 오래된 역사나 전통, 고풍스러운 디자인이라고 해서 모두 이 수식어를 붙이는 것은 아니다. 50년, 1백 년을 견딘 것들은 동네마다 발에 치일 만큼 흔하기 때문일까. 시간이라는 개념을 남다른 지위로 인정하는 일본인답게 클래식 호텔에 부여하는 정체성은 아무래도 조금 더 특별한 것 같다.

일본의 클래식 호텔 협회에서는 실제로 다음 조건을 충족하는 9개의 호텔에 대해 이같은 호칭으로 명명한다.
제2차 세계 대전 이전에 건설되고 초기의 모습이 유지, 복원되어 문화재 유산으로 선정된 호텔에 한할 것. 이는 호텔의 태동기에 창업해 전후 서양 호텔의 라이프스타일을 구현해 온 호텔만을 '클래식 호텔'이라 부르겠다는 까다로운 선언이다. 리스트는 다음과 같다. 닛코 가나야 호텔, 후지야 호텔, 맘페이 호텔, 나라 호텔, 도쿄 스테이션 호텔, 호텔 뉴 그랜드, 가마고리 클래식 호텔, 운젠 관광 호텔, 그리고 가와나 호텔.

예를 들어 후지야 호텔은 하코네의 랜드마크적인 존재로 일본 최초의 리조트형 호텔이다. 창업자인 야마구치 센노스케 씨는 외국인을 대상으로 하는 본격적인 호텔을 세운다는 목표로 이 호텔을 열었다. 실제로 쇼와 천황과 태국, 오스트리아 국빈 외에도 윈스턴 처칠, 존 레논, 헬렌 켈러, 프랭크 로이드 라이트를 비롯한 수많은 주요 외국 인사들이 묵었다.
제2차 세계 대전 말기인 1945년에는 도쿄에 대한 연합군의 공습을 피한 독일, 중국 등 대사들의 숙소로 쓰이기도 했다고. 그런가 하면 야마구치 씨는 호텔 운영 당시 사비로 도로를 뚫고 수력 발전 회사도 설립하는 등 지역 발전에도 힘써온 인물로 알려져 있다.
하코네의 현재는 후지야 호텔의 설립에서 출발했다. 작년 이곳에 숙박했을 때 호텔의 역사를 아카이빙해 놓은 박물관에서 꽤 오랜 시간 머물렀다. 이곳에서 흘러간 이야기들을 살펴보며 마음이 참으로 이상했다. 단지 시간 여행을 하는 기분 때문만은 아니다.

오랜 시간을 견디고 지켜낸다는 것은 어떤 의미일까. 그건 먼저 지진과 태풍 등 혹독한 자연재해를 허들 넘듯 끊임없이 넘어 굴복하지 않았다는 의미다. 그리고 거창하고 번지르르한 것을 반짝 이룩하는 것에 초점을 맞추기보다 처음 공간을

시간이 퇴적된 이야기들이 얼마나 아름다운 빛을 뿜어내는지 일본의 클래식 호텔들을 통해 배운다. 다만 시간이 흘렀다는 이유만으로 세상 모든 것에 이야기가 생겨나는 것은 아닐 것이다. 오랜 세월에 걸쳐 부지런히 닦는 청소. 규칙적이고도 끊임없는 안팎의 수련이 어떤 경지에 이르렀을 때 우리는 그것을 오라라 부른다.
언젠가는 나도 세월의 주름 속에서 오라를 뿜어내는 그런 할머니가 되고 싶다.

Crystal Room

만들었던 진심을 소중히 한다는 것. 하던 일을 쉬지 않고 꾸준히 하는 것에 가치의 무게를 뒀다는 것. 더불어 나의 비즈니스 못지 않게 지역 사회에 기여하는 큰 그림을 그릴 줄 안다는 것이다.

결국 클래식이라는 명칭이란 돈으로도 살 수 없는 누군가의 끈기에 부여하는 왕관이 아닐까. 덕분에 우리는 당시 생활 방식과 가치관, 사회적 맥락, 시대적 조류를 모두 껴안고 있는 역사의 산증인을 오늘에도 마음껏 즐기고, 음미하면서 또 이어나갈 수 있다. 일본의 클래식 호텔을 비단 오래된 숙박업소로 치부할 수 없는 것은 바로 이러한 스토리가 숨겨져 있기 때문이다.
얼마 전 한 일본인 친구는 내게 한국의 글로벌화에 대해 아낌없는 칭찬을 했다. 한국인은 그 어떤 민족보다 미래를 향해 나아가는 진취적이고 국제적인 마인드를 가지고 있다고. 백번 동의한다. 하지만 누가 보지 않더라도 자신이 중시하는 신념을 소중히 지켜나가는 의지 또한 그에 못지 않게 대우받아야 하는 것이라고 나는 생각한다. 그런 것들이 참으로 귀하고 특별한 시대다.

ADDRESS 359 Miyanoshita, Hakone, Ashigarashimo District, Kanagawa

자연과 예술이 빚어내는 작품

에노우라 측우소
Enoura Observatory

일본을 대표하는 현대 사진가 '스기모토 히로시'는 빛과 시간을 다루는 작가다. 보통 작가들이 한 순간을 뷰파인더에 담는다면 스기모토는 장시간 셔터를 개방해 압축된 시간을 담아낸다.
그의 작업을 사진에 국한시키기엔 활동 범위가 매우 방대하다. 공연 예술, 조각, 설치, 건축 등 다방면의 아티스트로 활동하면서, 베니스 비엔날레에 몬드리안의 작품에서 영감받은 유리 찻집 '몬드리안'이라는 작품을 출품하기도 했다.

어느 날, 그의 모든 예술적 훈련과 연마된 기술이 농축된 곳을 우연히 알게 되었다. 도쿄에서 전차로 약 2시간, 가나가와현 오다와라시에 위치한 에노우라 측우소다. 측우소는 말 그대로 기후를 관측하는 곳이다.
춘하추동에 따라 풍광을 달리 하는 미술관, 공연 예술을 담당하는 스톤 스테이지, 철재 터널까지 아트 콤플렉스를 무려 10년이라는 시간에 걸쳐 만들었다.

예약한 관람객들이 측우소에 도착하면 리셉션 빌딩으로 안내한다. 리셉션 공간 한가운데엔 커다란 삼나무가 테이블이 되어 누워있다. 에노우라 측우소의 첫 인상이다. 그것이 스기모토가 생각한 관람의 시작점인지 모르겠다는 생각을 했다.
리셉션 옆에는 길이 100미터, 해발 100미터 높이에 위치한 전망대 겸 갤러리가 있다. 무거운 철문을 열고 조심스럽게 발걸음을 옮겨본다. 바다로 향해가는 직선의 갤러리가 눈앞에 펼쳐진다.
관람자의 발걸음에 발맞추듯 오른쪽 벽에는 '바다 풍경' 연작이 걸려있다. 이 작품은 스기모토가 전 세계 바다를 찾아 다니며 찍은 추상적인 바다의 모습을 담았다. 시간과 장소를 읽을 수 있는 모든 요소가 배제된, 그야말로 바다 그대로의 바다다. 마치 바다의 본질과 기원을 살피듯 그의 사진은 단순하지만 깊다. 철학적

광활한 바다와 자비로운 햇살을 벗 삼아
대나무 숲속을 걷다 보면
과거와 현재의 아름다운 작품들을
우연처럼 만날 수 있는 곳.
새 소리와 바람 소리, 파도 소리…….
그 이상 아무것도 필요하지 않았다.

이고도 형이상학적인 사진들을 보며 걷다 보면 어느새 진짜 바다를 감상할 수 있는 전망대에 다다른다. 여름의 아침 동안은 태양이 천천히 떠오르며 갤러리 전체에 멋진 풍경을 선사하는 곳이기도 하다.

스기모토 히로시는 일본 문화 발전을 도모하기 위해 오다와라 미술재단을 설립했다. 선사부터 현대 시대의 건축, 공연 예술에 이르는 모든 장르와 시대의 예술을 연구하는 과정을 통해 과거의 사람들은 이 세계를 어떻게 다루었는지 통찰력을 얻을 수 있고, 나아가 미래에 취해야 할 태도를 고려할 수 있다고 믿는다.
그는 일본의 사라져가는 전통적인 건축으로 과거를 이어가고, 우리는 에노우라와 그 아름다움을 관람하는 사람들과 함께 연결되어 현재를 만난다. 먼 훗날 후대의 사람들은 이곳을 어떤 의미로 바라보게 될지 궁금해진다.
특히 이곳에서는 곳곳에 둥근 돌에 검은색 줄을 열십자로 묶은 '멈춤 돌(止め石)'과 마주하는 시적인 순간을 경험하게 된다. 멈춤 돌이란 '이 이상은 출입 금지'라는 뜻으로, 예부터 일본 정원이나 신사 경내에서 쓰이던 일종의 약속이다.
언젠가 일본에서 이 돌을 처음 만났을 때는 이토록 감성적인 표현법이라니 하고 감탄했던 기억이 난다. 이제는 여기에 담긴 일본의 문화를 읽을 줄 아는 여유가 생겼다. 무엇이든 그윽하고 완곡하게 표현하는 것을 즐기는 일본인의 마음이 녹아있는 게 아닐까 하고 말이다.

계절과 시간의 변화에 따라 시시각각 변하는 에노우라의 풍광과 그 안에서 과거와 현재, 미래가 이어지는 곳. 에노우라 측우소는 인간과 자연이 어떻게 상호 작용을 하는지 다시 돌아보는 고요한 시간을 선물한다. 시끄럽고 복잡한 일상에서 벗어나 나와 내 삶의 본질에 조금 가까이 다가가는 서정의 시간이다.

ADDRESS 362-1 Enoura, Odawara, Kanagawa
MORE INFO odawara-af.com(예약제)

다자이 오사무의 방

기운각
Kiunkaku

어떤 책이나 작가에 대해 유독 애착이 가는 건 수려한 문장력 때문은 아니라 작가의 솔직한 결이 문장 사이사이에서 느껴질 때다. 작가의 진심이 독자에게 절절하게 전해질 때, 우리는 그와 소통하고 있다고 느낀다.

무라카미 하루키나 다자이 오사무를 동경하는 이유도 그들이 단지 훌륭한 스토리텔러이기 때문은 아니다. 글 속에 그들의 진솔한 속마음과 작가로서 일을 대하는 겸허한 태도와 애정, 삶을 향한 치열한 성실성이 전해졌기 때문이다.
그렇기에 지난 아타미 여행에서 다자이 오사무가 즐겨 머무르던 기운각을 방문한 건 내겐 그 어떤 관광코스보다 중요한 여정이었다. 이곳은 1919년 한 부호의 별장으로 지어졌다가 1947년 고급 료칸으로 용도가 변경되어 수많은 손님들을 맞이했다. 특히 일본 문인들이 사랑했던 곳이라 전해져 나도 이곳에 가면 글이 잘 써질까 싶은 마음도 있었다. 게다가 다자이 오사무가 『인간 실격』을 집필한 바로 그 장소라니 가볼 수밖에.

동서양이 묘하게 섞인 공간에 발을 들이자 시간은 다이쇼와 쇼와 시대를 거슬러 올라갔다. 1백 년이 되었다는 유리 창문과 일본 최초의 타일 같은 디테일은 이제 더는 놀라운 것이 아니다. 옛날 영화 속에 들어온 듯한 저택들은 이미 수없이 봐왔으니까. 로마풍을 재현한 욕실에는 사실 많이 놀라기는 했다.
견학의 끝으로 갈수록 어딘지 불편하고 언짢은 기분이 될 수 있는데, 이건 한국인으로서 일제 강점기의 시간을 오버랩하지 않을 수 없기에 겪게 되는 일종의 통과 의례다. 다만 양지바른 공간에 유난히 따뜻한 햇살이 드는 이곳엔 오래된 이야기가 쌓인 곳 특유의 그로테스크한 느낌보다는 우아하고, 차분한 운치 같은 게 있었다. 이런 료칸에 머물면 집필이든 휴식이든 뭐든 잘 될 것만 같았다.

마지막 하이라이트는 다자이 오사무의 방. 그 방에 들어가기 전에 역변한 옛사랑을 우연히 만난 듯 순간 멈칫했다. 그는 이 료칸의 가장 큰 방, 최고의 경치를 자랑하는 일종의 스위트룸에 묵었는데, 자기 비하와 연민을 넘나든 『인간 실격』을 쓴 곳이라기엔 지나치게 고급이 아닌가.
브렛 이스턴 앨리스 같은 작가들은 분명 허름하고 누추한 작은 방에서 글이 훨씬 잘 써진다 했는데 그는 반대였던 걸까. 재력가 가문의 아들로 태어난 작가가 가진 자의 죄의식(?)을 느끼며 쓰기에 이곳만큼 적당한 곳이 없을 수도 있었겠다 애써 생각해 봤다. 여기 있으면 그저 세상이 아름답게만 보일 것 같은 나는, 비범한 그와는 차원이 다르게 지극히 평범한 사람임을 자각했다.
연인과 도쿄 다마강에서 세 번째 자살을 시도하기 불과 3개월 전에도 그는 이 방에서 묵었다. 그리고 그렇게 돌아올 수 없는 강을 건넜다.

세월이 흘러 그가 머무른 다다미방에 앉아 창문 밖의 근사한 풍경을 바라본다. 평온하고 아름다운 오후다. 어디선가 분주한 사람의 발소리가 났다. 직원이 문 닫을 시간이 되었다고 우리를 황급히 찾아온 것이다. 그제서야 나는 산림욕을 하듯 방안의 공기를 들이마셨다. 옆에서 이해할 수 없다는 표정으로 쳐다보는 남편의 시선을 무시한 채, 시간에 쫓기는 굶주린 벌처럼 같은 자리를 빙빙 돌았다.
“저에게도 좋은 에너지를 많이 불어넣어 주세요.” 그의 기운이 내게도 꿀 같은 영감들을 내려주길 기도하며 중얼거렸다.

정원을 돌아서 나가자 나이 지긋한 직원들이 문 앞까지 모두 나와 손을 흔들며 배웅했다.
“꽃피는 봄에 또 천천히 놀러오세요.”
그 말이 친척 어른들의 배웅처럼 따뜻하게 느껴졌다. 우리는 그날의 마지막 손님이었다. 돌아와 이곳에 대한 정보를 찾아보니, 버블 시대 이후 무분별한 리조트와 맨션 건설로 인해 없어질 위기에 처했던 이곳은 평범한 주부들이 비영리단체를 만들어 손수 운영 관리하여 지켜낸 곳이라는 비하인드 스토리가 있었다. 어쩐지 청소 담당자, 카페 주인, 매표소 직원까지 유난히 다정한 응대가 인상적이다 싶더라니. 마지막 인사를 나누며 우리도 다정한 인사로 화답하길 참 잘했다는 생각이 들었다. 마음은 역시나 마음으로 전해진다.

ADDRESS 4-2 Showacho, Atami, Shizuoka
MORE INFO city.atami.lg.jp

과거와 현대가 공존하는 곳

잉크 갤러리
Ink Gallery

소중한 기억은 도리어 잘 이야기하지 않는다. 들춰내면 쉽게 휘발되어 버릴 것 같아 가슴속에 보물처럼 간직해 둔다. 깊은 산속 요시무라 준조가 지은 별장 안에 고요히 놓여있던 우리의 그릇, 시간을 가늠할 수 없는 옛 종이들, 그리고 샬롯 페리앙의 빈티지 의자들이 그러하다.

햇살 좋은 3월 말의 어느 날, 일본의 요리 연구가 우치다 마미 씨가 고른 '3명의 한국 작가' 전시가 열렸다. 김상인, 이인화, 그리고 김덕호. 단아하고 검박한 우리의 백자 그릇들이 하얀 집과 다다미방 안에서 봄 빛처럼 빛나고 있었다. 다정다감하지만 분명한 생명의 기운으로.

어떤 장소에 놓여있는가에 따라 작품은 전혀 다른 얼굴을 한다. 어째서 이곳에서 더 말갛고 고운 모습을 드러내는 것일까. 야에카(잉크 갤러리는 야에카yeaca에서 경영하는 갤러리)와 우치다 마미 씨의 기획력과 스타일링에 소리 없는 박수를 보내며, 소곤소곤 말을 건네는 작품들을 감탄하며 바라봤다.

현대와 과거의 시간이
아름답게 공존하는 공간에는
손과 정성으로 만든 것들에
대한 존중이 느껴진다.

국가와 문화, 성별과 나이에 관한 차별과 제한은 찾아볼 수 없다. 그저 서로를 있는 그대로 받아들이는 열린 마음으로 자신만의 세계관을 만들어갈 뿐이다. 그것이 누군가의 마음에 작은 파장을 일으켜 아름다운 풍경으로 남을 수 있다는 건 생각해 보면 참으로 경이로운 일이다.

요즘 세상에는 너무나 쉽게 소비되는 것이 많은 것 같다. 함부로 말하거나 평가하는 걸 점점 지양하게 된 것엔 복합적인 이유가 있지만, 무언가를 고이고이 아끼고 가꾸는 누군가의 마음을 나 또한 소중히 해야지 하는 다짐과도 무관하지 않을 것이다. 취향이 베낄 수 있는 종류의 것이 아닌 이유는 그 사람의 생(生)이요, 마음이기 때문이다.

ADDRESS 1 chome-19-12 Kamakurayama, Kamakura, Kanagawa

내가 있을 집

스타넷
Starnet

자연과 조화를 이룬 생활을 마시코에서 영위했던 고(故) '바바 히로시'는 도쿄의 수많은 크리에이터가 손꼽는 롤모델, 즉 스승이다.
그는 이미 90년대부터 '스타넷'이라는 갤러리 겸 카페를 통해 작가들과 유기적으로 소통하며 자급자족 형태의 라이프스타일을 제안해 왔다. 마시코의 정직한 터에서 제작한 오리지널 도자기, 유기농 면과 린넨 의상, 시간이 흐를수록 자연스러운 변색의 매력을 지닌 누메 가죽 소품…….

'생각을 형태로 한다'는 자신의 신념을 실천해 온 그도 사실 한때는 도쿄의 패션 디자인 업계에서 누구보다 화려하게 일한 사람이었다. 하지만 '대도시에서 소비되고 소모되어 살아갈 것인가'에 오랜 의문을 품었던 그는 자신의 이상을 실현하기 위해 이곳 마시코를 찾아 스타넷을 만들었던 것이다.
지금 근처에서 볼 수 있는 근사한 앤티크 숍도, 고물상도, 갤러리와 카페도 원래 처음부터 이 자리에 있던 것은 아니라고. 도자기 마을이라는 역사적 토대 위에 그와 같이 의미 있는 활동을 하는 크리에이터들에게 소식이 전해지며 모이게 됐

다. 그렇게 마을은 천천히 원주민들과 이주자들이 독특하게 융화되는 새로운 문화를 형성하게 되었다.

그가 종합 프로듀서로 활동한 '토제'는 마시코 시골의 자연과 문화가 상생하는 방법을 제안한다. 지금 그는 이 세상에 없지만, 마을의 이야기는 오늘도 계속되고 있다. 평범한 사람들이 자신의 자리를 지키며 조화롭게 가꾸어 나가고 있기 때문이다. 따로 움직이되 유기적으로 연결되어 마을의 생태계를 구성한다.
일본에서 많은 크리에이터를 만나며 가장 인상적이었던 것은 멋진 감각이 아니라, 그것을 가능하게 하는 멋진 철학이었다. '나 하나만 잘 살자'가 아니라 마을을 생각하고 나아가 공동체를 키우려는 선하고 긍정적인 에너지가 매번 가슴을 뜨겁게 했다. 어렴풋이 희미하게 그리던 이상이 이곳에는 현실로 내 눈앞에 펼쳐져 있다. 꾸준히 사람을 결집하고 마침내 새로운 것을 탄생하게 하는 힘이 있는 곳이다.

그러니 단지 멋진 물건을 갖다 놓는다고 좋은 숍은 아닐 것이다. 형태보다 실체가, 말보다 행동이 중요하다는 걸 다시 배운다.
한 인터뷰에서 그가 했던 말이 기억에 남는다.
"매장도 겉만 좋게 만들면 소용이 없어요. 1년 지나서 다시 찾아올 수도 있잖아요. 실망도 때로는 있는 법이죠. 그런 경험을 몇 번인가 거듭하다 보니 내용물까지 스스로 볼 수 없는 것은 해서는 안 된다는 생각이 듭니다."
그는 먼 타국의 출장지에 갈 때마다 아끼는 CD 몇 장과 좋아하는 담요를 꼭 챙겨갔는데, 그에 대해 '자신의 자리를 만드는 행위'라고 했다. 지금의 매장은 그러한 행위가 조금 넓게 퍼진 행태일 뿐이라고. 자신이 있을 곳 정도는 자신이 만들어야 한다고.

사람들은 계속 이 산골 마을의 매장을 찾아와 즐겼다. 마시코의 스타넷 매장을 다시 둘러본다. 그 안에는 일본 작가들의 수공예품도, 조선 시대의 막사발도, 태국의 옛 목공품도 똑같은 존재감을 발휘하고 있다. 수공예적인 의식주가 모두 모여있다.

어떤 집을 만들고 싶은지에 대해 생각하는 요즘, 스타넷은 내가 있을 곳을 그리게 해준다.

ADDRESS 3278-1 Mashiko, Haga District, Tochigi
MORE INFO starnet-bkds.com / @starnet_mashiko

쇠락하는 시간이 주는 아름다움

하마다 쇼지 기념 마시코 산코칸 뮤지엄
Hamada Shoji Memorial Mashiko Sankokan Museum

야나기 무네요시와 함께 일본 민예운동의 주역으로 활동한 하마다 쇼지의 집은 신기하게도 오래전 패션 화보 촬영을 갔던, 어느 작가의 가마터 작업장을 떠올리게 했다. 당시의 룩을 보자마자 가마터 배경을 촬영지 아이디어로 생각했는데, 그곳에서 느낀 질박하고 검소한 아름다움이 마치 오랜 세월을 머금은 채 이곳에 비밀스럽게 재현되어 있는 듯했다. 차분하고 중후한 멋을 주는 지붕, 반질반질한 나무 붙박이장과 자연스러운 생활감이 느껴지는 기물들은 묵직하고도 자연스러운 멋이 있는 그의 도자기 작품과 닮아있다.

그는 생전에 건강한 아름다움을 추구하며 이런 말을 남기기도 했다.
"귀족적인 것만이 아니고 건강하고 실용적이며 무리 없는 도자기, 재료의 성질이 그대로 물질에 작용하는 도자기를 만들고 싶다."
조선의 백자와 민화를 사랑했던 사람. 그것을 자신의 삶에 들이고 독자적인 양식으로 개발한 사람. 하마다가 남긴 유산들은 지금도 선연하게 살아숨쉬고 있다.

8월의 푸른 비가 내리는 드넓은 정원을 걸어 들어가니 단정한 일본식 가옥과 그늘이 낮게 드리워진 아틀리에, 수백 개의 그릇을 한꺼번에 구웠다는 노보리 가마터가 나타났다.
고요하고 평온한 공간을 가득 채운 하마다 쇼지와 버나드 리치의 작품들. 그리고 그가 한국을 비롯한 아시아, 유럽, 중남미의 세계 각지에서 평생 모은 진귀한 민예품과 목공품 사이에서 가장 고아하고 순결한 빛을 내던 것. 우리의 백자 달항아리와 청화 자기였다. 말로 표현할 수 없는 어떤 감정이 휘몰아쳤다.

살면서 가끔 특정한 상황이나 분위기를 쉬이 묘사할 수 없는 때를 만난다. 인생에서 아름답고 동시에 먹먹한 순간들은 대체로 설명이 불가하다.

ADDRESS 3388 Mashiko, Haga District, Tochigi
MORE INFO mashiko-sankokan.net

우동을 먹다가 건축을 생각하다

호우토우 후도
Houtou Fudou

미래의 건축은 주변의 자연환경에 잘 어우러지되, 지구 온난화에 따른 불확실한 생태계를 적극적으로 지켜낼 수 있는 과학적 방향으로 진보하지 않을까 싶다. 건축에서도 친환경이라는 말의 무게와 범위가 좀 더 엄격해질 것 같다.

후지산 지역의 랜드마크가 된 호우토우 후도(Houtou Fudou)는 건축가 '다케시 호사카'의 작품으로, 후지산 주변의 구름을 상징한 미래적인 형태가 눈길을 끈다.
실내에는 한여름인데도 에어컨이 없었다. 선풍기 몇 대로 이 넓은 공간에 시원한 개방감이 느껴진 건 모든 방향에서 공기가 통하기 때문이다. 자연을 끌어들인 설계가 빛을 발한 예지만, 나는 그보다 일본인의 무의식에 견고하게 자리잡은 '공기'에 대한 예민한 감각이 바람직한 결과를 도출해낸 경우라고 생각했다.

곡선형 슬라이딩 도어는 아주 춥고 강풍이 불 때만 닫히기에 사람들은 대부분의 계절 동안 열린 공간에서 식사할 수 있다.
폭설과 지진이 잦은 동네의 특성상 '샌드위치 강화 콘크리트 쉘'이라는, 이름도 어려운 획기적인 구조를 고안해내어 건물의 내구성을 높이고, 덕분에 자연 조명과 난방도 가능해졌다. 길이 남을 건축도, 예술도 척박한 환경과 고난 속에서 꽃처럼 피어나는 것이 아닌가 싶다.

이 공간에서 우동을 처음 먹을 땐 그냥 면발 두꺼운 된장 우동이었는데 먹으면 먹을수록 깊고 포근한 육수 맛에 점점 빠져들었다. 주변을 둘러보니 모두가 한마음으로 땀을 뻘뻘 흘리며 이열치열의 세계를 맛보는 중이다. 야마나시현의 질 좋은 재료가 가득 담긴 든든한 한 그릇. 여름의 절정, 삼계탕 대신 우동으로 몸보신을 하니, 가벼운 듯 가볍지 않은 느낌이 신선했다.

지역의 명물 음식을 나라의 관광 코스로 승격시켜버린 건축의 힘, 스토리의 중요성을 다시 느낀 시간이다.

ADDRESS 2458 Higashi-koiji, Funatsu, Fujikawaguchiko, Minamitsuru pistric, Yamanashi
MORE INFO houtou-fudou.jp

평온한 소우주

에밤 에바 야마나시
Evam Eva Yamanashi

사방이 초록으로 둘러싸인 숲 안에 외딴 집 세 채가 서서히 모습을 드러낸다. 2018년 초봄, 도쿄에 놀러온 친구에게 좋은 것을 보여주며 함께 즐기려는 마음이 이곳으로 닿았다. 야마나시현에 있는 에밤 에바 야마나시 본점이다.
거의 두 시간 반을 들여 그야말로 산 넘고 물 건너 찾아갔다. '이렇게까지 가야 하나?' 싶었던 생각은 매장을 들어서자마자 안개 걷힌 듯 사라졌다. 옷 가게의 '색', 식당의 '맛', 그리고 갤러리의 '모양'으로 이루어진 세 채의 건물은 브랜드 에밤 에바의 세계관을 응축시킨 공간이다. 도쿄에 관한 책을 써야겠다고 구체적인 결심을 한 것도, 차경이 주는 마음의 울림을 진하게 느낀 것도, 모두 자신만의 소우주를 일관되게 보여주는 이곳에서 시작되었다.

린넨과 코튼, 울, 캐시미어 등 천연 소재를 사용해 옷을 제작하는 에밤 에바는 야마나시 출신의 곤도 나오코 씨가 전개하는 브랜드로, 원래는 니트를 제조하는 하청업체로 출발했다. 만든 옷이 어디서 어떻게 사람의 손에 건네지는지, 입는 사람의 얼굴이 보이지 않는다는 사실이 쓸쓸하게 느껴지던 어느 날, 공장 한구석에서 사부작사부작 옷을 만들기 시작한 것이 브랜드의 소박한 출발이다. 현재는 일본 전역에 18개의 지점이 있다.

에밤 에바의 옷은 조용하다. 홈페이지에 '산과 하늘, 물, 흙의 자연에서 주는 덧없음과 둘도 없음을 표현한다'고 쓰여있는 대로 자연스럽고 평온하다. 억지스럽지 않음이 부드러운 컬러로, 포근한 감촉의 소재로, 넉넉한 주름으로 표현된다. 디자인은 심플하지만 차분하고 고급스러운 느낌으로 연출할 수 있어서 유행에 관계없이 계속 손이 가는 옷이랄까. 에밤 에바 옷을 입는 사람을 만나면 어딘가 자신만의 분위기가 있는 사람처럼 보인다.

나에게도 속이 살짝 비치는 하얀색 원피스가 있는데, 전혀 화려한 옷이 아닌데도 조금 특별해 보이고 싶은 날 꺼내 입곤 한다.

레스토랑에서는 일본의 풍토에서 자란 재료로 계절의 변화를 느낄 수 있는 요리를 주로 선보인다. 정성스러운 손길이 닿은 심플한 음식이 간결하고 아름다운 플레이팅으로 준비된다.
우리가 갔던 시간은 티타임이었는데, 운 좋게도 그 시각 손님이 우리 둘뿐이었다. 눈앞에 펼쳐진 길쭉한 창문을 통해 대나무 숲이 꿈처럼 반짝거리는 모습을 말없이 바라보았다. 정적조차 편안했다.
갤러리는 커다란 문이 창문으로 기능하여 실내외가 연결된 듯한 신비로운 개방감을 준다. 안인듯 밖인듯 저 멀리 그림 같은 산세가 공간에 걸린 병풍처럼 보이는 기묘한 느낌이 마음속에 남아있다.

이 공간에는 삶의 형태를 생각하고 공유한다는 콘셉트에 걸맞는 일본 아티스트들의 크고 작은 전시가 열리곤 한다. 옷이 음식으로, 예술로 하나의 강처럼 유유히 흘러 이어진다. 사람과 물건 그리고 자연과 교차하며 창조하는 이야기가 커다란 위로의 파동으로 다가올 수 있음을 전하는 멋진 공간이다.

큰 목소리로 자기 주장을 하지 않아도 충분히 힘 있는 공간이 넘쳐나는 것도 이 나라의 커다란 축복이라고, 다시 산 넘고 물을 건너 가는 전철 안에서 생각했다.

ADDRESS 885 Sekihara, Chuo, Yamanashi
MORE INFO evameva-yamanashi.jp / @_evam_eva

● 숲속의 집

모든 별장들은 울창한 숲속에 둘러싸여 있다. 아니 숲 깊숙이 잠겨있다는 표현이 더 정확할 것이다. 새와 벌레 울음 소리, 초록 바람과 나무껍질 냄새……. 여름 속을 자전거를 타고 달렸다.
가루이자와의 여름을 만끽하러 왔다. 예로부터 일본 황족과 해외 유명 인사들의 여름 휴양지로 알려진 이곳은 존 레논과 오노 요코가 매해 여름마다 찾은 곳이기도 하다.

2018년 가을, 절친과 처음 가루이자와를 찾았을 때 나는 이곳을 무대로 한 『여름은 오래 그곳에 남아』를 읽고 있었는데, 이토록 아련하고 데생을 한 듯 디테일하고 아름다운 소설은 정말 오랜만이었다. 인간을 격려하고 삶을 위로하는 노장의 건축가와 그를 경외하는 주인공 청년의 여름날 이야기. 김춘미 번역가의 노고도 이곳의 서늘한 바람처럼 아주 선명하게 와닿았다.

소설 속 건축가의 실존 모델은 일본 모더니즘 건축의 대가 요시무라 준조. 그가 지은 '숲속의 집'이 바로 이 책의 배경이 되는 여름 별장이다. '이런 곳에 과연 집이 있을까'라는 생각을 안고 조심조심 발걸음조차 숨죽이고 걸어 들어간 곳. 숲속의 언덕 위, 집의 형체가 서서히 그 모습을 드러내자 가슴이 뛰었다.

책에 나온 묘사 그대로 콘크리트 위에 목조 이층 건물이 놓인 혼합 구조였다. 상상했던 것보다는 규모가 작았지만 책에서 접한 건축가의 철학대로 소박하고 또 조용하게 아름다웠다. 그렇게 말없이 한참을 만져보다가 멍하니 앉아 숲이 내는 소리에 귀를 기울였다. 초록의 바람 사이로 어디선가 아침의 연필 깍는 소리, 도

면 넘기는 소리가 희미하게 들리는 것 같았다. 나의 두 눈은 별장을 둘러싼 계수나무를 찾아 움직였다.

● Hiroshi Senju Museum 히로시 센주 미술관

여행하는 곳이 숲이든 바다든 도시든 시골이든 미술관은 꼭 들린다. 니시자와 류에가 설계한 히로시 센주 미술관이야말로 가루이자와의 숨겨진 보물이다. 숲속을 거닐며 작품을 감상하는 듯한 근사한 기분을 선사한다.

일본에 살면서 어떤 건축을 좋아하는지 점차 깨닫게 됐다. 나는 소통하는 건축을 좋아한다. 햇빛이 잘 들고, 천장이 높고, 안과 밖이 유기적으로 연결되는 공간감에서 편안함을 느낀다. 건축가 니시자와 류에의 작업들이 내게는 그러하다. 가나자와 21세기 미술관에서 느꼈던 바로 그 트인 해방감이, 밝고 친절한 공간 구성이 히로시 센주 미술관에서도 그대로 이어진다.
기존 지형을 거스르지 않는 자연스러운 바닥, 작품들을 산책하듯 돌아볼 수 있는 동선이 매력적인 이 미술관은 고고하지 않고 다만 자유롭다. 나는 그것이 니시자와 류에, 그리고 그가 이끄는 그룹 사나(SANAA) 특유의 '상냥한' 건축 세계를 반영하는 것이라고 생각한다.

굽이치는 글라스에서 쏟아지는 빛을 통해 빛나는 가루이자와의 자연을 고스란히 느끼면서 사색하는 시간을 가질 수 있다. 또한 어디서 관람을 시작하거나 끝내든 정해진 통로와 동선이 없다는 건 미술관을 바라보는 그의 평소 생각을 반영한 것이 아닐까. 언젠가 한 인터뷰에서 그는 사람들이 공원처럼 미술관을 즐겼으면 좋겠다고 했다. 평등하고 편안하지만 이토록 세련된 공원이라면 매일 만나고 싶다.
이번에는 재작년 가을에 방문했을 때와는 또 다른 중정의 푸르름이 우리를 반겼다. 미술관을 둘러싼 나무들은 한 뼘은 더 자란 듯 보였고 그 안에서 히로시 센주

의 폭포 작품들은 더욱 시원하고 박력있게 떨어지는 것 같았다. 비 오는 오후의 쉼으로 이보다 더 완벽할 수는 없었다.

미술관 산책을 끝내고 나와 우산을 펴니 풀숲 어디선가 싱그러운 흙냄새가 다가왔다. 여름의 정중앙에 있었다.

ADDRESS 815 Nagakura, Karuizawa, Kitasaku District, Nagano

MORE INFO senju-museum.jp

● **Kumoba Pond** 구모바 연못

비현실적인 풍경에 마음을 두고 온 모양이다. 이곳의 이름은 '구모바이케'. 구름도 머물다 가는 곳이라서 이름을 이리도 시적으로 지은 걸까. 호수에 드리운 구름의 반영이 그저 그림 같아서 연실 감탄사를 날리며 사진을 찍었다. 문득 주변을 둘러보니 참으로 고요하다.

낙엽 태우는 냄새와 새소리, 흙냄새, 가을의 청아한 공기가 어우러진 가루이자와의 숲속을 서툰 자전거를 타고 달렸다. 마을 한 바퀴를 산책하고 나니 어느새 어둠이 찾아왔다. 저녁 6시가 넘어가자 거리의 상점들은 문을 닫기 시작했고 자전거에서 나오는 희미한 플래시에 의지한 채, 까마귀처럼 새까만 숲길을 향해 다시 페달을 밟았다.

친구와 내게는 이른 밤이었다. 호텔 안 아담한 바에 앉아 수다를 나누는데 마침 심심해 보이는 바텐더가 우리의 대화에 동참했다. "그래서 내일 날씨는 맑을까요?"라고 물으니 그가 친절히 알려준다.
"아마도 그럴 것 같긴 한데요. 가루이자와는 날씨를 알 수 없다고 말해요. 옆 동네인데 마을에 따라 날씨가 전혀 다르거든요. 하루에도 몇 번씩 바뀌어요. 고도도 높고 습도도 많이 높거든요."

문득 창밖을 바라보니 푸른 가을 햇살 사이로 붉게 물든 낙엽들이 소리 없이 우수수 떨어지고 있었다. '아…… 영화의 한 장면 같네'라는 생각을 했다.

● **Mampei Hotel** 맘페이 호텔

호텔에는 누군가의 정직하고 성실한 시간이 녹아있다. 룸으로 길게 들어온 아침 햇살에 흔들리는 겨울 나무 그림자들이 좋아서 한참을 바라본다. 오늘 아침의 배경음악은 비틀즈의 《Norwegian Wood》.

127년을 지속할 수 있었던 힘은 무엇일까. 구석구석 섬세한 디테일과 아름다운 손길을 느낄 수 있었던 맘페이 호텔은 1894년부터 오늘날까지 사랑받고 있는 가루이자와의 상징이다. 곳곳에 시간의 흔적이 그대로 느껴져 호텔이라기보다는 박물관 같은 별장이라는 수식어가 더 잘 어울린다. 존 레논은 어느 날 이 호텔에 푹 빠져 죽기 전까지 여름마다 가족과 함께 이곳을 찾았다고 한다.
편안하고 따뜻한 접객, 숙련된 서비스는 고풍스럽다는 말로는 설명하기 어렵다. 어떤 우아한 품위가 이곳의 오리지널리티를 대변해 주는 표현이 아닐까 한다.

시간만이 모든 걸 설명해 주지는 않는다. 타협하지 않는 오너의 철학이나 신념, 관점도 물론 중요하지만 보통의 직원들이 보이지 않는 곳에서 차곡차곡 종이를 쌓아가듯 정직하게 일하는 마음이 이곳을 이토록 빛나는 호텔로 만든 것이 아닐까, 조심스레 생각했다. 무엇보다 직원들의 환한 얼굴이 또렷이 보이고 각인되는 곳이었다.

ADDRESS 925 Karuizawa, Kitasaku, Nagano
HOMEPAGE mampei.co.jp

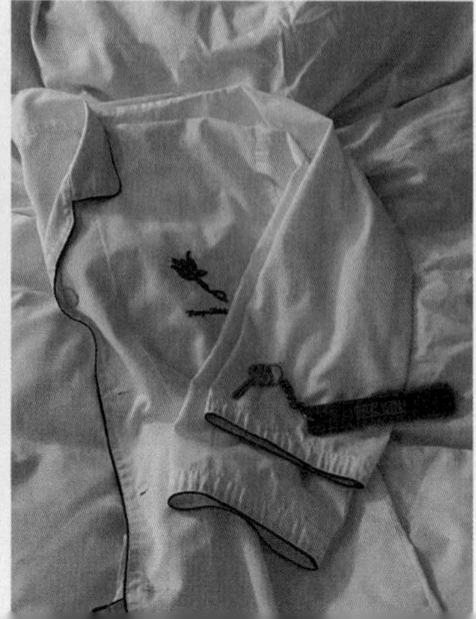

돌과의 대화

이사무 노구치 가든 뮤지엄

Isamu Noguchi Garden Museum

일본에 사는 동안 나의 버킷 리스트 중 하나는 이사무 노구치의 가든 뮤지엄을 방문하는 것이었다. 나는 그의 오랜 팬이다. 20대 시절, '아카리(Akari)' 조명을 처음 본 순간을 잊지 못한다. 반 고흐의 '감자 먹는 사람들'과 '신발' 작품을 봤을 때와 맞먹는 감동이었다. 어딘지 한없이 따뜻하고 동시에 먹먹한 느낌이 있었다.

지난 다카마츠 여행은 우동 투어를 빙자했지만 숨겨진 목적은 '무레 지역'에 있는 그의 작업장이자 뮤지엄을 찾는 것이었다.
그는 1964년에 무레를 처음 찾았고, 그 후 20년간 머물며 말년의 작업을 완성했다. 조각가로서 작업의 정수는 모두 이곳에서 이루어졌다고 볼 수 있다.
돌의 모습을 시시각각 다르게 비추는 햇빛, 보이지 않는 바람과 그 리듬에 맞추어 흔들리는 나무, 주변의 새와 풀벌레 소리들 속에서 작업장과 작품들, 작은 동산을 차례로 둘러봤다. 아름다운 계절의 여왕 5월에 이곳을 찾은 것은 정말 행운이었다.

"자연석을 마주하면 돌이 말을 걸기 시작해요. 나는 그 목소리를 듣고 약간의 터치만 하려고 합니다."
신기하게도 모던하고 추상적이었던 초기 작품과는 달리 후반기 작업은 모두 최소한의 가공만 거친 자연스러운 모습이 대부분이었다. 우리 주위의 흔한 돌이 그의 손에 의해 또 하나의 피조물로 탄생한 것이다.
돌이 스스로 목소리를 내기 위해 자신은 오직 듣는다는 그의 말처럼, 결국 창조자들이 이 세계에서 하는 일이란 좋은 청취자가 되는 것인지도 모른다. 자신의 신념과 고집을 핏대 높여 주장하기보다는 세상의 이야기들을 열린 마음으로 듣고 넌지시 전해주는 메신저로서.

개인적인 삶을 들여다보면 그는 일본인 아버지와 미국인 어머니 사이에서 태어난 혼혈아다. 미국인이었지만 일본인이기도, 어디에도 속하지 않는 경계인이기도 했다. 아버지에게서 버림받았지만 놀랍게도 창작의 영감은 어린 시절 방문한 교토의 정원과 차 문화에서 많이 받았다고 한다.
그래서일까, 이곳에는 '가든'이란 이름이 붙여졌다. 딱딱한 실내의 미술관이 아니라 자연과 매 순간 호흡하고자 노력했던 아티스트의 감성과 비전이 그대로 녹아있다. 그러니 우리는 그저 그의 세계를 산책하며 걸으면 될 일이다. 중간중간 미완성 작품과 작업장에 가지런히 놓아진 도구들은 1988년 그가 뉴욕으로 돌아간 그때, 그대로 보전되어 있다. 생전 그의 바람이었다고. 어디선가, 봄바람을 타고 돌을 땅땅 내리치는 소리가 들리는 것만 같다.

말년의 어느 인터뷰에서 창작의 근원이 되는 힘이 무엇이냐는 질문에 그는 '분노'라고 했다. 그도 그럴것이 자신의 탄생부터 존재 자체를 아버지에게서 부정당한 사람이 힘껏 할 수 있는 일이란 이 세상에 나라는 정체성을 스스로 세우는 일이었을 것이다. 심한 여성 편력(영국 배우부터 프리다 칼로까지)과 더불어 불과 4년밖에 함께 살지 못한 전 부인 요시코 야마구치가 그에 대해 여자를 필요할 때만 찾는 사람이라고 고백했듯이, 그의 개인적 삶과 사랑은 아버지의 전철을 밟았던 것으로 보인다.

그런 그에게 예술이란 세상이 빼앗아갈 수 없는 유일한 것이었다. 하지만 조명 '아카리'를 만든 이유(더 많은 사람들이 조각을 비교적 싼 값에 즐겼으면 하는 바람이었다)에서도 혹은 공간으로서 조각을 바라보는 일련의 과정들을 자세히 들여다보면, 그가 하는 예술이란 미국과 일본이라는 두 가지 유산을 거부하기보다는 최대한 포용하려는 내면의 치열하고도 처연한 싸움이 아니었나 생각한다.

조각을 기존의 영역에 가두지 않았던 건 자신을 가두고 싶지 않았기 때문이 아

니었을까. 그에게 조각이란 공간이 될 수도, 정원이 될 수도, 공연 무대가 될 수도 있었다.

죽기 전 그는 커다란 돌 앞에 서서 이렇게 읊조렸다고 한다.
"나 이제 여기 이 돌 안으로 들어가도 좋을 것 같아."
자신을 '지구인'이라 정의했던 이사무 노구치. 이제야 아주 조금, 그 마음을 알 것도 같다.

한 시간 반쯤 흘렀을까. 다음 여정을 향해 발걸음을 돌려야 했지만 하나도 아쉽지 않았다. 소원을 성취했기 때문이 아니라 언젠가 다시 찾을 수 있을 것 같아서다. 훗날 다시 만날 것만 같은 사람처럼, 그런 예감이 드는 장소도 있다.

ADDRESS 3519 Murecho Mure, Takamatsu, Kagawa
MORE INFO isamunoguchi.or.jp

가마쿠라의 뒷모습

메이게츠인(明月院)
Meigetsu-in

일본의 전설적인 미식가이자 도예가인 로산진의 비밀 별장들이 있던 곳도, 이사무 노구치가 짧고 굵은 결혼 생활을 시작한 곳도 모두 '기타 가마쿠라'의 깊은 숲속이었다.

그래서일까, 이곳엔 언제 가도 발견의 기쁨이 있다. 보석 같은 카페들은 대개 푸른 숲속에 숨어있다. 언덕 위에 조용히 위치한 크고 작은 갤러리는 대부분 예약제. 무엇이 있을까 싶은 곳곳에는 로산진의 후예가 되기를 희망하는 이들이 도예교실에서 여전히 물레를 돌리고 있다.

어제 이 근방의 빵집에 들러 산 빵도 처음 느껴보는 여름의 수분이 가득했다. 건강하고 쫄깃한 식감에 호두와 건포도가 듬뿍 담긴 소박하지만 특별한 빵이었다.

6월 가마쿠라의 주인공은 바다가 아니라 수국이다. 동네의 골동품점에도, 기념품 숍에도, 찻집에도 어딜 가든 마주할 수 있는 수국이 풍요로운 웃음을 건넨다.

특히 메이게츠인은 수국의 절정을 볼 수 있는 곳. 로컬들에게는 이미 상징적인 명소가 된지 오래다.

수국과 함께할 하루를 계획하다가, '이곳에는 왜 이렇게 수국이 많지?' 싶어서 여러 자료를 찾아봤더니 다음과 같은 애틋한 이야기가 숨겨져 있었다.

수국의 긴 잔뿌리는 가마쿠라의 지형과 기후에 적합했다. 이 지역은 사방이 산으로 둘러싸인 곳인데, 비에 의한 경사면의 산사태를 방지하기 위해서는 뿌리를 가로로 넓게 붙이는 수국이 안성맞춤이었다고. 한마디로 꽃이 마을을 지키기 위해 존재하게 되었다는 것. 세상에 이렇게 낭만적이고 상징적인 수호꽃이라니. 게다가 바닷바람에도 시들지 않아 기르기가 쉬웠다. 가마쿠라에는 무수한 계곡이 있기에 수국에 필요한 풍성한 물이 모이기 쉽다고 한다.

물론 역사적인 배경도 있다. 가마쿠라는 최초의 무가 정권이 들어선 곳으로 예로부터 절이 많은 도시였다. 공양과 기도를 드리는 절에는 얼굴이 풍성한 수국이 무엇보다 잘 어울리는 꽃이었다.
그렇게 오랜 세월을 거치며 수국은 가마쿠라의 미의식이 되었다. 신성하면서도 넉넉한 그 자태는 지금도 가꿔지고 있다.

여전히 관광객들은 가마쿠라 하면 가마쿠라역 근처나 에노시마를, 일본 영화 마니아라면 고쿠라쿠지와 와다즈카 쪽을 생각한다. 하지만 언젠가부터 나는 관광지에서 조금 동떨어진, 한산하고 고즈넉한 숲속에 파묻힌 '기타 가마쿠라' 지역을 아끼게 됐다. 바다를 품고 있지만 그 반대편에는 울창한 숲의 마을이 자리하고 있는 곳. 어쩐지 여기에 가마쿠라의 뒷모습이 숨겨져 있다는 생각이 든다. 우리가 옛 연인의 마지막 뒷모습을 잊지 못하는 것처럼, 아버지의 뒷모습에서 애틋함을 느끼는 것처럼, 때로 뒷모습은 더 많은 표정을 품고 있다.

이사무 노구치는 훗날 기타 가마쿠라에서 보낸 1년에 대해 이렇게 회고했다.
"누군가 지금 내 발전의 특징이 무엇인지 묻는다면, 나는 내가 어렸을 때부터 거의 잊고 있던 친밀한 자연에 대한 재발견이라고 생각한다. 누구나 어린 시절의 경험으로 자연을 알게 되었다. 그러나 성인이 되어 자연을 다시 알기 위해서는, 그러니까 흙속에서 손을 기꺼이 지치게 하기 위해서는, 누구나 도예가나 조각가 되어야 한다. 그것도 일본에서 말이다."

ADDRESS 189 Yamanouchi, Kamakura, Kanagawa
MORE INFO trip-kamakura.com

나스의 산기슭에 자리잡은 건축가 이시가미 준야의 워터 가든은 그저 상징적인 건물이 아니라, 공간을 조각하는 접근법으로서의 건축을 보여준다. 건축을 계획하듯 풍경을 그리는 식이다.

연못과 나무들은 일정한 거리를 유지하며 촘촘한 밀도로 전체 부지에 펼쳐져 있다. 나무 한 그루씩 전체 숲을 재배치한 결과다. 가장 적절한 나무를 찾고 최대한 훼손하지 않은 상태 그대로 뿌리를 뽑기 위해 일본에 단 두 대만 있는 전문 기계가 동원되었고, 하루에 네 그루만 옮길 수 있었다고 한다. 그리하여 이곳에 나무를 옮기는 과정만 무려 4년이 걸렸다. 하나하나의 섬과 같은 이끼와 나무 사이는 단순한 바둑판 구획이 아닌 이 둘의 관계를 면밀히 계산해 디자인된 유선형적 설계다. 조경학자와 정원사 등과의 긴밀한 협력 없이는 불가능한 작업이었으리라.

징검다리를 건너 숲을 산책하다가 문득 이케바나 수업 시간에 수련하던 '나라부카타치'와 '마와루카타치'가 생각났다. 고도의 집중을 통해 꽃과 식물의 관계성과 공간, 긴장감을 고려하며 그야말로 한 땀 한 땀 심어나가는 유형. 보이지 않는 공간을 상상하며 눈에 보이도록 구체화시켜 나가는 이 숲의 맥락과 쏙 빼닮은 것이다.

지하에 설치된 연못의 펌프에서는 마르지 않는 샘처럼 물이 흘러 나왔고, 나뭇잎을 통과하는 9월의 햇살은 연못에 반사되어 반짝반짝 유리처럼 빛났다. 발걸음을 내딛는 순간순간마다 우리와 함께 호흡하는 숲을 가슴으로 느낄 수 있었다. 명상적이고도 황홀한 산책이었다.

그러고 보니 물의 정원은 철저히 보는 사람의 감정과 감각에 의존하면서 풍경과 날씨, 계절의 흐름에 따라 매번 다른 아름다움을 보여주었다.
자연은 우리의 눈과 가슴을 관통해야만 비로소 완성되는, 살아있는 유기체로서의 건축과도 같았다. 인간과 자연이 사이좋게 공생할 수 있다는 것을 증명하는 새로운 건축이었다.

이시가미 준야는 이 깊고 심미적이며 동화적인 숲을 만들면서 건축과 조경, 예술, 환경 사이의 경계를 모호하게 사라지게 했다. 하지만 나는 이 정원은 가레산수이와 같은 일본 전통 정원의 정신과 본질적으로는 맥을 같이 하는 것이 아닐까, 생각했다. 풍경의 축소, 각각의 부분이 가진 상징성, 차경을 통해 고요한 명상과 마음의 평화를 찾으려는 철학적인 목적이 그러하다.

전통이 현대와 보이지 않는 끈으로 이어져 계승되는 풍경을 목격하는 건 언제나 가슴벅찬 일이다.

ADDRESS 2294-3 Michikami, Takakuotsu, Nasu, Nasu Distric, Tochigi
MORE INFO artbiotop.jp

벚꽃 엔딩

강의가 끝나면 서울의 갤러리와 미술관을 샅샅이 휘젓고 다니던 대학생 시절, 내가 가장 센세이셔널하다고 생각한 현대미술가는 '데미안 허스트'였다. 올봄 롯폰기 국립신미술관에서 열린 데미안 허스트 전시는 2002년 천안 아라리오 갤러리가 개관한 후 그의 작품을 찾아 나 홀로 천안까지 내려간 열정 가득한 그 시절의 나를 떠올리게 했다.

예술계의 악동도 나이가 든 걸까, 아니면 커다란 심경의 변화가 있었던 걸까. 그로테스크하고 도전적인 재료로 현대미술의 진폭을 넓혀온 그가 원초적이고 순수한 회화로 돌아왔다. 그것도 한없이 애틋한 우리 모두의 벚꽃으로.

전시장 벽을 가득 메운 24점의 커다란 벚꽃 유화는 흡사 조르주 쇠라의 점묘법과 잭슨 폴락의 액션 페인팅 기법을 혼합한 듯 자유롭고 원초적인 감각으로 생동했다. 그가 늘 일관되게 이야기해 온 죽음에 대한 테마는 벚꽃이라는 봄의 찬란한 상징과 만나 한층 처연하고 아름답게 빛나며 무엇보다 직관적인 색과 넘치는 에너지로 보는 내내 가슴을 울렸다.

영상 인터뷰를 찾아보니 코로나 기간 동안 그는 어시스트 없이 자신의 작업에 홀로 집중할 수 있었다고 했다. 그의 말마따나 캔버스 위에서 'get lost'할 수 있었던 그 시간을 충분히 즐겼다고. 그리하여 이렇게 농밀하고 눈부신 작품들이 세상의 빛을 볼 수 있었다.

돌이켜보니 일본 생활도 내게 있어 내 안으로 완벽하게 빠져드는 참으로 유익한 시간이었다. 특히 로빈슨 크루소처럼 일본이라는 섬에 고립됐던 코로나 기간은 좋든 싫든 일본과 도쿄의 속살을 부지런히 비빈 시간이었다. 그 시간이 없었다면 이 책도 영영 세상의 빛을 보지 못했을지 모른다. 어려웠고 외로웠고, 또 한편으론 즐거웠던 시간이 어떤 의미로 나의 다음 챕터에 반영될지, 어떤 에너지로 새롭게 발현될지 나 자신도 자못 궁금하다. 다만 신기하게도 앞날이 걱정되지는 않는다.

맑고 쾌청한 하늘 위로 부서지듯 날아가는 벚꽃처럼 계절의 순환과 천재지변을 삶의 일부분으로 자연스레 받아드리는 법을, 물 흐르듯 나만의 속도대로 흘러가는 법을 이곳에서 배웠기 때문이다. 그것이 일본이 내게 선물한 삶의 지혜라면 거창하고, 아마 요령 정도가 될 것이다.

이 책의 출간을 위해 많은 분이 도와주셨다. 약 6년의 짧지 않은 시간 동안 어리숙하고 뻔뻔한 일본어로 여기저기 겁도 없이 부딪힐 때, 나의 용기와 노력을 높이 평가해 주고 따뜻한 시선으로 바라봐 준 소중한 인연들과 잠시 스쳐 지나간 모든 분께도 감사하다는 인사를 전하고 싶다. 큰 신세를 졌다. 특히 도쿄의 거리 곳곳에서 아무런 대가 없이 도움의 손길을 건네준 이름 없는 시민들의 다정한 마음을 기억한다. 그분들 덕택에 일본이 더 좋아졌다. 도시도 결국엔 사람이란 걸 절절하게 느꼈다. 나 또한 언제 어딘가에서 도움이 절실한 외국인들에게 내가 받은 그 마음 그대로를 보답하고 싶다. 더불어 도쿄에서 쌓아온 이 긴 이야기를 오랜 시간 관심 있게 지켜봐 주고 책이라는 어엿한 형태로 엮어준 김진희 편집자님의 노고에도 진심 어린 감사의 말을 전한다.

사랑하는 부모님과 남편, 그리고 여전히 잉크와 책 냄새를 아끼는 모든 분들께.

2022년 봄,

이민경

당신에게 보내는 도쿄의 눈부신 계절

가끔 그런 순간을 만납니다. 너무 좋아서 믿어지지 않을 때. 언젠가 누군가 제게 이런 말을 해줬습니다. "It was too good to be true." 하지만 앞으로는 우리가 나누는 생의 아름다운 순간들을 부디 의심하지 말고 눈으로, 마음으로 충분히 즐겼으면 좋겠어요. 반짝하는 그 찰나의 순간들이 마음속에 빛나는 별로 박제된다는 걸, 그래서 언젠가 우리가 길을 잃고 헤맬 때 든든한 등대가 되어준다는 걸, 이제는 아는 나이가 되었으니까요.
그런 의미에서 순간은 지나가지만 또 언제나 우리 곁에 살아있습니다.

春(봄)

벚꽃 피는 봄에 제일 먼저 할 일은 지도리가후치에 가는 거예요. 짧아서 더욱 아련한 찬란한 벚꽃비를 맞아보세요. 저는 주로 진보초의 마루카 우동에서 따뜻한 우동 한 그릇을 먹고 그곳으로 꽃놀이를 가곤 합니다.

벚꽃 시즌에는 아자부에서 롯폰기 가는 길에 있는 국제문화회관에 훌쩍 들르곤 했어요. 점심으로는 시즌 한정 메뉴인 지라시즈시를 꼭 먹어봐요. 아름다운 한상에 봄이 가득 들어있어요.

봄날의 산책을 추천한다면 세타가야 지역을 빼놓을 수 없죠. 어떤 동선도 짜지 않고 하루쯤은 주택가를 중심으로 발길 닿는 대로 걸어보세요. 지천에 핀 갖가지 들꽃들이 황홀한 인사를 해줄 거예요. 아참, 돌아가기 전엔 메르시 베이크(Merci Bake)의 자매점 쉐즈 로나(Chez Rona)에 들러 체리빛 와인과 초콜릿 디저트를 맛보길.

4월의 날씨 좋은 산케이엔(Sankeien Garden)에는 영화처럼 펼쳐지는 장면들이 곳곳에 숨겨져 있어요. 흐드러진 보라빛 등나무와 탁 트인 연못에 유유자적 떠 있는 놀잇배, 옛 부농의 주택에 장식되어 있는 이케바나의 한적한 미를 감상해 보시길.

혼자 조용히 사색하고 싶은 날엔 오전 중 우에노에 가곤 해요. 봄이 오면 가장 먼저 달려가 와락 안기고 싶은 저만의 비밀 장소는 도쿄 국립박물관 뒷편에 숨어있는 정원입니다. 커다란 창문 틈에 아른거리는 봄을 가장 먼저 가슴으로 담아봐요. 그리곤 오조(Ojo)에서 나폴리탄에 홍차를 마시는 거예요. 아니면 카페 라팡(Café

Lapin)에서 신선한 샌드위치와 커피도 좋지요. 조금 덥다면 장인의 숙련된 기술로 만든 구리야가시 구로기(湯島 廚 菓子 くろぎ)의 빙수를 추천해요.

5월의 끝자락 요코하마 잉글리시 가든에 가보세요. 눈앞에 그야말로 숨이 멎을 것 같은 봄날의 풍경이 펼쳐집니다. 탐스러운 꽃길을 걷다가 저녁에는 트라토리아 프랑코(Trattoria Franco)에서 소박하고 다정한 이탈리안 가정식을 맛보시기를.

夏(여름)

초여름 수국이 피는 계절 가마쿠라 메이게츠인의 수국과 붓꽃을 보고 기타 가마쿠라 지역을 둘러보세요. 근처 킷사 요시노(喫茶吉野)에서의 파운드 케이크와 커피, 혹은 민카(喫茶ミンカ)에서 커피도 기분 좋은 휴식이 되어줄 거예요.

가마쿠라가 멀다면 미나토구 프린스 파크 타워 호텔(The Prince Park Tower Tokyo) 앞, 수국이 흐드러지게 피어있는 정원도 있지요. 수분을 가득 머금은 수국을 원 없이 보고 근처 르 빵 코티디엥(Le Pain Quotidien)에서 브런치를 즐겨요. 창가 자리나 테라스에 앉으세요. 여유로운 아침의 시작이 돼 줄 거예요.

한가로운 초여름 주말 들르는 곳은 세타가야 하네기(Hanegi)입니다. 도심 속에 있지만 마을로 한 발짝 들어가면 완전히 다른 울창한 숲속이 눈앞에 펼쳐져요. 마메 구로고우치 매장을 시작으로 플라워 숍 말타(Malta), 외관부터 아름다운 편집숍 08book, 인터내셔널 가든 하우스 등 눈부신 계절의 순간을 만끽하고 젊음의 거리 시모키타자와의 리로드(Reload) 쪽으로 넘어가 보시길.

비 오는 날엔 장화를 신고 씩씩하게 하마리큐 정원(Hamarikyu Gardens)에 갑니다. 도심 속 녹음이 더 짙고 푸른 여름 향기를 내뿜을 거예요. 차실에서 차를 마시며 조용히 읽을 책 한 권도 꼭 챙겨가세요.

일본은 장마가 길어요. 그렇다고 집에만 있을 수 있나요. 귀를 호강시키러 시부야 뒷편으로 가볼까요. 미스 사이공(Miss Saigon)에서 맑은 쌀국수를 먹거나, 빵순이라면 브랏세리 비론 시부야(Brasserie Viron Shibuya) 카페 2층에서 점심을 해결해요. 그 후 타임 머신을 타고 과거로 가고 싶다면 B.Y.G.에서 록 음악을 듣고요. 근처 레코드 숍 몇 군데를 훑은 후 아키반도(Archivando)까지 걸어가 볼까요. 더 가면 아히루 스토어, 푸글렌, 닛코 쇼룸이 있잖아요. 구름처럼 흘러 흘러 가고 싶다면 도미가야 지역까지 봐도 되고, 쇼핑이고 뭐고 힘들면 그냥 돌아와요. 음악을 사랑하는 우리에게는 시부야 스윙(Shibuya Swing)과 스튜디오 뮬(Studio Mule)이 있으니까요. 스윙에서는 훌륭한 스피커에서 나오는 근사한 재즈를 마음껏 들을 수 있고요. 스튜디오 뮬은 음반 레이블을 운영하는 사장님의 음악 바예요. 내추럴 와인 한 잔 홀짝이며 듣기 좋은 선곡들이 근사한 여름 밤의 분위기를 책임져 줄 거예요. 그러다 기분 좋으면 초우초우(Chowchow) 가서 한 잔 더 해요!

秋(가을)

다이칸야마 츠타야 근방에서 열리는 빈티지 마켓을 놓치지 말아요. 여름 내내 셀러들이 유럽 곳곳에서 부지런히 모아온 골동품들을 한자리에서 볼 수 있어요. 스타일리시한 도쿄 로컬들의 패션 센스도 놓치면 아쉬운 볼거리. 오전에 부지런히 보고 근처 잇신(Isshin Daikanyama)에서 일본식 정식을 먹어도 좋고, 우오타케(Uotake)에서 놀랍도록 가성비 좋고 싱싱한 해산물 한 끼도 추천해요.

가족이나 아끼는 지인들에게만 안내하던 핫포엔(Happoen)이 조 바이든 대통령을 위한 만찬 장소로 선정되었을 때 사실 좀 안타까운 마음이 들었어요. 저만 알고 싶은 비밀의 장소였기 때문인데요. 핫포엔은 에도 시대의 자연을 표현한 4만 제곱미터의 부지에 일본식 정원과 결혼식장, 다실 등을 갖추고 있어요. 특히 5백 년 된 분재를 감상할 수 있는 곳이라 더욱 특별한 도심 속 오아시스입니다. 어느 계절에 가도 다 좋지만 개인적으로 가을을 선호해요. 연못에 비치는 그림 같은 가을 정원의 풍정을 놓치지 말기를.

다치가와 시의 국영 쇼와 기념공원은 54만 평에 이르는 거대한 공원이에요. 강아지 공원, 아이들 공원, 바비큐 시설, 일본 정원 등 열거하기도 어려운 수십 가지 시설이 갖추어져 있죠. 가장 놀라웠던 건 산책하는 사람들과 부딪히지 않게 하기 위해 자전거 전용 도로를 따로 만들었다는 것. 코스 자체가 다르기 때문에 자전거를 빌려 공원의 풍경을 전혀 다른 각도에서 보는 것도 좋은 추억이 될 것 같아요. 레몬색 코스모스와 단풍이 만발한 가을 시즌이 백미! 따뜻하고 정겨운 분위기의 분재원도 추천해요. 분재가 일본의 축소지향적 세계관을 대표한다고 알려져 있지만 살면 살수록 여러 의미에서 일본 그 자체를 말해주는 것 같다는 생각이 들어요.

冬(겨울)

계절의 맛을 담은 식사는 일본 생활의 가장 큰 즐거움 중 하나예요. 겨울엔 첫째도 먹고, 둘째도 잘 먹어야 합니다. 겨울엔 복어 사시미를 드세요. 함께 곁들이는 히레자케(복어 지느러미 사케)는 매해 겨울마다 손꼽아 기다리는 술입니다. 쫀득쫀득 입에 착 감기는 담백한 복어 회를 입안에서 오물거리다가 복어 지느러미 향이 고급스럽게 치고 올라오는 뜨끈한 히레자케 한 모금을 스읍 넘기면 "캬~" 하는 아저씨표 탄성이 저절로 나올 거예요. 오독오독 상큼한 해삼 폰즈와 크림처럼 살살 녹는 시라코는 안 먹으면 섭섭한 겨울 별미니 모두 놓치지 마시길.

긴자의 사토 요스케에서는 겨울 한정(12월~2월)으로 아키타현의 미나리가 듬뿍 들어간 나베 우동을 선보여요. 뿌리까지 통째로 넣어 먹는 아주 독특한 나베입니다. 신선한 미나리와 반질한 우동을 응축된 닭 스프에 넣어 먹습니다. 뜨끈하고 맑은 국물이 속을 따뜻하게 데워줄 거예요. 돌아가는 길엔 사토 요스케의 미끌미끌 보들보들한 식감을 오롯이 느낄 수 있는 면을 꼭 쇼핑해 안고 가시길.

긴자는 혼술을 하기에도 정말 좋은 곳이에요. 먼저 해질녘 미야자와(Miyazawa)에 들러 다음 날 아침에 먹을 타마고 샌드위치를 미리 사요. 그러고는 모리 바(Mori bar)나 스타 바(Star bar), 텐더 바(Tender bar) 등 그날 꽂히는 전설의 바에 들르세요. 하지만 가볍게 하이볼 한 잔을 마시고 싶다면 주저 말고 록 피시(Rock Fish)에 가야 합니다. 얼음을 타지 않은 것이 특징인 이곳 하이볼은 하이볼 본연의 맛을 충실히 느낄 수 있어 애주가들 사이에서 도쿄 최고의 하이볼로 손꼽힙니다. 늦은 밤 혼자 훌쩍 들어가면 스탠딩 바에서 홀짝이며 책 읽는 사람들을 곧잘 마주칠 수 있는데, 뭔가 좀 마실 줄 아는 사람들만 모이는 공간이라 함께 있는 것만으로 묘한 유대감이 느껴질 거예요. 이곳의 스카치 에그도 꼭 먹어 보세요.